GLOBALE

CHEMISIERUNG

VERNICHTEN WIR UNS SELBST?

Globale Chemisierung

VERNICHTEN WIR UNS SELBST?

Dr. med. vet. Edith Breburda

1. AUFLAGE 2014

© EDITH E. M. BREBURDA

SCIVIAS VERLAG

PO BOX 45931

MADISON, 53744

WISCONSIN, USA

PRINTED IN USA

ISBN-13: 978-0615926650

ISBN-10: 0615926657

Weitere Bücher von
Edith Breburda

Promises of New Biotechnologies

Verheißungen der neuesten Biotechnologien

Felix, der Wallfahrtskater in Paris, Chartres und Rom

Felix, der Wallfahrtskater

INHALTSVERZEICHNIS

EINFÜHRUNG

TAKE IT WHILE YOU CAN

Professor McClone stürmt aus seinem Labor direkt einer Schar von Reportern entgegen, die den Wissenschaftler bereits erwarten. Mikrophone und Fernsehkameras richten sich auf ihn. Helmut McClone strahlt über das ganze Gesicht.

"Danke, ich danke Ihnen von ganzem Herzen für Ihr Interesse an unserer so wichtigen Forschung. Sie alle wissen, dass sich viele Ehepaare Kinder wünschen. Oder soll ich sagen Paare?" Der Professor lächelt verlegen. Er möchte politisch korrekt bleiben. "Wir arbeiten mit Hochdruck an den neuesten Methoden, die uns die Technologie ermöglicht. Schätzungsweise werden pro Jahr 135 Millionen Kinder weltweit geboren. Kinderlose Paare vertrauen sehr den Möglichkeiten, die unser Haus ihnen bietet. Seit 1978 führen wir auch die künstliche Befruchtung erfolgreich durch. Das heißt, in unseren ausgezeichneten Labors findet die Befruchtung durch unsere Wissenschaftler statt, die mit großer Sorgfalt Ei- und Samenzelle ganz nach den Wünschen der Eltern ausgesucht haben. Wir wussten schon lange vor der Studie von Verberg und Kollegen, dass 17 Prozent der Frauen ihre eigene Fertilitätsbehandlung abbrechen[1].

Um Ihnen ein genaueres Bild zu vermitteln: von 384 Paaren mit Kinderwunsch führten 65 die Behandlung nicht weiter. 28 Prozent der Damen, die mit ihrer Behandlung aufhörten, gaben physische und psychische Gründe an. Die wirklich limitierenden Faktoren, wie z.B. schlechte Embryoqualität, lagen dagegen nur bei acht Prozent. Wohingegen nur sechs Prozent der Abbruchquote auf ein mangelhaftes

Ansprechen auf die medizinische, nicht ganz ungefährliche Eizellenbildung und Entnahme fallen. Bei einigen wenigen Paaren spielten auch finanzielle Unstimmigkeiten eine Rolle, aber wie bereits erläutert, sind dies die wenigsten Beteiligten unter den Kinderwilligen."

"Herr Professor, ich danke Ihnen", meldet sich eine Journalistin beherzt zu Wort. "Sie decken uns medizinischen Laien die Hintergründe Ihrer Forschung in einer ganz hervorragenden Weise auf."

Ein erneutes Lächeln huscht über das Gesicht des Forschers. Ohne weitere Verzögerung erläutert der Leiter des größten und berühmtesten Labors der Neuzeit:

"Verehrte gnädige Frau, Sie haben ganz recht. Einen Abbruch der Behandlung sehe ich und meine Mitarbeiter immer als ein Versagen unseres Hauses an. Denn wir haben uns ganz der modernen Fortpflanzungsmedizin verschrieben. Es gibt Abhilfen, die wir besser zu meistern versuchen als die sogenannten Fruchtbarkeitstouristen. Ich will damit sagen, wir haben auch ausländische Leihmütter. Sie werden extra zur Geburt des Kindes eingeflogen. Damit bezwecken wir, dass Auftragspaare ihr Kind auch wirklich erhalten. Wir umgehen damit die Schwierigkeiten, welche uns ausländische Behörden bereiten. Sie alle wissen um die Nöte bezüglich der Geburtsurkunde, dem Genmaterial oder einem deutschen Pass, den man braucht, um <<*Wunschkinder*>> in die Heimat zu bringen. Wir nehmen auch Mütter, die bereits oft illegal im Land sind. Sie erhalten ein Aufenthaltsvisum, wenn sie sich als Leihmütter zur Verfügung stellen. So ist doch allen geholfen - nicht wahr!"

Professor McClone's Studenten lieben dieses Wort <<nicht wahr>>. Es ist das Markenzeichen ihres geschätzten Lehrers.

"Sicher, man redet so schnell von der Ausbeutung der Frau. Ich gebe ja zu, es sieht so aus. Wir Reproduktionsmediziner sind tatsächlich von Eizellen und Samenzellen abhängig. Ich jedoch, meine Damen und Herren, sehe es als mein Lebensziel an, Eizellen und Samenzellen aus Hautzellen zu gewinnen. So erhalten wir die gewünschten Charaktereigenschaften für das Kind am besten. Die erbbedingten Krankheiten der Mütter und Väter können wir dadurch gleich ausmerzen. Sie müssen zugeben, ein derartiges Verfahren, induzierte pluripotente Hautzellen in Keimzellen zu verwandeln, bedeutet eine weitere große Errungenschaft der Medizin. Nicht umsonst bekamen der Japaner Shinya Yamanaka und der Brite John Gurdon 2012 dafür den Nobelpreis der Medizin. Sehen Sie, wie richtungsweisend unsere Forschung ist?"

Der Professor wartet gar keine Antwort ab. Er schaut nur kurz in die Runde und blinzelt mit den Augen, da die Blitzlichter der Kameras doch sehr irritieren.

"Wie gesagt, dank der künstlichen Befruchtung kann man heute genau die Gene verschmelzen und damit die Designerkinder erzeugen, die sich die Eltern wünschen. Vielleicht können wir sogar Samenzellen von weiblichen Spendern herstellen? Durch ein derartiges Verfahren würden sogar gleichgeschlechtliche Paare Kinder bekommen können."

Der Professor lacht: "Okay! Das war ein Scherz. Ich muss doch sehen, ob Sie meinen Ausführungen folgen."

Jetzt lachen auch die Journalisten. Für einen kleinen Moment hätten sie auch das dem berühmten Professor abgenommen. Eine kleine Journalistin mit dunkler Brille, die in der ersten Reihe steht, hebt zögernd ihren Arm.

"Herr Professor, entschuldigen Sie bitte meine Frage, die bestimmt sehr ungebildet klingt."

"Es gibt keine dummen Fragen", unterbricht der Wissenschaftler.

Die Reporterin fühlt sich dadurch sehr ermutigt. "Meine Bekannte ist eine ledige Mutter, die ein Kind wollte. Sie trat der <<Single Mothers By Choice[2]>> Bewegung bei. Sie wissen schon, die Gesellschaft, die 1981 von der Psychotherapeutin Jane Mattes in den USA gegründet wurde, um Frauen zu helfen, auch ohne Mann ein Kind zu bekommen. Lange suchte sie einen geeigneten Samenspender. Dieser war selbstverständlich anonym. Er habe einen hohen IQ, bestätigte man meiner Bekannten. Ein Athletiker, schlank, keine nennenswerten Erbkrankheiten. Allerdings hatte er grüne Augen.

Meine Bekannte bekam dann ein sehr großes Baby, einen Jungen. Sie wusste über das <<*large offspring syndrome*>> bei Tieren Bescheid. Das heißt, Tiere haben Nachkommen mit größeren Organen usw. Solche Tier-Babys leben nicht sehr lange. In der Tiermedizin ist die künstliche Befruchtung ja das Nonplusultra. Aber was erkläre ich Ihnen da, so etwas weiß doch jeder. Neulich las sie in der Zeitung, dass 50% der Babys, die durch eine künstliche Befruchtung das Licht der Welt erblicken, größer sind als die auf natürlichem Weg erzeugten Kinder. Gut, der Artikel bezog sich auf tiefgefrorene Embryos[3]. Meine Bekannte sorgte sich jedoch sehr. Allerdings ist ihr Sohn nun doch schon acht Jahre alt."

Der Professor starrt die Journalistin etwas unwirsch an. Sie kam einfach nicht zum Punkt. "Was wollen Sie eigentlich wissen?", fragte nun der Hochschul-Lehrer.

Die Reporterin erschrickt und errötet zugleich, fasst sich dann sehr schnell: "Der Sohn meiner Bekannten ist mit acht Jahren im Stimmbruch und er bekommt schon fast einen Bart. Er ist in einem so frühen Alter bereits in der Pubertät. Ich würde gerne wissen, ob das eine Folge der künstlichen Befruchtung ist?" - Ein Raunen geht durch die Menge.

Ein lautes Klopfen lässt Frau Vague von ihrem Tisch hochfahren. Was war passiert? Wo war sie? War sie an ihrem Schreibtisch eingeschlafen und hatte sie alles nur geträumt?

Prof. McClone? - Was für ein total abstruser Quatsch. Ihr Chef hieß Prof. McCanina. McClone war sein Spitzname, den nur wenige unter vorgehaltener Hand benutzten, weil ihr Chef ein berühmter Reproduktionsmediziner ist. Die Nummer <<Eins>> unter seinen Kollegen in der Fortpflanzungsmedizin. Noch nie war Frau Vague eingeschlafen. Sie arbeitet schon fast 20 Jahre hier.

Ein erneutes Klopfen und Rufen reißt Emily aus den Gedanken. Schnell legt sie die Zeitung weg, die auf ihrem Tisch lag. Ihre Augen huschen dennoch über die Titelseite, wo in großen Buchstaben steht: << Neue Studie aus den USA zeigt, dass Jungen schon mit acht Jahren geschlechtsreif werden[4]>>. Emily lächelt, dann kommt ein etwas heiseres "Herein" aus ihrer Kehle.

Ein junger Mann öffnet zögernd die Türe. Er scheint um die 25, ist von hagerer Gestalt und hat braune, wissensdurstige Augen.

"Verzeihen Sie bitte meine so späte Störung. Ich sah noch Licht in Ihrem Zimmer. So wagte ich zu klopfen." Leicht hatte er das Geschäftszimmer mit dem Namenschild Emily Vague, Chefsekretärin von Professor Dr. med. Dr. med. vet. Helmut McCanina, gefunden.

Frau Vague hat sich gefasst. Sie schaut den jungen Mann, der an ihrer Tür erscheint, entnervt an. Und doch gewinnt sie ihre Freundlichkeit zurück und fragt mit professioneller Höflichkeit: "Sie wünschen bitte?"

"Entschuldigen Sie bitte vielmals die Störung. Vielleicht klingt das, was Sie jetzt von mir zu hören bekommen, unverschämt, aber bitte würden Sie mir wenigstens erlauben, mein Anliegen kund zu tun?"

Frau Vague hätte den jungen Mann am liebsten gleich wieder hinausgeschmissen, so viel hatte sie zu tun und jede auch noch so kleine Störung kam ihr ungelegen. Der junge Besucher hat jedoch etwas Sympathisches an sich. So gibt sie sich einen Ruck. Wenigstens will sie wissen, worum es geht, bevor sie irgend eine weitere Entscheidung trifft.

Ein "Fassen Sie sich kurz" rutscht der Sekretärin dennoch heraus.

"Mein Name ist Leonhard Enlighten, ich habe gerade mein Journalistik-Studium abgeschlossen."

Emily nickt dem Mann aufmunternd zu, doch dann kommt eine Frage, mit der sie nie im Leben gerechnet hätte.

"Sind Sie als Chefsekretärin eines berühmten Professors nicht oft erstaunt, wie wenig die Leute über die einfachsten wissenschaftlichen Errungenschaften wissen?"

Leonhard hatte damit mitten ins Schwarze getroffen. Oft schüttelte Emily insgeheim den Kopf über so viel Ignoranz, die sich besonders im Vorzimmer ihres Chefs zeigte. Professor McCanina war beliebt bei den Menschen. Er mochte es jedoch nicht, wenn man ihn wegen seiner Tätigkeiten zu sehr lobte. Manchmal hatte er schon

Albträume und kommt dann ganz gerädert am Morgen in das Institut, denkt sich Emily. Einige Menschen sehen in ihrem Professor einen Frankenstein-Verschnitt, obwohl Prof. McCanina's großes Vorbild Prof. Hwang ist. Nur allzu laut darf er das nicht sagen, besonders nachdem der gefeierte koreanische Stammzellforscher Prof. Hwang als Lügner entlarvt wurde. Vielleicht haben die feinen Damen und Herren, die hier als Patienten ein und ausgehen, alle in der Schule geschlafen? Man war fast geneigt, dieses zu denken. Selbst sie, die nur Abitur hatte und nie an der Uni war, konnte sich doch als gebildet fühlen, weil sie vieles mit Leichtigkeit aufschnappte, wenn sie die Berichte für ihren Professor schrieb. Emily schlussfolgert: selbst wenn sie eine schulische Bildung hatten, konnte man das Vielen nicht ansehen. Oder sie geben ihr Wissen an der Türe zu ihrem Chef ab, weil sie ihm nichts reinreden wollen. Vielleicht meinen sie einfach, es sei unhöflich und sieht professioneller aus, erstaunte Äußerungen über die Forstschritte der Medizin von sich zu geben, in Gegenwart eines so berühmten Experten.

Leonhard ließ Frau Vague nicht viel Zeit zum Sinnieren: "Wissen Sie, was ich glaube? Sie als Chefsekretärin haben eine Fülle von Wissen, das Sie nicht für sich behalten sollten. Ich würde Sie gerne ausfragen und ein Buch über Sie schreiben. Ein Buch, in welchem den Leuten draußen berichtet wird, was sie wissen sollen über die grundlegenden Dinge des Lebens."

Frau Vague ist sprachlos. Erst will sie ablehnen und den jungen Mann als Fantasten an die frische Luft setzen. Aber hat er nicht recht? Was hat sie zu verlieren? Sie war nicht verheiratet. Es wartet kein Mensch auf sie nach der Arbeit. Warum soll sie Herrn Leonhard nicht eine Chance geben? Sie lächelt ihrem Gegenüber zu. Etwas, was sie schon lange nicht mehr getan hatte, weil sie der Alltagsstress so sehr auf Trapp hielt.

Sie ist eigentlich eine ganz nette Lady, schoss es Leonhard durch den Kopf: Obwohl sie meine Mutter sein könnte, hat sie sich jung gehalten. Außerdem ist sie sehr stilvoll gekleidet. Etwas Heimeliges hat das Zimmer auch. Man könnte hier alle seine Sorgen los werden.

Die Tür zum Chefzimmer ist halb offen. Der Professor ist nicht da. Über seinem Schreibtisch hängt ein Bild von einem Pferd. Frau Vague hat die Blicke von Leonhard bemerkt. "Das ist eines der Klonpferde, sein Vater war ein Super-Champion, aber leider ein Wallach. Wissen Sie was, junger Mann, ich habe hier noch einiges zu erledigen. Was nicht heißt, dass Sie mich nicht überzeugt hätten, Ihnen für das Buch zur Verfügung zu stehen."

Emily steht auf, nimmt Leonhard an der Hand und führt ihn zum Fenster: "Sehen Sie da unten gegenüber von der Klinik das Café? Es heißt: <<*Der brave Soldat Schwejk*>>. Dort können wir uns treffen. Ich will Ihnen gerne Rede und Antwort stehen. Sagen wir morgen um halb fünf Uhr? Für heute habe ich noch eine andere Aufgabe für Sie. Unsere Tierärztin, Frau Dr. Nikola, wird Ihnen alles über unsere Klonpferde erzählen." - Frau Vague nimmt den Telefonhörer in die Hand und wählt eine Nummer:

"Guten Abend. Hier ist Emily Vague, ich habe gerade einen jungen Reporter bei mir, der sehr interessiert an unserem Pferdeprojekt ist. Darf ich ihn vorbeischicken? In 15 Minuten, schön, er wird sicher da sein. Leonhard ist sein Name. Auf Wiedersehen, Frau Doktor."

Dann wendet sich Frau Vague wieder an Leonhard. "Die Tiermedizinische Fakultät, wissen Sie wo die ist? Gehen Sie in die Pferdeklinik und fragen Sie nach Dr. Nikola. Wir sehen uns morgen am späten Nachmittag. Ich wünsch Ihnen noch einen schönen Tag."

ERSTER TEIL

1 KLONEN ODER NICHT KLONEN

Klonen, oder nicht Klonen

1.1 EIN GEKLONTER NEANDERTALER

Leonhard steht schneller, als er dachte, auf dem Flur der Klinik. Er schaut sich nach allen Seiten um, um sicherzugehen, dass er alleine ist. Dann jauchzt er hell auf und schlägt sich seine Ellbogen in die Seiten und murmelt "Yes"!

Er rennt den langen Gang entlang und nimmt in Windeseile die Treppe. Seine Hände drücken gegen die Drehtür. Im Hinausgehen wirft er noch einen flüchtigen Blick auf den Pförtner der Klinik. Der Mann im Pfortenzimmer liest in einem Magazin. Er hat den fast flüchtig wirkenden Leonhard gar nicht beachtet. Plötzlich bleibt Leonhard ganz verdattert stehen. Hatte er richtig gesehen? Die Titelseite des Magazins stach in seine Augen. Da stand: "Wiedergeburt des Neandertalers".

Jetzt schaut auch der Pförtner hoch. Er lächelt Leonhard an: "Haben Sie das Vorzimmer des Chefs gefunden", fragt er. Leonhard ist wie vom Blitz getroffen - er streckt nur seine Finger aus und zeigt auf das Titelblatt. "Ha", sagt der Pförtner und lehnt sich gegen die Scheibe. Ganz deutlich sieht man nun das Namenschild des Mannes. Harry Kloos steht da. Sehnsüchtig schaut Leonhard auf die Zeitung. Herr Kloos reagiert sofort. "Möchten Sie mein Magazin haben? Hier, ich schenke es Ihnen. Ich weiß, wo ich ein anderes Exemplar herbekommen kann. Ich habe sowieso gleich Schichtwechsel und muss heim zu meinen Kindern, die zum Glück noch nicht geklont sind, obwohl sie keine Mutter haben. Ich bin ein alleinerziehender stolzer Vater von drei Töchtern."

Leonhard blieb fast der Mund offen. Er bedankt sich höflich, um sich dann sofort dem Artikel zuzuwenden. Viel Zeit hat er nicht. Nur ein flüchtiger Blick, denkt er sich. Gierig saugt er den Text in sich hinein. Da stand etwas von synthetischer Biologie, die einen virusresistenten Menschen herstellen kann. Der Genforscher George Church behauptet, man könnte sogar den Neandertaler klonen und bräuchte dazu nur eine Leihmutter[5].

So leid es Leonhard tut, er muss das Magazin in seine Tasche stecken, um pünktlich bei seiner Verabredung mit Dr. Nikola zu erscheinen.

Von der Klinik zur Tiermedizin ist es ein Katzensprung. Leonhard hatte nie zu hoffen gewagt, so schnell mit seinen Recherchen anfangen zu können. Er legt sich seine Fragen zurecht, denn er will nicht allzu stümperhaft erscheinen.

Als er durch das Tor der Tiermedizin geht, sieht er ein schönes schwarzes Pferd auf der kleinen Koppel. Er hat doch noch etwas Zeit. So geht er zu dem Tier, welches sofort freudig zu ihm kommt. "Na, bist du auch ein Klon?", fragt Leonhard.

"Nein", kommt die Antwort hinter ihm. "Sind Sie Herr Leonhard?" Eine Antwort wartet die Dame gar nicht ab. "Ich bin Dr. Nikola. Frau Vague rief mich an und..."

Leonhard nickt. Nikola verstummt daraufhin: "Was wollen Sie wissen?"

"Alles! Was hat es auf sich mit moderner Tierzucht und Klontieren, sind die wirklich so krank? Warum klont man überhaupt und pfuscht in die Natur? Wird man Menschen klonen? Hat Dr. Hwang Menschen geklont?"

Nikola lacht hell auf. Selbst das Pferd zuckt nervös zusammen. Leonhard schaut verdattert drein. "Habe ich zu viele Fragen gestellt?"

"Nein", entgegnet Nikola: "Im Gegenteil, es freut mich, einen jungen Menschen kennen zu lernen, der so viel Interesse zeigt. Ich würde vorschlagen, wir bringen das Pferdchen ins Warme und dann suchen wir uns selber einen Platz im Aufenthaltsraum der Pferdeklinik.

Ich hole nur noch schnell meinen Laptop, um Ihnen alles besser erklären zu können. Gehen Sie schon mal vor - die zweite Türe rechts", sagt Nikola.

Leonhard betritt den gemütlich anmutenden Raum. An den Wänden hängen Bilder von Tieren. Auch der Sieger eines Pferderennens ist dabei. Des weiteren sieht Leonhard einige Dankesschreiben. Ein kleines Mädchen mit kahlgeschorenem Kopf sitzt auf einem Pony, welches an der Lounge geht.

Schon kommt Nikola zurück. "Wollen Sie eine Tasse heiße Schokolade?", fragt sie.

Leonhard nickt, jeden Handgriff der Tierärztin beobachtet er sehr genau. Als Journalist muss man das tun, es liegt ihm im Blut, das sagt jeder, der Leonhard kennt. "Nun, wo fangen wir an?"

Leonhard legt seine Tasche auf den Tisch, um seinen Block herauszuholen. Dabei rutscht ihm das Magazin auch gleich heraus. Nikolas Blick fällt ungewollt auf das Journal.

"Haben Sie es gelesen?"

"Glauben Sie daran?", fragt Leonhard zurück.

"Was sagen Sie dazu? Kann man die Neandertaler wieder züchten, oder gar Menschen, die unsterblich sind und keine Krankheiten bekommen? Ist die Biomedizin wirklich so weit und macht uns das nicht sogar Angst? Dürfen wir überhaupt so sehr in die Natur eingreifen? Ist es uns Menschen gestattet, alles zu machen, wozu wir rein praktisch gesehen in der Lage wären?"

Nikola schaut Leonhard verwundert an. Sie kann nicht anders. Schließlich lacht sie über all die Fragen. "Wie gut, dass Sie bei mir gelandet sind. Wer weiß, was Ihnen jemand anderes erzählt hätte?

Zuerst muss man dieses Boulevard-Blatt analysieren. Es ist keine Fachzeitschrift, selbst wenn darin Experten interviewt werden. Ich möchte Ihnen nicht zu nahe treten, aber leider ist es oft so, dass Journalisten vieles falsch erklären. Es fehlt ihnen eben der wissenschaftliche Background. Nicht umsonst sagt man, Mediziner sind die besten Journalisten.

Neulich war in diesem Journal ein Artikel über die Pille-danach[6], der wissenschaftlich falsch ist. Die Medien beschäftigt heutzutage mehr denn je die Fruchtbarkeit der Frauen. Unter <<*reproduktiver Freiheit*>> versteht man, dass die Frau selbst bestimmen kann, wann sie schwanger wird.

Bei der Eizellspende wird mit Hilfe der Superovulation die Eizellreifung zunächst unterdrückt und danach stimuliert, damit man multiple Eizellen gewinnen kann. Das machen wir vor allem in der Tiermedizin.

Das Präparat, welches zur Unterdrückung der Ovulation verabreicht wird, ist ein synthetisches Hormon. Es hemmt die Ausschüttung der sogenannten gonadotropen Hormone LH und FSH aus der Hirnanhangsdrüse.

LH und FSH steuern die Aktivität der Eierstöcke und bereiten die Gebärmutterschleimhaut auf die Einnistung des Embryos vor. Beim Affen und beim Menschen nistet sich der Embryo sieben bis neun Tage nach der Befruchtung in der Gebärmutterschleimhaut ein.

Lieber Herr Leonhard, Sie erinnern sich bestimmt an die riesige Diskussion, die es in Deutschland um die Wirkweise der Pille-danach gab. Weltweites Aufsehen erregte im Dezember 2012 eine Auseinandersetzung bezüglich der Abgabe der Pille-danach in Köln.

Kardinal Meisner wurde von Frauenärzten über ein neues verfügbares Präparat zur Notfallkontrazeption in Kenntnis gesetzt. Es handelt sich um die angeblich ausschließlich ovulationshemmende Pille ellaOne®, die Ulipristalacetat (UPA) als Wirkstoff enthält.

Dabei bestehen eindeutige Äußerungen der ellaOne® vertreibenden Firmen Watson- und HRA-Pharma, wonach Ulipristalacetat auch eine nidationshemmende (frühabtreibende) Wirkung aufweist. Nur wenige Wissenschaftler erwähnen diesen Zusammenhang.

Prof. Dr. Rudolf Ehmann hat im November 2013 in einer langen Abhandlung mit dem Titel <<*Kontroverse um Wirkungsmechanismen von Postkoitalpillen*>> die nidationshemmende Wirkung des UPA eindeutig bestätigt.

Es handelt sich um einen selektiven Progesteron-Rezeptor-Modulator (SPRM), der die Progesteronwirkung im inneren Genitale der Frau außer Kraft setzt, wodurch insbesondere die Tubenfunktion und das Endometrium so verändert werden, dass eine Einnistung des Embryos nicht erfolgen kann. Die agonistische Wirkung auf die Progesteronrezeptoren im Ovar bewirkt eine negative Rückkopplung. Damit wird die LH-Ausschüttung reduziert bzw. der LH-Peak verhindert (Hypothalamus-Hypophysen-Achse).

Die Ovulationshemmung ist in diesem Fall der Hauptwirkmechanismus, jedoch nicht der alleinige Wirkmechanismus. Wird UPA während des LH-Anstiegs verabreicht, findet in 79% kein Eisprung statt. Damit hätte man in 21% <<Durchbruchsovulationen>>, bei denen dann ein nidationshemmender Effekt zum Tragen kommt, beschreibt Prof. Ehmann.

Die Wirkungsdauer von ellaOne® bis 120 Stunden nach dem Geschlechtsverkehr beruht demnach nicht nur auf der Ovulationshemmung. Die angegebene hohe Sicherheit des UPA deutet auf eine Nidationshemmung hin. Diese übernimmt jetzt die Rolle der Hauptwirkung. Somit hat Ulipristalacetat eine lebensvernichtende Wirkung aufgrund der Nidationshemmung. Es handelt sich um einen indirekten Angriff auf entstandenes menschliches Leben, indem ihm die nötigen Voraussetzungen zu seinem Weiterleben entzogen werden.

EllaOne® beschleunigt des weiteren die Tubenpassage der Eizelle - und das Endometrium wird nicht auf eine Einnistung vorbereitet.

Aus der Tierzucht weiß man, dass Embryos, die am dritten Tag in den Uterus eingebracht werden, schlechtere Überlebenschancen haben, weil sie sich in einem zu frühen Entwicklungsstadium befinden.

Die Schlussfolgerung, zu der Prof. Ehmann in seiner Studie kommt ist, dass ellaOne® dem medikamentösen Abtreibungs-Präparat Mifepriston (RU 486, Mifegyne®) ähnelt.

Führende Wissenschaftler wie Dr. James Trussell, Direktor des Princeton Office of Population Research, sowie Dr. Elizabeth G. Raymond bestätigen diese Ergebnisse.

Ganz klar heißt es in ihrem Statement vom Februar 2013: <<Die *Morning After Pill (Pille-danach)* verhindert nicht immer den Eisprung – und der Embryo wird somit an einer Einnistung gehindert. Frauen, die solche Präparate einnehmen, müssen darauf hingewiesen werden, damit sie eine fundierte Entscheidung treffen können[7]>>."

"Ohne Ernährung stirbt jeder Mensch. Egal, ob er sieben Tage oder 80 Jahre alt ist", unterbricht Leonhard.

Dr. Nikola beachtet Leonhard kaum. Sie ist so engagiert, ihm zu erklären, worum es geht. Sie nickt nur kurz um dann weiter zu berichten.

"Sehen Sie, Herr Leonhard, deswegen ist solchen Boulevard-Zeitungen nicht viel Glauben zu schenken. Es verkauft sich halt besser, wenn es die Leute beruhigt, anstatt reinen Wein einzuschenken.

Zurück zu unserem Artikel von Dr. George Church. Der Genforscher meint, es sei technisch möglich, aus der DNA von fossilen Knochen die Erbsubstanz der ausgestorbenen Neandertaler zu rekonstruieren. Der 58-jährige Pionier der Biotechnologie glaubt, er würde das selber noch erleben."

Leonhard grinst von einem Ohr zum anderen: "Wie denn? Indem er zuvor einen Gen-Cocktail zusammengeschüttet hat, der ihn unsterblich macht? Dazu müsste er sich noch lange mit dem Erbgut des Menschen beschäftigten, um die dazu erforderliche Technologie des Klonens und der Genmanipulation zu entwickeln."

"Zumindest will er die Menschen 120 Jahre alt werden lassen. Er ist überzeugt, dass die Menschen gegen alle Arten von Viren resistent werden können. Dazu brauche man nur den genetischen Code, den Schlüssel zu allem Leben auf Erden, behauptet der durchaus angesehene Harvard-Forscher."

Leonhard schaut ungläubig zu seiner Gesprächspartnerin. Dann kommt aus seinem Mund die Frage, inwieweit die Tiermedizin für all diese Prozesse Pate stand?

Dr. Nikola antwortet: "Ihre Fragen sind sehr komplex. Sie haben recht, seit jeher wird die züchterische Bearbeitung von Tierrassen für den Zuchtfortschritt angewandt.

Graf Johann XVI. von Oldenburg (1573-1603) etablierte viele Gestüte mit dem einzigen Ziel, Pferde zu züchten, die für seine vielen Kriege geeignet waren. Zuchtziele haben sich im Laufe der Zeit geändert und so sind heute Dressur- oder Springpferde sehr beliebt[8].

Die gezielte Anpaarung von Tieren orientiert sich nach Zuchtzielen."

Leonhard nickt: "Ich vermute, solche wären: vermehrte Milch bei Kühen, mehr Eier bei Hühnern, Pferde, die belastbarer und schneller sind, oder die optische Veränderung von Hunden und Katzen! Obwohl, warten Sie, vor einigen Tagen las ich, man hätte ein Huhn gezüchtet, das viele Eier legen kann und trotzdem viel Fleisch gibt. Ein Tier mit zwei Zuchtzielen. All dies soll Ende des Jahres 2013 auf den Markt kommen. Wie hieß es, wenn ich mich recht entsinne? Ah ja, das Huhn heißt Lohmann Dual. Um dieses Vorhaben zu realisieren, wurden immer neue Hühnerlinien miteinander gekreuzt. Dann zählte man die gelegten Eier und das Fleisch, welches sie angesetzt hatten[9]."

Dr. Nikola lacht: "Sehr gut", sagt sie. "Ein Jammer, dass Sie selbst kein Tierzüchter geworden sind.

Man setzte sich das Ziel, immer bessere Tiere zu züchten. Eigentlich interessiert man sich nur für die Rassen, welche die gewünschten Qualitäten aufweisen.

In der Pferdezucht werden Samen benutzt, die nicht älter als 48 Stunden sind. Eingefrorene Samenzellen haben sich sehr schnell als untauglich erwiesen. Die künstliche Befruchtung bei Pferden spielte schon 1899 in Russland eine Rolle, weil man damals Militärpferde benötigte. Nach dem Zweiten Weltkrieg war es nur bestimmten Zuchtstationen erlaubt, reproduktive Techniken bei Pferden anzuwenden.

Heute ist die künstliche Befruchtung ein gängiges Verfahren für alle Nutz- und Haustiere und für Tiere, die vom Aussterben bedroht sind. Die Bevölkerung betrachtete die neuen Zuchtmethoden zuerst recht skeptisch. Man fürchtete, diese würden zu einem abnormalen Tierbestand führen und die Rinderherden zerstören. Erst Fakten überzeugten. Letztendlich wurde eingesehen, dass die neuen Techniken einen Fortschritt in der Tierzucht ermöglichen.

Sehen Sie, bei der Selektion geht es im Grunde um die erfolgreiche Manipulation von Bullen-Spermien. Eigentlich handelt es sich um eine Wissenschaft, die es darauf abgesehen hat, biotechnologisch Spermienmaschinen herzustellen. Es wird durch diese Methode sichergestellt, dass die Gene, die für Muskelwachstum verantwortlich sind, auf die Nachkommen vererbt werden. Extrem-Tierzucht und eine viel zu teure Tierhaltung lassen Muskelprotzbullen, die fast aus «Frankensteins Kabinett» kommen könnten, das Licht der Welt erblicken.

Hochleistungs-Zuchtbullen sehen aus wie bovine Bodybuilder. Das können sie alles ohne Steroide. Ich sage immer, wir benutzen die selektive Tierzucht, um die Natur zu kontrollieren. Ein Beispiel, welches sehr schön verdeutlicht, wie die Wissenschaft herhalten muss, um am Ende dem Profit zu dienen.

Durch derartige Eingriffe wird die Vielfalt der vorhandenen Gene eingeschränkt. Ein relativ kleiner Genpool kann schnell dominant werden, wenn man besondere Merkmale herausselektiert. Das heißt, die unterschiedlichen Eigenschaften der Population werden kleiner. Bei vielen Züchtungen ist das Ergebnis Inzucht, weil die genetische Varianz nicht mehr vorhanden ist.

Andere Rassen sind vom Aussterben bedroht und man verliert die besonderen Merkmale dieser Rasse. Zum Beispiel: eine nicht so hohe Anfälligkeit für Krankheiten oder eine optimalere Adaption an ein Klima. Dazu kommt, dass Hochleistungstiere arbeits- und kostenintensiver sind. Vorbeugende Maßnahmen zur Betreuung der Herdentiere werden unabdinglich. Spezielle Impfungen, die Behandlung gegen Viren und Parasiten.... und, und, und.

Neben all dem ist die künstliche Besamung nicht mehr aus dem Zuchtgeschäft wegzudenken. In der freien Natur gibt es schon lange die künstliche Befruchtung – bei Pflanzen spielen Bienen und fliegende Insekten eine bedeutende Rolle. Die Anwendung dieser Technik auf das Tier ist eine menschliche Erfindung von enormer Auswirkung.

Bullensamen, tiefgefroren in flüssigem Stickstoff, erlauben dem Landwirt, jenes Besamungstier herauszusuchen, das ihm am profitabelsten erscheint. Das genetische Potential von Hochleistungsbullen wurde auf diese Weise theoretisch der ganzen Welt zugänglich gemacht. Künstliche Besamung wird als eine der größten Errungenschaften der modernen Biotechnologien angesehen, die der Reproduktion und Gentechnik bei der Rinderzucht am meisten weiterhalfen.

Fortpflanzungsphysiologen, Biotechniker, ein ganzes Heer von Wissenschaftlern gelten als Pioniere. Man entdeckte den Wert der Gefrierlagerung, das Sexen (Bestimmen des Geschlechts) von Embryos, die Brunstsynchronisation, die Embryonengewinnung, die Kultivierung und die Embryonenübertragung und schließlich das Klonen von Tieren. Deckkrankheiten wurden kontrollierbar und letztendlich hatte man eine Plattform, um genetische Manipulationen vorzunehmen[10].

Durch Embryotransfer wird erreicht, dass eine besondere Leistungskuh gleich mehrere Nachkommen erzeugt, die von Leihkühen ausgetragen werden. 1890 wurde der erste Embryotransfer bei Hasen vollzogen. Dadurch wurde festgestellt, ob das Muttertier einen genetisch fremden Embryo toleriert und nicht abstößt. 1930 wurde der erste bovine Embryo isoliert und 1951 fand der erste Embryotransfer bei einer Kuh statt. Die Rinderzucht gewann dadurch enorme Vorteile, weil ein genetisch dominantes Tier auf diese Weise in kurzer Zeit viele Nachkommen erzeugen konnte. Unfruchtbarkeit der Rinder war kein Hindernis mehr, um Hochleistungstiere zu erzeugen. Die Embryos konnten im- und exportiert werden. Man war in der Lage, den Embryo im frühen Stadium zu splitten, um Zwillingstiere zu erhalten. 1977 wurde zum ersten Mal eine In-Vitro-Fertilisation (Reagenzglasbefruchtung) mit Erfolg beim Rind durchgeführt. Zwei Japaner, Iritani und Niwa schafften, was Sreenan seit 1968 vergeblich versuchte. Das war ein Jahr, bevor Steptoe und Edwards 1978 das erste Kind auf diese Weise erzeugten[11].

Neue Methoden stellen Ansprüche an das Management. Speziell geschulte Fachkräfte sind notwendig. Können Sie mir soweit folgen?", fragt Dr. Nikola.

Leonhard ist etwas verwirrt, so genau hatte er nicht in Biologie aufgepasst. Doch bevor er seine Einwände äußern kann, geht die Türe des Gemeinschaftsraumes auf und zwei junge Damen kommen herein.

Dr. Nikola stellt sie Leonhard als Studentinnen des neunten Semesters vor, die in der Pferdeklinik ihren Nachtdienst absolvieren. "Das gehört zum Studium der Tiermedizin", verkündet Melanie, die zierlichere der beiden Damen. Beide strahlen, als Dr. Nikola berichtet, warum Herr Leonhard da ist.

1.2 KRANKHEITSBILD KLON

"*W*issen Sie wie man Tiere klont?", fragt Stephanie, die um einen Kopf größer ist als Melanie.

Genau das war Leonhards nächste Frage. Sein kleinlautes "Nein" ist sehr glaubwürdig. Dr. Nikola schaut beide Studentinnen an. "Wollen Sie weitermachen? Ich habe Hunger und will mal sehen, was wir unserem Gast bereiten können. Pfannkuchen? Wollen Sie Pfannkuchen zum Abendessen, Herr Leonhard?"

Bevor Leonhard auch nur antworten kann, fängt Stephanie an, mit einem Stift grobe Notizen auf einem Blatt Papier zu machen. Anstatt einer Antwort nickt Leonhard Dr. Nikola nur zu. Dann schenkt er der Studentin sein Ohr.

"Also, das ist eigentlich theoretisch ganz einfach, - praktisch ist das schon etwas anderes. Dr. Nikolas Chef, Prof. Helmut McCanina kommt, wie der Name schon sagt, aus Schottland. Er arbeitete am Roslin-Institut, welches 1993 als neues Biotechnologisches Institut gegründet wurde. Es handelt sich um ein Tiergenetisches Institut, das unabhängig von der Universität von Edinburgh bestehen sollte. Das Institut wurde mit dem Ziel gegründet, die Lebensqualität zu verbessern.

Die dort angewandte Gentechnik bei Tieren und Pflanzen sollte die Tiergesundheit und das Wohlergehen der Tiere steigern. Gentechnischem Fortschritt ist es immerhin zu verdanken, dass Resistenzzüchtungen gegen Parasiten und Krankheiten erzielt wurden, welche die Umwelt positiv beeinflussen. Letztendlich sind sie förderlich für die Landwirtschaft und somit erreicht man ein Anwachsen der Nahrungsmittelproduktion, womit der Menschheit insgesamt geholfen werden kann.

Prof. Dr. agr. Ian Wilmut, bekannt durch seine Klonversuche, ist Leiter dieses Forschungs-Instituts.

Da Eizellen-Ressourcen für das Klonen und für die Stammzellenforschung beim Menschen nicht im Überfluß zu Verfügung stehen, ist eine Fertilisationsklinik dem Roslin Institute angeschlossen. In England und in den USA kommen die Eizellen für die Forschung aus In-Vitro-Fertilisationskliniken.

Man sagt, der Agrarwissenschaftler Dr. agr. Wilmut hätte das Institut zu einem führenden Stammzelleninstitut gemacht, welches auf diesem Gebiet eng mit den USA kooperiert. Aber ich glaube, wir sind hier anderer Meinung, nicht wahr, Dr. Nikola? Wir sind der festen Überzeugung, es war unser Chef Prof. McCanina, der hier sehr viel geleistet hat, deshalb sind wir so stolz, ja stolz", wiederholt Stephanie, "hier mitarbeiten zu dürfen. Ich und meine große Schwester Melanie wollen unbedingt unsere Doktorarbeit auf diesem Gebiet machen, sobald wir unsere Approbation in der Tasche haben."

Aha, dachte sich Leonhard, die beiden sehen sich auch zu ähnlich. Es sind also doch Schwestern - wie ich vermutete. Später würde er sich näher über die Familienzusammenhänge erkundigen, die ihn doch sehr neugierig machten, jetzt hat er dazu keine Zeit.

Melanie nickt, sie ist leicht errötet und Leonhard fragt sich, ob es von der Begeisterung kommt oder vom Küchendampf, weil Dr. Nikola gerade einen Pfannkuchen gegen die Decke schleudert, nur um ihn wieder gekonnt mit der Pfanne einzufangen.

"In der Tiermedizin ist es nicht sehr schwer, Eizellen zu bekommen, man geht einfach auf den Schlachthof", erklärt Melanie. "Kuheizellen sind besonders leicht zu bekommen und so wird in puncto Klonen bei dieser Rasse nach wie vor Pionierarbeit geleistet. Man kam sogar auf die Idee, von Kuheizellen den haploiden Kern zu entfernen und ihn mit einem diploiden Zellkern einer Körperzelle des Menschen zu ersetzten.

Auf das Erschaffen von Chimären für die Forschung oder auch das sogenannte therapeutische Klonen will ich momentan gar nicht weiter eingehen. Konzentrieren wir uns lieber auf Tiere, der Einfachheit halber."

Leonhard schlackern die Ohren. Viele Gedanken strömen auf ihn ein, doch er versucht, sich zu konzentrieren und die Gedanken wegzuschieben. Wenn ihm das auch nur für eine kleine Weile gelingt.

"Ein Problem ist es, Pferdeeizellen zu gewinnen. Keine Methode wurde bisher entwickelt, um Eizellen dem lebenden Pferd zu entnehmen. Selbst die Chinesen wissen nicht wie sie das anstellen sollen. Man müsste per Ultraschall an die Sache rangehen oder das Tier rektalisieren, was jedoch nicht zu raten ist. Pferde schlagen ja bekanntlich nach hinten aus und sind sehr schreckhafte Tiere. Ich möchte da nicht als Tierarzt versuchen, einem Pferd Eizellen zu entnehmen. Unter Narkose eventuell. Aber Pferde sind Fluchttiere, man kann sie nicht einfach flachlegen. Wenn sie nach einer Narkose wieder zu sich kommen und nicht sofort aufstehen können, bedeutet das fast das Ende des Tieres, weil sie in Panik geraten.

Auch ist es für uns Tiermedizinstudenten und wahrscheinlich auch Praktiker so eine heikle Sache, dem Tier Blut abzunehmen, um z. B. den Hormonspiegel zu bestimmen oder auch nur irgend etwas intravenös zu verabreichen. Sticht man daneben, hat das Tier eine dicke Thrombose am Hals und der Tierarzt wird angezeigt. Die Nadel rutscht sehr leicht aus der Vene - da muss nur ein Luftzug sein, das Pferd erschrickt und - aus ist der Traum."

Nikola lacht: "Das sind also die Albträume unserer Doktoranden in spe? Okay, ich hatte genau die gleichen Bedenken. Wie Sie sehen, der einzige Weg, Pferdeeizellen zu bekommen, ist über den Schlachthof. Nur die Sache ist nicht so einfach, wie sie klingt. Pferde werden nicht mehr geschlachtet. In Amerika ist es seit 2007 ganz verboten. Das scheint sich jedoch wieder zu ändern. Anfang November 2013 hat ein Richter aus Albuquerque, im Bundestaat New Mexico, zwei Schlachthäusern in den USA wieder erlaubt, Pferde zu schlachten und so ist das Verbot umgangen worden. Länder, in denen man Pferdefleisch konsumiert, sollen von den beiden Schlachthäusern beliefert werden[12].

Amerika hatte ja schon immer ein - sagen wir - seltsames Verhältnis zu Pferden. Man denke an die Pferdediebe, die ihr Ende am Galgen fanden."

Leonhard fällt Dr. Nikola ins Wort: "Kennen Sie den Spruch: «Rossverrecken großer Schrecken, Weibersterben kein Verderben»?"

Leonhard beißt sich auf die Zunge. Hoffentlich war das jetzt nicht zu frauenfeindlich, denkt er sich. Aber nein, alle drei Damen im Raum lachen.

Stephanie fasst sich als erste: "In Alberta/Kanada hat sich eine Firma angesiedelt, die Pferde klont. Sie heißt ViaGen. 100 km entfernt liegt ein Pferdeschlachthaus, welches die Firma mit equinen Eizellen beliefert. Aus den USA alleine warten 40 Pferde darauf. geklont zu werden. Länder wie Mexico, Dänemark, Deutschland, Frankreich, Ägypten, Kolumbien und sogar China wollen Pferde klonen. Obwohl das nicht gerade billig ist und locker 200.000 US-Dollars kostet.

Das habe ich vor einigen Jahren in der Pferdezeitung QuarterHorseNews 2010 gelesen. Allerdings kann man noch keine Gewebeproben von China nach Kanada verschicken und so hat sich das mit Südostasien von alleine geregelt."

"Darf ich eine wahrscheinlich blöde Frage stellen?", fällt ihr Leonhard ins Wort. "Sie wollen den ersten Pfannkuchen?", fragt Dr. Nikola zurück.

"Nun ja, meine Frage hat mit Eiern zu tun, so wie Ihr Pfannkuchen."

"Ach, natürlich, Sie wissen ja gar nicht, wozu man Eizellen braucht, sorry" meldet sich Melanie. "Bei der Befruchtung findet eine genetische Neukombination statt. Durch das sogenannte «Klonen» erzeugt man in vitro ein genetisch identisches Lebewesen.

Als Nuklear-Transfer bezeichnet man die folgende biotechnische Methode: Der haploide Zellkern einer Eizelle, der normalerweise in vivo mit dem haploiden Zellkern einer Samenzelle verschmilzt, wird aus der Eizelle entfernt. An seine Stelle tritt der diploide Zellkern einer Körperzelle von dem Tier, das man klonen will.

Beim reproduktiven Klonen wird die Möglichkeit der Neu-Kombination der Chromosomen, die normalerweise bei der Befruchtung stattfindet, ausgeschaltet. Das Erbmaterial ist damit mit dem des adulten Spendertieres identisch.

Omnipotenz im Acht-Zellstadium

Man wartet, bis der Embryo das Acht-Zellenstadium am dritten Tag erreicht, weil hier noch jede Zelle omni- oder totipotent ist. Würde man die Zellen in acht Einzelzellen zerlegen, könnte theoretisch aus jeder ein Embryo entstehen.

Das heißt, die Zellen können embryonales und extraembryonales Gewebe bilden. Extraembryonales Gewebe ist die Plazenta. Im Acht-Zellstadium wird der Embryo in die Gebärmutter eines Muttertieres eingebracht, das hormonell auf eine Trächtigkeit vorbereitet ist. Die Einnistung in die Gebärmutterschleimhaut hängt von der Tierart ab.

Dies ist ein allgemeiner Vorgang, der übrigens auch bei jedem Embryotransfer nach der Befruchtung im Reagenzglas stattfindet.

Hätte man z.B. die Eizelle von einer <<Super-Kuh>> gewonnen und sie mit dem Sperma eines <<Geniebullen>> befruchtet, könnte man den Embryo in acht Embryos splitten und ihn dann acht

Leihmuttertieren einpflanzen. Der Generationswechsel wird somit verkürzt.

In der Tiermedizin werden Embryos bereits am dritten Tag nach der Befruchtung in den Uterus transferiert.

Zurück zu unserem Klon. Der Embryo muss das Blastozystenstadium erreichen, bevor er sich einnisten kann.

Die Blastozyste sieht aus wie ein Siegelring. Die Siegelringstruktur stellt den Embryoblasten dar, welcher sich zum jeweiligen Säugetier entwickelt. Aus der Ringstruktur, dem Trophoblast, bilden sich die Plazenta und die Eihäute. Der Trophoblast dringt in die durch Hormone vorbereitete Uteruswand ein: Zellproliferation, Uterusdrüsenbildung, Gefäßneusprossung sind auf Hochtouren, um die Einnistung des Embryos zu gewährleisten. Beim Menschen oder Primaten erfolgt die Einnistung zwischen dem siebten bis neunten Tag[13]. Die Trächtigkeitsdauer hängt von der Tierart ab.

Ein Gendouble kann als Ersatz für ein Hochleistungstier herhalten. Spring - und Rennpferde werden kastriert, damit sie leichter zu handhaben sind. Durch das Klonen erhält man ein Double für Zuchtzwecke. Es ist bereits ein Hengst auf diese Art entstanden, sein Name ist: ET Cryozootech Stallion[14]. Allerdings leben Klontiere nicht lange und sie haben sehr viele gesundheitliche Probleme."

"Nicht nur Klontiere haben Gesundheitsprobleme. So etwas kann man auch bei Masttieren beobachten. Wir regen uns über die Batterie-Käfighaltung von Legehennen auf und wissen nicht, dass es weitaus üblich ist, alle Mast-Tiere auf engstem Raum zu halten. Ich könnte mich darüber total aufregen", erklärt Dr. Nikola. "Tiere sollen so schnell wie möglich an Gewicht zunehmen, damit sie eher geschlachtet werden können.

In Schweinezuchten kommt das weibliche Sexualhormon Gestagen zum Einsatz, um den Sexualzyklus der Tiere zu synchronisieren und damit effizienter zu produzieren. Durch die Ausscheidungen der Tiere gelangen die Hormone in Böden und Gewässer, womit sie zum Risiko für die menschliche Gesundheit werden[15].

Auch werden Antibiotika zugefüttert. Das ist ja kein Geheimnis. Der massenhafte Einsatz von Antibiotika in der Tierhaltung in Deutschland in Höhe von 1619 Tonnen jährlich hat auch für Menschen gefährliche Folgen, weil zunehmende Resistenzen gegen Krankheitserreger entstehen.

Die meisten Antibiotika sind chemisch stabil. In der Umwelt werden die Stoffe nicht oder sehr langsam abgebaut. Kläranlagen können die Antibiotikarückstände nicht vollständig aus dem Abwasser entfernen. Sie gelangen in Oberflächengewässer, ins Grundwasser und in das Trinkwasser. Kläranlagen müssten mit einer vierten Reinigungsstufe ausgerüstet werden, um Antibiotika und andere Arzneistoffe aus dem Abwasser zu entfernen und Umweltrisiken zu begrenzen[16].

Masttiere, wie Schweine oder Bullen, haben wenig Bewegung. Man nennt das <<Factory Farming>>. Viele Tiere auf engstem Raum zu halten führt dazu, dass sie sich nicht mal umdrehen können. Oft, sehr oft, kommt so etwas dennoch vor und sie brechen sich die Beine, berichtete 2006 die Anti-Vivisektion Society von Amerika. Bei uns in Europa ist das noch nicht so schlimm. Wir haben Vorschriften über Massentierhaltung und kontrollieren das auch sehr genau.

In den USA habe ich oft gesehen, wie Rinder gehalten werden. Freiluft - mitten im Winter." Dr. Nikola zieht ein Bild aus ihrer Tasche.

"Die Profitgier einiger Länder ist meist ausschlaggebend für Tierquälerei. Grundlegende Tierschutzstandards fehlen, kommerzielle Tierhaltung dient nur dem globalen Wirtschaftswettbewerb. Grausame Mißstände werden geduldet. Hauptursache ist das Interesse konsumorientierter Konzerne und der Wunsch nach billigen Produkten. Menschliche Interessen stehen im Vordergrund. Tiere sind auch leidensfähig. Es sind unsere Mitgeschöpfe, über die wir eine Verantwortung haben.

Ich stehe nicht alleine da mit dieser Auffassung. Wir müssen auf diese Mißstände aufmerksam machen. Ein Tier kann nicht länger als <<*Sache*>> definiert werden. Diese Einstellung vertritt der Bundesrat in der Schweiz seit 1999. Seit 2003 gibt es diesbezüglich ein Gesetz. Das Tier wird als lebendes und fühlendes Mitgeschöpf anerkannt.

Auch Paragraph I des Deutschen Tierschutzgesetzes bezeichnet Tiere als Mitgeschöpfe. Der Mensch hat somit die Verantwortung für das Wohlbefinden des Tieres. Er darf ihm nicht ohne vernünftigen Grund Schmerzen, Leiden oder Schäden zufügen. Es gibt einen Imperativ der Schonung von Lebewesen aller Arten, d.h. der gesamten Natur. Diese Ansicht entspricht dem biblischen Schöpfungsverständnis[17].

Trotz allem kann man das Klonen von Tieren als eine Erweiterung der selektiven Zucht ansehen. Wie man sich denken kann, leiden Klontiere noch mehr.

Man erhofft bald Nahrungsmittel wie Milch, Eier und Fleischprodukte aus Klontieren produzieren zu können. Aber wahrscheinlich ist es doch einfacher, auf die natürliche Produktion zurückzugreifen.

277 Zellklone verbrauchten Wissenschaftler des Roslin Institutes bei Edinburgh, um ein einziges geklontes Tier zu erzeugen. Denn nur Dolly ist in dem Leihmutterschaf herangereift. Allerdings soll das Klon-Tier nicht selbst verwertet, sondern nur als Zuchttier gehalten werden, womit die Artenvielfalt erst recht verloren geht. Die Vielfalt der Gene wird sehr stark eingeschränkt, um wertvolles genetisches Material zu erhalten. Durch das Ziel, immer bessere Tiere zu klonen,

bevorzugt man nur die Rassen, welche die gewünschten Qualitäten aufweisen.

Wenn Sie mir einen Hinweis auf die Pflanzenwelt erlauben. Man sagt, der Indianerstamm der Mayas habe nur noch eine Maissorte herausgezüchtet, was letztendlich seinen Untergang bewirkte. Die Maya-Kultur ist am Ende einer andauernden Trockenperiode verschwunden. Die Maiskolben wurden infolge der Dürre anfällig für Krankheiten. Wie z.B. durch den Pilz des Maisbeulenbrandes, Ustilago maydis oder Corn Smut.

Die Mayas fingen an, diesen Pilz bewusst zu kultivieren. Corn Smut ähnelt Kaviar. Ein Inhaltstoff ist halluzinogen. Dieses <<Gift>> ist Ergotamin-ähnlich. Man bezeichnet es auch als Cornergot, also Maisergot - die englische Bezeichnung für Mais ist ja Corn. Wie auch immer, ich wollte nur Ungereimtheiten ausräumen." Weiter kommt Frau Doktor nicht.

"Ja", fiel Melanie ein, "wir haben in Pharmakologie gut aufgepasst. Ergotismus war eine Plage. Er kommt in Europa als Pilz im Roggen vor und hat im Mittelalter ganze Landstriche ausgerottet. Es handelte sich damals um die Vergiftung durch das Mutterkornalkaloid Ergotamin, auch Antoniusfeuer genannt. Bei Verzehr des verunreinigten Getreideproduktes kommt es zu einer massiven Gefäßverengung und als Folge zu Durchblutungsstörungen von Herzmuskeln, Nieren und vor allem Gliedmaßen. Die Folge ist ein Absterben derselben. Derartig entstandene schwarze Gliedmaßen werden auch als gangränös bezeichnet. Zusätzlich hat man Wahnvorstellungen und Schwangere verlieren ihr Kind, weil das Gift Wehen einleitet. Bestimmt haben es schon viele Quacksalber benutzt, um Abtreibungen vorzunehmen, dazu war Ergotamin wie geschaffen.

Früher wurde nur Weizen angebaut. Roggen wurde erst später auf ärmeren Böden kultiviert. Im Jahr 857 wurde das erste Mal der Ausbruch einer Ergotismus-Epidemie in der Nähe von Xanten, am Niederrhein, beschrieben.

Der Antoniterorden kümmerte sich um die Erkrankten. So kam der Name Antoniusfeuer zustande. Die Antoniter gründeten neben

vielen Spitälern auch Universitäten. Nur, um ehrlich zu sein verstehe ich nicht genau, was das mit Corn Smut zu tun hat?"

"Liebe Melanie, so etwas wissen nur Leute, die einen Doktortitel haben - sonst wäre die Sache zu einfach. Maisbeulenbrand gibt es in den warmen Ländern wie Mexiko und Südamerika. Es ist ein hoch-spezialisierter Brandpilz, der nur Mais befällt. Im Mittleren Westen der USA gab es 2012 eine extreme Trockenheit. Das setzte den Pflanzen zu. Danach kam es zu einem schnellen Wechsel der Witterungslage - und Pilzsporen verbreiteten sich durch Wind und Regen. Die gestressten Pflanzen infizierten sich. Ob diese Krankheit aus den Mais-Monokulturen in den USA jemals wieder heraus zu bekommen ist?

Die Gifte dieses Pilzes sind viel potenter, um einen Abortus herbeizuführen, als Mutterkornalkaloide[18]. Und so frage ich mich, ob das Zusammenspiel des Pilzes, des Klimas bzw. der Trockenheit und der Mais-Monokultur den Effekt erbrachte, dass die Maya- Zivilisation letztendlich verschwunden ist? Von einem Freund habe ich all diese Weisheiten. Er berichtet mir immer wieder, dass die haploiden hefeartigen Pilzzellen ein sehr beliebtes Studien-projekt sind.

Oh je, jetzt bin ich total vom Thema abgekommen. Ist das schlimm?

Mein Freund, der mich heute Abend zum Essen eingeladen hat, liebt dieses Thema. Er ist ein interessanter Typ, der sich leider gerne unbeliebt macht, weil er kein Blatt vor den Mund nimmt. Das wäre etwas für Sie, Leonhard. Von ihm könnten Sie viele Dinge erfahren, über die sonst keiner spricht. Ich werde mal sehen, ob ich da nicht ein Interview für Sie einräumen kann."

Dankbar blickt Leonhard zu Dr. Nikola hinüber. Er kam zu nichts weiterem, denn die Dozentin hatte den Faden sofort wieder gefunden.

"Wir waren doch ganz woanders. Wir sprachen davon, wie zermürbend es ist von Tieren Eizellen zu gewinnen. Es handelt sich wirklich um eine suboptimale Prozedur für diese Geschöpfe. Ich erwähnte das Schaf Dolly, das 1996 geklont wurde. Nicht nur verbrauchte man unzählige Eizellen, damit letztendlich ein Lamm das Licht der Welt erblickte. Nein, zusätzlich benutzte man unglaublich viele Leihmuttertiere. Hormonell bereitete man sie auf die Trächtigkeit vor, wodurch die Gebärmutterschleimhaut für die Einnistung oder auch Implantation des Embryos aufnahmefähig gemacht wird. Verstehen Sie, mit wieviel Tierquälerei diese ineffiziente Technik verbunden ist?

Zuletzt sind geklonte Jungtiere oft recht schwächlich und sterben kurz nach der Geburt. Einige vermuten, es läge an den schon gealterten Chromosomen der Spenderkörperzelle. Erst neulich fand man heraus, dass die Chromosomenenden, Telomere genannt, darüber bestimmen, wie lange jemand lebt. Diese Proteinstrukturen sitzen als Schutzkappen am Ende der Chromosomen und beschützen das Erbgut bei Zellteilungen. Ihre Länge bestimmt die Lebensspanne einer Zelle. US-Wissenschaftler der Universität von Kalifornien in San Francisco konnten nachweisen, dass sich bei einem gesunden Lebenswandel die Telomere um zehn Prozent verlängerten[19].

Beim Klonen überträgt man eine bereits gealterte Zelle. Es ist eine künstlich herbeigeführte ungeschlechtliche Vermehrung. Die Erbanlagen im Zellkern des Spenders und somit das Erbgut des Klons sind identisch. Es kommt zu keiner Neukombination wie bei der natürlichen zweigeschlechtlichen Vermehrung. Klonen bei Säugetieren ist ein unnatürlicher Vorgang. Dolly war im Grunde so alt wie ihre biologische Mutter. Fazit: Dolly landete letztendlich ausgestopft im Museum."

Dr. Nikola hat recht. Niemals zuvor sah Leonhard das so deutlich wie heute. "Der Zweck des Klonens ist demnach nicht, die Unsterblichkeit herbeizuführen, wie man immer behauptet, sondern man erzeugt eher junge Tiere mit zu früh auftretenden Altersgebrechen", folgert Leonhard.

"Dann spricht ja kaum etwas für reproduktives Klonen, aber fast alles dagegen?" - Alle im Raum nicken. Leonhard ist ein klein wenig stolz auf sich. Immerhin kann er ganz gut folgen, obwohl er sich um all die Sachen noch nie gekümmert hat und bestimmt kein Vorwissen auf diesem Gebiet besitzt.

1.3 ERFOLGREICHES KLONEN - EIN BIOLOGISCHER UNFALL?

"*I*ch bin noch nicht fertig", verkündet Dr. Nikola. Tanja Dominko von der US-Firma Advanced Cell Technologies kommt mir da in den Sinn. Sie sagte, bei einem erfolgreichen reproduktiven Klonen handelt es sich um einen biologischen Unfall[20]. Schaf Dolly war eine Rarität unter Raritäten. Hinter jedem Klon-Tier stehen unzählige tote Embryonen, die es nicht geschafft haben. Geklonte Jungtiere haben Spätschäden wie Fettsucht, Arthritis, Krebs oder Lebernekrosen. Im Grunde sind das Krankheiten, die normalerweise im Alter auftreten.

Ich möchte zunächst über die Hintergründe berichten. <<Spender- und Empfängerzelle müssen zusammenpassen>>. Ein Embryo entsteht aus Ei- und Samenzelle. Die Samenzelle weist eine Menge unbekannter Faktoren auf, die den Embryo dazu bringen, sich zu teilen. Diese unbekannten Faktoren fehlen, wenn man einen diploiden Körperzellkern in die entkernte Eizelle verpflanzt.

Wir und viele andere Klonexperten versuchen, den Prozess der Teilung mit Stromschlägen in Gang zu bringen. Besser wäre natürlich ein möglichst authentischer Lebensbeginn. Wir wissen jedoch nicht, welche Enzyme die männliche Samenzelle besitzt. Ein US-Forscherteam meinte, es handle sich um Stickstoffmonooxide, die von Enzymen des Spermiums nach der Befruchtung gebildet werden.

Die Eizellen von manchen Kühen sind besser als andere, behauptet mein Kollege Professor Eckhard Wolf, Inhaber des Lehrstuhl für Molekulare Tierzucht und Biotechnologie an der Ludwig-

Maximilians-Universität München. Leider sind die Tiere ja schon tot und somit sind diese Eizellen einmalig. Wir sammeln sie auch einfach. Es ist schwer, zurückzuverfolgen, von welchem Tier aus welchem Hof sie kommen."

"Dabei klingt doch alles so einfach", ruft Leonhard verwundert aus. "Offenbar entwickelt sich ein Embryo nur bei natürlicher Befruchtung normal."

Dr. Nikola lächelt fast etwas verbittert. Dann ergreift sie wieder das Wort: "Beim Klonen kommt ein fremder Zellkern in ein völlig neues Milieu.

Sowohl der Zellkern als auch die Mitochondrien im Zellplasma verfügen über Erbinformationen. Mitochondrien werden als die Kraftwerke der Zelle bezeichnet. Sie haben ihre eignen Gene und stellen rund ein Dutzend eigener Eiweiße her. Die meisten anderen Proteine, die sie zum Arbeiten brauchen, werden ihnen von den Genen des Zellkerns geliefert. Mitochondrien-Eiweiße und Kerneiweiße müssen miteinander harmonieren. Das ist ein schweres Unterfangen. Man berichtet sogar von Antikörpern, die gegen die Kerneiweiße gerichtet sind und so zum Zelltod führen können. Mitochondrien-Gene können krebserregend sein und zum septischen Schock beitragen. In diesem Zusammenhang sei nur erwähnt, dass die Mitochondrien von der Mutter stammen. Sie arbeiten gut mit den mütterlichen Genen im Zellkern zusammen."

"Aha, die Theorie der Mitochondrialen Eva", erwähnt Leonhard. "Die Mitochondrien der Spermien dringen bei der Befruchtung nicht in die Eizelle ein. Sie werden von Enzymen abgebaut. Nur die Kern-DNA der Spermienzelle bleibt erhalten und sorgt für die Rekombination des Erbgutes. D.h. alle Kinder erhalten die Mitochondrien-DNA der Mutter, der Mann kann sie nicht weitervererben. So konnte man die DNA zurückverfolgen bis zu einer Ursprungsfrau, die man die Mitochondriale Eva nennt. Sie lebte vor 200.000 Jahren in Afrika. 1987 haben die Wissenschaftler Cann, Stoneking und Wilson in der renommierten Fachzeitung, <<*Nature Magazine*>> darüber berichtet[21]."

"Was Sie alles wissen!", staunt Nikola.

Leonhard grinst verlegen, aber doch etwas stolz zu Melanie und Stephanie hinüber, die gerade ihren Pfannkuchen verzehren.

Melanie schluckt und spricht mit noch halbvollem Mund: "Beim Klonen müssen also die Gene des Spenderkerns und die Gene der Mitochondrien zusammenpassen.

Kann man so überhaupt Chimäre bilden? Chinesische Forscher berichten immer wieder über ihre Vorliebe, Haseneizellen zu benutzen. Ein Verfahren, das angewendet wird, weil zuwenig menschliche Eizellen zur Verfügung stehen. Wie man das daraus entstehende Wesen bezeichnet, sei dahingestellt. Obwohl, mir scheint, es handelt sich um ein humanes Geschöpf, weil es eine menschliche DNA hat.

Abgesehen davon kritisieren Klonforscher ihre <<Reproduktions-Kollegen>>, weil sie nicht aus Tierversuchen lernen, sondern sofort neue Techniken beim Menschen einsetzen. So kann es bei der künstlichen Befruchtung von Kindern passieren, dass sie verschiedene Mitochondrien-Typen aufweisen."

"Klont man denn schon Menschen?", fragt Leonhard verwirrt.

"Aber nein", sagt Stephanie. "Meine Schwester redet von einem Artikel aus dem Jahr 2002, den wir gerade in unserem Journalclub besprochen haben. Damals hatte man 30 Kinder <<erzeugt>>, die ein Erbgut von drei Elternteilen in sich getragen haben. Jaques Cohen vom St. Barnabas Medical Center in Livingston, New Jersey, wollte mit seiner Pionier-Technik unfruchtbaren Frauen zu Kindern verhelfen[22].

Das Zytoplasma der reifen Eizellen dieser Frauen wurde vor der Befruchtung im Labor mit etwas Plasma aus Eizellen jüngerer Frauen aufgefrischt. Damit hat Cohen unausweichlich einige Mitochondrien der jüngeren Frauen mit verabreicht. Damit wurde eine genetisch völlig neue Situation geschaffen.

Denn wie wir ja jetzt über die Theorie der Mitochondrialen Eva wissen, trägt der Mensch in allen Körperzellen nur die Mitochondrien Gene seiner Mutter.

Ich frage mich manchmal, ob Mitochondrien für Erbkrankheiten verantwortlich gemacht werden können?"

"Da kann ich weiterhelfen", fällt Dr. Nikola ins Wort. "Im Sommer 2012 sah ich eine Studie, die sich mit Vererbungsprozessen befasst hat. Wir wissen, dass Erbinformationen im Zellkern und in den Mitochondrien vorhanden sind. Mutationen der mitochondrialen DNA werden ausschließlich von der Mutter an die nächste Generation weitergegeben.

Was sind mitochondriale Krankheiten, fragt Ihr Euch jetzt bestimmt. Nun, wenn die mitochondriale DNA nicht richtig funktioniert, kommt es bei der betreffenden Person zu Stoffwechselstörungen, neurodegenerativen Erkrankungen sowie Muskelschwäche, Herzproblemen und Diabetes. Auch ein schnelles Altern ist durch derartige Fehlbildungen bedingt. Ob derartige mitochondriale Krankheiten vererbt werden, entscheidet sich bereits im Embryonalstadium der künftigen Mutter[23]!

"Was es nicht alles gibt", ruft Melanie. "Das mit dem Klonen wird viel zu einfach dargestellt. Tierversuche zeigen uns doch auch, dass Klonen zum sogenannten <<Large Offspring Syndrome>> führt. Nachkommen sterben, bedingt durch ihre Übergröße und das schon vor der Geburt. Ich las neulich, dass Babys, welche künstlich befruchtet wurden, meist auch größer sind."

"Die meisten Schäden beim Klonen passieren, wenn der schon ausgereifte Kern einer Körperzelle von einem erwachsenen Tier sich plötzlich in einer Eizelle wiederfindet", bemerkt nun Stephanie.

"Ja", fällt ihr Dr. Nikola ins Wort. "Vor allem ist es nicht voraussehbar, welche Art von Fehlern entstehen können. Man tappt völlig im Dunkeln. Es ist quasi eine Neuorientierung eines ausgereiften Zellkerns.

Klonforscher beschäftigen sich momentan sehr damit. Unglaublich viele Eiweiße regulieren die genetischen Informationen. Erwachsene Körperzellen sind nur auf einen Gewebstyp spezialisiert, wie Haut- oder Euterzelle.

Beim Klonen muss sich der adulte Zellkern plötzlich wie ein embryonaler Kern verhalten und in der Lage sein, wieder einen gesamten Organismus neu aufzubauen.

Trotzdem sind Vater und Mutter für die Zeugung notwendig. Denn bei etwa 50 Genen werden entweder die mütterlichen oder die väterlichen Merkmale ausgebildet.

Entscheidend für die Weitervererbung sind außer den Chromosomen (DNA-Sequenzen) auch die Epigene. In einer Zygote oder einem Embryo im Ein-Zellstadium, findet normalerweise eine Neukombination von Chromosomen statt. Ob und welche Chromosomen aktiv sind und ein Merkmal ausprägen, bestimmen die sogenannten Epigene. Man spricht hierbei von epigenetischer Prägung.

Epigene verändern die Zelleigenschaften durch eine Methylierung der DNA. Diese Methylgruppen, die auch als chemische Signale bezeichnet werden, können ganze Abschnitte der Erbsubstanz abschalten. Eine Hautzelle braucht normalerweise nicht alle Erbinformationen und so sind in ihr die Informationen, um eine Knorpelzelle aufzubauen, durch Methylgruppen stillgelegt. Die Metyhlguppe ist mit einem Schlüssel vergleichbar, der verschiedene Türen, die man nicht braucht, zusperrt.

Beim Klonen muss ein Hautzellkern in einer Eizelle die Methylgruppen wieder aktivieren, einschalten oder aufsperren, was im Fachjargon als Demethylierung bezeichnet wird[24].

Und noch etwas ist interessant. Als dem Klonforscher Professor Dr. med. vet. Hwang aus Südkorea ein Teil der verwendeten Eizellen, die er für seine Forschung brauchte, von seinen Mitarbeiterinnen gespendet wurde, hat man dieses als Verstoß gegen die Ethikrichtlinien angesehen. Der Klonerfolg von Dr. Hwang schien aber nur deshalb erfolgreich gewesen zu sein, weil die verwendeten menschlichen Eizellen besonders frisch waren. Konnten Sie mir bisher folgen?"

Leonhard schreckt zusammen. Zu tief ist er in Gedanken versunken. Er grübelt. Dann hört er sich wie von selbst fragen:

"Das mit dem Epigenen habe ich schon mal gehört, aber woanders, nur ich kann es momentan nicht sortieren, woher ich das weiß."

Dr. Nikola lächelt, dann zitiert sie die <<*Frankfurter Allgemeine Zeitung*>> vom 4. April 2009. Es ging darin um das epigenetische Gedächtnis.

Beim Klonen wird der Zellkern ersetzt.

Bei den <<Induzierten Pluripotenten Stammzellen>>, kurz iPS Zellen genannt, wird die Entwicklung einer ausgereiften Körperzelle in den Embryonalzustand zurückgeführt. Wissenschaftler versuchen, die Zeituhr direkt im Zellkern zu manipulieren mit Hilfe von Viren, Plasma usw. - darauf will und kann ich momentan leider nicht eingehen.

Ziel der Reprogrammierungs-Methode ist, dass man eine Körperzellezelle soweit zurückzüchtet, bis sie das Stadium erreicht hat, pluripotent zu sein. Das heißt, bis sie einer embryonalen Stammzelle gleicht, die man normalerweise der Blastozyste entnimmt, wobei allerdings der Embryo selbst zerstört wird."

Melanie atmet auf. So, als ob sie sich an etwas sehr Wichtiges erinnern würde. "Was ist?", fragt Stephanie erwartungsvoll. "Tja, da ist noch etwas anderes, Gravierenderes. Journalisten berichten in ihrer Euphorie nicht darüber, dass embryonale Stammzellen zur Zeit weder Krankheiten heilen noch Leiden mildern können. Stamzellforscher stehen erst ganz am Anfang ihrer Forschung. Sie werden jetzt schon mit unlösbaren Hindernissen konfrontiert."

"Um den Faden wieder aufzunehmen", unterbricht Dr. Nikola. "Wissenschaftler wissen nicht, welche Rolle das «epigenetische Gedächtnis» spielt. Man vermutet, dass es für eine mangelhafte Effizienz bei der Verjüngung von einfachen Körperzellen verantwortlich ist.

Alexander Meissner, Professor an der Harvard-Universität in Boston, bestätigte, dass sich von hunderttausenden Zellen bisher nur wenige Zellen vollständig reprogrammieren lassen.

Sir John Gurdon von der Cambridge-Universität sieht den Grund dafür im sogenannten «epigenetischen Gedächtnis». Damit sind wir wieder beim Zeitungsartikel der Frankfurter Allgemeine Zeitung vom 4. April 2009.

Mit Epigenen befassen sich vornehmlich auch Tier-Klonforscher.

Das epigenetische Gedächtnis befindet sich im Erbgut der Körperzellen und verhindert möglicherweise den Zugang der Reprogrammierfaktoren zu den entscheidenden Entwicklungsgenen. Wie gesagt, Epigene beeinflussen Gene, die wiederum Entwicklungsprozesse einleiten. Sie sind notwendig, um alle Zelldifferenzierungen zu steuern, angefangen von der Befruchtung der Eizelle bis zum Tod des Organismus. Es handelt sich um eine Weitergabe von Informationen von einer Generation auf die nächste, so dass eine einzelne Zelle letztendlich in einen vollständigen Organismus «vergrößert» werden kann.

Genetische Instruktionen oder Programme reichen nicht aus, alle diese Aufgaben auszuführen. Auch andere, nicht-genomische Informationsquellen werden genutzt. Man spricht von Regulatorgenen, die zu einem epigenetischen System der Genwechselwirkungen gehören und diese steuern.

Die Epigenetik, also der Aufbau der Chromosomen mit den gewünschten Genen, sowie die Prägung der Gene wird, wie schon erwähnt, durch zusätzliche Molekül-Methylgruppen gesteuert. Dieser Methylierungsmechanismus kontrolliert die Expression der Gene. Das Genom in Körperzellen ist kompakt und durch angelagerte Methylgruppen schwer zugänglich, weil so eine Zelle ja schon differenziert ist und der Differenzierungsvorgang nicht mehr gebraucht wird. Das epigenetische Gedächtnis, geblockt durch Methylgruppen, ist verschlossen. Wenn man eine differenzierte Zelle (Körperzelle) in eine undifferenzierte iPS-Zelle zurückverwandeln will, nimmt diese Methylierung auch noch zu, berichten amerikanische Forscher. Man müsste den Code der Demethylierung kennen, um die Ausbeute der Rückzüchtung einer Körperzelle zu einer embryoartigen pluripotenten

Zelle zu erhöhen. Dieser Schritt ist die entscheidende Hürde, die zuerst zu nehmen ist.

Wie bereits gesagt, Dr. Hwang benutzte ausschließlich frisch gespendete Eizellen. Vor allem frische Eizellen weisen eine geringere Methylierung auf - und damit ist die Chance, humane embryonale Stammzellen nach der Befruchtung zu gewinnen, um 30% höher. Einige Stammzellforscher sind der Meinung, dass humane embryonale Stammzellen einen Vorteil gegenüber iPS-Zellen aufweisen[25].

In diesem Zusammenhang ist es interessant, Einsicht in neue epigenetische Analysemethoden wie Methylierungs- und Chromatinstrukturanalysen zu nehmen. Sie zeigen, dass nicht nur die von den Eltern ererbte DNA-Sequenz, sondern auch der epigenetische Status der DNA das Risiko der Nachkommen für kardiovaskuläre Erkrankungen und Diabetes beeinflussen. Der epigenetische Status ist eindeutig von den Ernährungsgewohnheiten der Eltern abhängig.

Eine andere Studie veranschaulicht, dass bei Ratten induzierte endokrine Disruptoren Nachkommen mit männlicher Infertilität hervorbrachten, was auf nahezu alle Männchen der nächsten Generationen übertragen wurde. Verantwortlich dafür waren veränderte Methylierungsmuster in den Keimbahn-Rezeptorgenen[26]. Als endogene Disruptoren bezeichnet man Umwelthormone. Das sind Stoffe aus der Umwelt, die wie die eigenen Hormone wirken und so alles durcheinander werfen. Sie werden darüber bestimmt noch viel hören, je weiter Sie in den Naturwissenschaften recherchieren.

Studien zeigen auch, dass die Ernährung der Mutter sowie Stress und Umweltgifte, denen sie während der Schwangerschaft ausgesetzt ist, das Epigenom des Kindes beeinflussen. Diese epigenetischen Veränderungen sind den genetischen Eigenschaften gleichwertig, die den Phänotyp des heranwachsenden Menschen prägen[27]."

"Da heißt es doch stets «Liebe geht durch den Magen». Im biotechnologischen Zeitalter moduliert der Magen die Vererbung ", bemerkt Stephanie.

Melanie lacht. "So gesehen sind die Eingriffe der Forscher, basierend auf rein genetischer Ebene, mit dem Ziel, Erbkrankheiten, Diabetes oder Parkinson mit Hilfe von Stammzellenforschung zu beheben, gelinde gesagt mehr und mehr suspekt.

Rund 30.000 unter 18-Jährige leiden in Deutschland an der Stoffwechselerkrankung Diabetes vom Typ 1. Um zwei bis vier Prozent steigen jährlich die Neuerkrankungen. Die Insulin-produzierenden Zellen werden hierbei zerstört. Die Ursachen sind bisher nicht bekannt.

Parkinson und Alzheimer sind die häufigsten neurodegenerativen Krankheiten älterer Menschen. 500.000 Amerikaner haben Parkinson und 50.000 Neuerkrankungen kommen jedes Jahr hinzu. Nach Angaben der internationalen Alzheimervereinigung steigen die Patientenzahlen von heute 44 Millionen auf 135 Millionen im Jahr 2050.

Die Krankheitsursache ist komplex, aber in den wenigsten Fällen wird die Krankheit vererbt. Meistens ist die Krankheit multifaktoriell bedingt. Forscher gehen sogar von bestimmten Umweltfaktoren aus, denen Kinder während der Gehirnentwicklung ausgesetzt sind und die Parkinson verursachen."

"Wen wundert es da noch, dass geklonte Tiere gesund zur Welt kommen sollen?", scherzt Stephanie. "Neulich las ich über Stoffe aus dem Plasma der Eizelle, die unmittelbar nach einer normalen Befruchtung dafür sorgen, dass die väterlichen Methylgruppen frei gelegt werden. Erst nach der Verschmelzung von beiden Kernen kommt es zu einer kompletten Neumethylierung. Wolf Reik vom Babraham-Institute im englischen Cambridge brachte den Beweis, dass beim Klonen eine erneute Methylierung manchmal zu früh auftritt und somit der Aufbau des ganzen Organismus gestört werden kann. Forscher sehen in der Störanfälligkeit dieses Regulationsprozesses den Grund für viele Schäden, welche das geklonte Tier aufweist. Schon vor der Geburt sterben Tiere, weil sie zu groß sind. Nur selten können sie noch rechtzeitig durch Kaiserschnitt gerettet werden."

Leonhard schlussfolgert: "Beim Züchten sollen doch besonders wertvolle genetische Eigenschaften in den Nachkommen verbessert werden - stimmt's?" - Leonhard nickt sich selber zu.

"Die Genkombination eines Klontiers war doch schon da und so kann man doch nicht von einem Zuchtfortschritt reden? Noch dazu liegt ein Zuchterfolg oder die Entstehung einer Krankheit nicht an den Genen. Es kommen andere Faktoren hinzu wie Haltung, Ausbildung, Training, Fütterung. Ein Wallach wurde nicht automatisch nur auf Grund der Gene zum Wettkampfspitzenpferd? Oder?"

"Ganz genau", fällt Melanie ihm ins Wort. "E.T. war das erfolgreichste Springpferd, das je lebte. Aber es war ein Wallach, damit man ihn besser ausbilden konnte. Somit hatte er keine Nachkommen. Man musste ihn klonen, um seine Gene zu erhalten. Sein Fohlen, E.T. Cryzootech-Stallion war das erste deutsche geklonte Pferd.

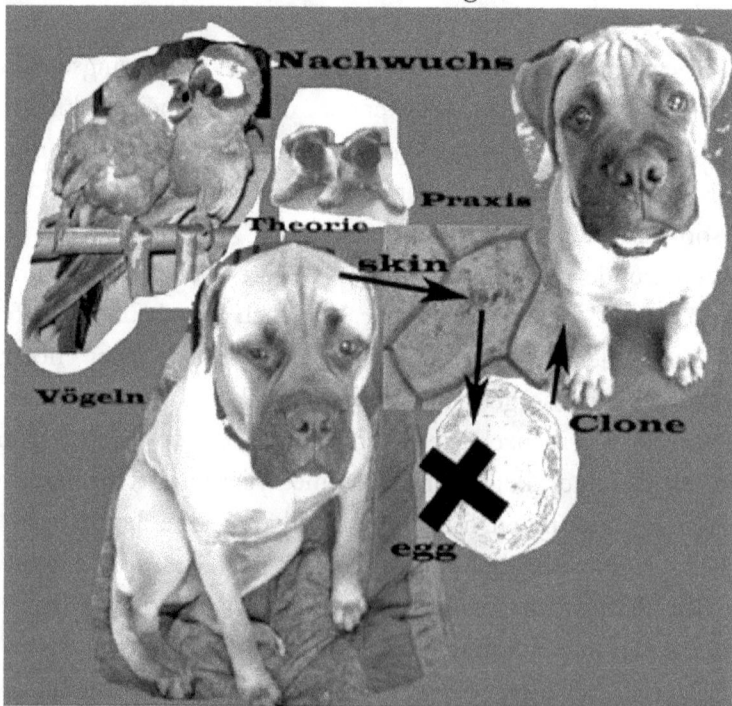

UngeschlechtlicheReproduktion des gleichen Erbgutes!

Sehen Sie mal hier das Bild an unserer Pinnwand. Es ist zwar eine Persiflage, die sich der Künstler da erlaubt hat, trotz allem verdeutlicht es ohne viele Worte, was reproduktives Klonen bedeutet."

"Erlaubt ihr mir einen Schlusssatz?

Eine Art Zusammenfassung?", fragt Dr. Nikola:

"Oder nein, Herr Leonhard, ich fange den Satz an und Sie führen ihn zu Ende. Dann sehen wir gleich, ob Sie etwas gelernt haben."

Leonhard errötet. Deutlich hört er sein Herz in der Brust schlagen. Solche Aufgaben mag er gar nicht - doch was für eine Wahl hat er? "Es geht los - England, Kanada, Neuseeland, viele US-Staaten, Singapur und Süd-Afrika unterscheiden zwischen therapeutischem Klonen und reproduktivem Klonen. Herr Leonhard" - Dr. Nikola schaut ihn prüfend an. Melanie und Stephanie grinsen und warten gespannt auf seine Antwort.

Leonhard hört seine etwas verlegene Stimme. "Der technische Vorgang für «therapeutisches Klonen» und «reproduktives Klonen» ist identisch."

"Stimmt", rufen alle gemeinsam.

"Darf ich helfen? Etwas, was wir noch nicht erwähnten, Leonhard kann das nicht wissen", fragt Stephanie. Dr. Nikola und Melanie nicken sympathisch.

"Therapeutisch geklonte menschliche Embryos, die im Labor gezüchtet werden, müssen nach einer bestimmten Zeitperiode, gewöhnlich am 14. Tag, zerstört werden. Was heißt das nun?"

"Hmm - Menschen werden also doch geklont. Nur dürfen sie nicht leben."

"Bravo, besser hätte nicht mal ich es formulieren können. Herr Leonhard, Sie haben wirklich das Zeug zum Journalisten."

Alle lachen. Stephanie springt auf. Sie ist ganz steif vom vielen Sitzen und Diskutieren. Auf einmal räuspert sich jemand hinter ihnen. Dr. Nikola dreht sich als erste um.

"Michael", ruft sie. "Ist es denn schon so spät? Wir haben einfach die Zeit vergessen."

"Guten Abend, Herr Professor Anderson", grüssen jetzt auch Melanie und Stephanie den Besucher.

Leonhard steht etwas verlegen da. Alle scheinen sich gut zu kennen. Er fühlt sich fast wie ein Eindringling. Der kräftig gebaute Herr kommt auf Leonhard zu und drückt ihm augenzwinkernd die Hand.

"Sie sind also der junge Journalist! Meine Bekannte, Dr. Nikola, berichtete mir von Ihnen, als sie mich vorhin anrief und bat, sie heute etwas später abzuholen. Das kam mir aber ganz recht, so konnte ich doch etwas länger im Institut bleiben.

Stellt Euch vor", wendet er sich nun an alle. "Es gibt eine Riesen-Diskussion um genetisch manipulierte Nahrungsmittel. Ich wurde gerade angerufen und soll zu dieser Tagung nach Hohenheim kommen. Aber so schnell schießen die Preußen nicht. Ich bräuchte einen Chauffeur, um dort hinzukommen - und dafür reicht natürlich nicht das Budget einer Universität."

ZWEITER TEIL

2 BIOTECHNOLOGIE MISSACHTET NATURGESETZE

2.1 GMO RISIKEN UND NUTZEN

Es ist alles ganz schnell gegangen. Leonhard kann es selber kaum glauben. Er sitzt in einem alten Renault. Neben ihm schlummert Prof. Anderson, der wohl bekannteste Gegner der Grünen Gentechnik. Schon viel hat Leonhard von ihm gehört. Nie hätte er sich träumen lassen, den Professor zur Universität nach Hohenheim fahren zu dürfen.

Es sind kaum Autos unterwegs. Leonhard hat Zeit nachzudenken. Es kommt ihm vieles in den Sinn, wofür er den mutigen Professor bewundert. Ein paar Jahre ist es nun her, als der Bauer Gottfried Glöckner vom Gentech-Verbündeten zum Anhänger von Greenpeace wurde. Prof. Anderson hat damals viel zu diesem Wandel beigetragen. Er ist kein abgehobener Akademiker, dessen Standesdünkel die Menschen nicht an sich herankommen lässt. Prof. Anderson versucht, sein Wissen einzusetzen, um wirklich zu helfen. Er kann sich so klar ausdrücken. Ihn versteht jeder, ob Penner oder Reichsgraf, so es diese noch gibt. Auch der Bauer, der mit einem Schweizer Agrarkonzern zusammenarbeitete, war letztendlich dem Wissenschaftler verbunden. Der Saatgutkonzern suchte einen Bauern, der Genmais auf seinen Feldern anbaute. Glöckner glaubte den Versprechungen, dieser Mais würde ertragreicher und gegen die Schädlinge aller Art gefeit sein. Genmais konnte man sonst nirgendwo anpflanzen. Als bekannt wurde, dass ein Hessischer Bauer dennoch die umstrittene Feldfrucht einsäte, waren die Gegner dieser neuen Technologie sofort zur Stelle. Sie behaupteten, der Mais mache Menschen zu Versuchskaninchen und sei schuld am Bienensterben. Mais ist ein Selbstbestäuber und braucht keine Bienen. Pestizide können jedoch nicht eng auf ein Feld begrenzt werden. Wind und Wetter verbreiten sie in die Umgebung. Pestizide wurden mit Hilfe moderner Gentechnik in jede Maiszelle eingebaut.

Glöckner war ein sehr technikgläubiger Mensch. Wenn die Wissenschaft etwas ertragreicher machen konnte, indem sie einfach nur ein Gen austauschte oder ein Gift in die Pflanze selber einbaute, das Insekten wie den Maiszünsler vernichtet, wollte Glöckner das natürlich ausprobieren. Keine Möglichkeiten ließ er aus. Er hatte schon unzählige Pflanzenschutzmittel und neue Futterzusätze getestet.

Als jedoch zwischen Frühsommer 2001 und Oktober 2002 zwölf seiner Milchkühe starben, horchte der Bauer auf. Sein Weltbild brach zusammen. Er liebte seine Tiere. Nun kamen sie von der Weide in den Stall, legten sich hin und starben. Sie hatten Schaum vor dem Mund, Krämpfe schüttelten sie. Die behandelten Tierärzte waren ratlos. Es begann alles mit wäßrigem Durchfall, Wasseransammlungen in Gelenken und dem Euter seiner Tiere. Blutgefäße erweiterten sich und platzten. Blut fand der Bauer in der Milch und im Urin seiner Kühe. Die Milchproduktion ging zurück. Seine "Lieblinge" brachten mißgebildete Kälber auf die Welt. Ihr Fell war struppig, das Heu schieden sie unverdaut aus. Der Bauer berichtete, er habe den Dung der Tiere auf die Weiden ausgebracht. Später erst sah er den Zusammenhang.

Seine Maispflanzen hatten ein Gen des Bakteriums Bacillus thuringiensis eingebaut. Deshalb wird der Mais Bt-Mais genannt. Dieses Gen bewirkt, dass die Pflanzen ein Insektengift produzieren, welches die Darmwand der Schädlinge perforiert. Natürlich nicht nur der Mais-Schädlinge, sondern auch der andern Insekten wie z.B. von Bienen, von Regenwürmen, von Nagern u.s.w. Im Darm seiner Kühe war das Gift auch. Unwissentlich brachte es der Bauer als Dünger auf sein Weideland. Die Tiere frassen davon und starben.

Der Bauer steckte viel Geld in Untersuchungen, die herausfinden sollten, woran die Tiere starben. Man dachte an Botulismus, Listeriose u.a.

Die Agrarfirma, die Glöckner den Genmais verkaufte, bestritt einen Nachweis von Bt-Toxinen in den Ausscheidungen, im Blut, Lymphe, Milch und anderen Organen der Tiere. Später hieß es, ein Kühlraum sei ausgefallen und die Kühlkette der Proben sei unterbrochen worden.

Dass seine Tiere durch Gen-Mais vergiftet worden waren, wurde für Bauer Glöckner bald bittere Gewissheit. Es machte ihn sehr verdrossen. Es mangelte ihm nicht an Mut, gegen die Agrarfirma zu klagen. Erst viel später fand Glöckner heraus, dass es in den USA Studien gibt, die vom Tiersterben im Zusammenhang mit Gen-Mais berichten. Auch hörte er von einer Studie in Japan von 2003. Unverdautes Bt-Gift fand man nach Fütterungsversuchen mit Bt-Mais im Magen, den Eingeweiden und dem Dung von Schweinen, Kälbern und Mäusen. Langzeitstudien fehlen zwar, der Befund deutet dennoch auf die unerwartet lange Halbwertszeit von Bt-Toxin hin. Die japanischen Studien bestätigen zum ersten Mal das Vorhandensein eines unverdauten Toxins.

Glöckner wurde zum Genmais-Gegner und wurde Greenpeace-Anhänger. Greenpeace verlangte die volle Aufklärung, warum die

Kühe starben. Ferner wurden umfassende Untersuchungen gefordert, inwieweit der Konsum von Genmais Menschen, Tieren und dem ganzen Ökosystem schadet[28].

Leonhard erinnert sich noch ganz deutlich an diese Berichte, die er so kurz vor seinem Abitur regelrecht verschlungen hatte. Was er genau vom Genmais halten sollte? So genau hatte er sich eigentlich nicht damit beschäftigt. Im Grund hängt jedoch alles zusammen. Die Grüne, die Rote und die Weiße Gentechnik. Wir sollten doch voneinander lernen.

"An was haben Sie jetzt gedacht, lieber Herr Leonhard", hört er plötzlich die Stimme von Professor Anderson.

Leonhard schreckt hoch: "Ich dachte an Ihren Bekannten, den Bauern Glöckner, um ehrlich zu sein. Haben meine Gedanken Sie etwa aufgeweckt", fragt er?.

"Aber nein, ich habe eh nur geschlummert. Wissen Sie, oft denke ich mir, die Herren der Medizin sollten von uns lernen. Sie haben keine Ahnung, wozu diese Hightech-Methode führen kann. Ich meine die gezielte Abschaltung und Veränderung eines bestimmten Gens.

Die gesteuerte Beeinflussung besteht darin, Erbanlagen mittels gentechnischer Methoden gezielt zu verändern. Der so genannte <<Gentechnisch Modifizierte Organismus, GMO>> besitzt meist ein arteigenes oder ein artfremdes Gen, welches in sein Erbgut übertragen wird.

Tierexperimente auf diesem Gebiet wurden erstmals im Juli 2000 erfolgreich durchgeführt. So entstand ein Organismus mit einem genetisch veränderten Material, welches unter natürlichen Bedingungen durch Kreuzen oder natürliche Rekombination nicht vorkommt. Wünschenswerte Eigenschaften im Tier werden so mittels Gentechnik realisiert. Wissenschaftler manipulieren die DNA in einem sehr frühen Stadium der Embryonalentwicklung, damit sie ganz in den neu entstehenden Organismus integriert wird. Die Veränderungen im Erbgut weisen auch die Nachkommen des GMO auf. Transgene Tiere sind in den USA noch nicht in die Lebensmittelkette aufgenommen worden, um verkauft zu werden.

Transgene Pflanzen entstehen durch unbeabsichtigten Pollenflug, wenn eine Kontaminierung zwischen Genpflanzen und herkömmlichen Pflanzen auftritt. Dann kann keine einzige Feldfrucht in Deutschland verkauft werden. Die Furcht, dass genetisch variierte Kulturpflanzen letztendlich zu einer Hungersnot führen können, ist durchaus gerechtfertigt. Mais ist zum Beispiel eine Pflanze, die in sehr trockenen Gebieten wächst. Später gab es Sorten, die genau dem jeweiligen Klima der Region angepaßt wurden. Es gab Maissorten für arme Böden in trockenen Gegenden und in feuchteren Landstrichen. Bauern benutzten ihr eigenes Saatgut. Es gab Fruchtfolgen und Zwischenfrüchte wie Leguminosen. Diese sicherten den Stickstoffgehalt im Boden. Jedes Jahr wurde die Anbaufrucht gewechselt.

Pflanzen-Diversität und der Vorrat von Saatgut ist der Grundstein für eine Zivilisation. Heute existieren nur noch Monokulturen, die den Boden ausbeuten. Der Boden ist doch das Wertvollste, was der Mensch besitzt. In vielen Ländern werden heute Landwirte gezwungen, patentierte GMO Pflanzensorten zu kaufen. Auch dürfen sie kein eigenes Saatgut verwenden. Dabei besteht die Gefahr, dass Sorten durch Krankheiten verloren gehen und andere Sorten nicht mehr zur Verfügung stehen.

Die Biogenetische Forschung bietet uns enorme Möglichkeiten bezüglich genetischer Manipulation von Pflanzen, Tieren und Menschen. Trotz allem kann sie uns, unverantwortlich und skrupellos eingesetzt, auch zerstören, wenn fundamentale ethische Normen missachtet werden.

Der britische Thronfolger Prinz Charles hat im «Daily Telegraph» vom 13. August 2008 vor der durch genmanipulierte Lebensmittel verursachten größten Umweltkatastrophe aller Zeiten gewarnt. Mit dem Anbau genetisch veränderter Pflanzen sei ein gigantisches Experiment mit der Natur und der gesamten Menschheit gestartet

worden, das schon jetzt z.B. in Nordindien und Westaustralien den Wasserhaushalt stark gefährdet.

Im Sommer 2012 gab es in den USA eine nicht vorhergesehene Trockenheit. Genmais braucht sehr viel Wasser. Wind und Wetter verbreiteten den Maisbeulenbrand, und das auch im Mittleren Westen der USA, wie z.B. in Wisconsin, wo man den Beulenbrand bisher nicht kannte. Die Sporen halten sich bis zu zehn Jahren im Boden."

Leonhard nickte: "Ja darüber hat schon Ihre Bekannte Dr. Nikola berichtet."

"Meine Verlobte", fällt Professor Anderson ins Wort und lächelt still vor sich hin. Dann fährt der Wissenschaftler mit seinem <<Privat-Vortrag>> fort.

"Die Mayakultur ist wahrscheinlich an intermittierenden Trockenperioden im 8. und 9. Jahrhundert zu Grunde gegangen. Die Mayas hatten nur noch wenige Maissorten[29].

Ich meine aber, auch wenn ich der Einzige bin, der das behauptet, dass <<Corn-Smut>> den Untergang der Mayas herbeiführte. Die Mayas liebten den Pilz, weil er sie in einen halluzinogenen Zustand versetzt hat. Das Toxin des Pilzes, Corn-Ergot genannt, wirkt wehenauslösend und abtreibend. Das paßt doch alles, finde ich. Trockenheit, geschwächte Pflanzen, Monokultur, Corn-Smut, kein Nachwuchs.

Aber lernen wir aus diesen Gefahren? Die Gentechnik fördert, auch in den USA, großflächige Monokulturen. Überall wird die gleiche Maissorte angebaut, egal, ob es sich um ein trockenes oder feuchtes Gebiet handelt. Im Sommer 2012 hatten die Bauern im Mittleren Westen der USA kein Wasser mehr und mussten ihre Tiere schlachten. Selbst auf dem Mississippi wurde die Schiffahrt eingestellt. War das nur der Anfang einer längeren Trockenperiode[30]?

Dann baut man auch noch Mais für die Bioethanolproduktion an. Abgesehen von den riesigen Wassermengen, die dadurch verbraucht werden, kommt es noch zu anderen Umweltschäden, die aber nur der Insider kennt. Unabhängig davon, ob es gerechtfertigt ist, das Futter den Tieren wegzunehmen, um Bioethanol daraus zu machen.

In Deutschland wird Bioethanol aus Futtergetreide und Zuckerrüben gewonnen. Weltweit werden 150 Millionen Tonnen Getreide für die Biospritproduktion verwendet. Der größte Teil davon ist Mais. Eine vielversprechende Alternative bietet ein Verfahren der deutschen Chemiefirma Clarant. Sie verwandelt nicht verwertbare Pflanzenreste, wie Maisstroh, in Cellulose-Ethanol[31].

In den USA ist man inzwischen wieder davon abgekommen, Bioethanol aus Maisstroh und Pflanzenresten herzustellen. Ein derartiges Verfahren entsprach nicht den Erwartungen. 2007 hatte Präsident Bush ein Abkommen unterzeichnet, wonach dem Benzin Bioethanol beigemischt werden muss. Der Präsident wollte damit die USA sauberer und unabhängiger vom Erdöl machen. Auch sein Nachfolger setzte sich für die Produktion von Bioethanol ein, um etwas gegen den Treibhauseffekt und die globale Klimaerwärmung zu tun. Präsident Obama war zuvor Senator von Illinois, Amerikas zweitgrößtem Maislieferant. Die Maispreise stiegen auf sieben Dollars per bushel. Das war ein Anreiz für die Farmer, überall Mais anzubauen. Selbst in Naturschutzgebieten grubberten sie das Land um und setzten dabei Kohlendioxid frei. Fünf Millionen Acres Brachland wurden in den USA seit 2007 zusätzlich für die Biotreibstoffgewinnung genutzt. Damit erhöhten sich zwischen 2005 und 2013 die Stickstoffdünger um eine Million Tonnen. Um Düngemittel herzustellen, muss man Kohle oder Gas verbrennen, womit Kohlendioxid freigesetzt wird.

Toxische Nitrate kamen ins Grund- und Trinkwasser. Sie verunreinigten Flüsse und sorgten dafür, dass sich die <<dead zone>> am Golf von Mexiko vergrößerte. Damit sterben noch mehr Meerestiere. Kinder sind besonders anfällig für eine Nitratvergiftung. Man denke an das Blue-Baby-Syndrome, das zum Tod führen kann. Die Folgen der Umweltbelastung durch die Biospritherstellung sind gravierend. Viele Wissenschaftler lehnen eine auf Ethanol basierende Energiegewinnung ab. Die Obama Administration schaut nicht auf die negativen Seiten und lobt weiterhin die <<farming industry>> als nützlich, um Treibhausgase einzudämmen.

<<Es ist keine Frage, die Wasserqualität und die Luft haben von der Bioethanol-Produktion profitiert>>, sagte der US-Landwirtschaftsminister erst neulich. Die Regierung hat allerdings nie untersucht, ob das auch stimmt. Bill Alley, ein Mitglied der Demokratischen Partei im Wayne County in Iowa bemerkte: <<sie haben unser Land vergewaltigt>>. Keineswegs sieht es mehr so aus

wie auf den Postkarten, wo Kühe auf grünen Wiesen weiden. Bioethanol-Befürworter gibt es kaum noch. Lebensmittel-Konzerne, Umweltschützer und nicht zuletzt auch die Ölindustrie verlangen von der Regierung, wieder Benzin ohne Bioethanol-Beimischung anzubieten[32].

Am 15. November 2013 kam es dann doch zu einer überraschenden Wende in den USA. Die Obama-Administration machte den Vorschlag, 2014 anstatt 14,4 Milliarden Gallon Maisethanol nur noch 13,3 Milliarden zu produzieren. Diese Entscheidung kommt der Erdölindustrie entgegen. Auch ökonomische Gründe spielen dabei eine Rolle. Seit 2007 verbrauchen die Amerikaner weniger Benzin. Einerseits fahren sie weniger, andererseits haben sie kleinere, neue Autos. Die Umweltschäden, um Bioethanol herzustellen, sind horrend. Der Vorschlag, den die Umweltschutzorganisation EPA unterstützt, ist nur konsequent. Die Öffentlichkeit hat 60 Tagen Zeit, um darüber zu diskutieren. Im Frühjahr 2014 will man endgültig entscheiden. Farmer könnten allerdings eine Geldeinbuße erleiden, wenn ihr Mais nicht mehr im Tank landet[33].

Über unvorhergesehene Umweltschäden werde ich Ihnen gleich mehr berichten. Zuerst muss ich noch auf etwas ganz anderes hinweisen.

US-Farmer behaupten, sie ernähren mit ihrer Agrarproduktion die ganze Welt: <<*We're feeding the world*>>

Das haben Sie bestimmt auch schon gehört. Es handelt sich um einen hohen moralischen Anspruch, den die amerikanischen Farmer da erheben. Dafür darf man Umweltschäden in Kauf nehmen, meinen sie.

Die USA hat eine industrielle Landwirtschaft.

Um möglichst hohe Erträge zu erzielen, werden hohe Düngergaben und Chemikalien eingesetzt. Gegner der industriellen Landwirtschaft behaupten, dass in den USA Nahrungs- und Futtermittel mit schlechter Qualität produziert werden.

Eine kritische Untersuchung der Grünen im EU-Parlament kam zu dem Ergebnis, dass die Gentechnik der Landwirtschaft keine ökonomischen Vorteile bringt. Die Ernteerträge der in den USA praktizierten Gentechnik-Anbaumethoden sind nicht höher als in der normalen Landwirtschaft, wie sie in West-Europa angewandt wird. Bei

Gentechniksaatgut bleibt jedoch weiterhin der Einsatz von Pestiziden und Herbiziden hoch[34].

Der französische Forscher Séralini kam in einer Studie zu dem Ergebnis, dass Pestizide viel giftiger seien als von den Herstellern deklariert wird[35].

Trotzdem argumentieren die großen Agrarkonzerne weiterhin, dass die wachsende Bevölkerung ohne Gentechnik nicht ernährt werden kann.

Ein US-Kollege hat mir das Skript einer Radiosendung vorgelegt. Aus diesem will ich Ihnen berichten:

Auf einer Tagung im Bundestaat Illinois im September 2013 fragte ein Saatgutunternehmer die Teilnehmer nach ihrem Beitrag zur Welternährung. Sie sehen, ich habe mir das wirklich nicht ausgedacht. Die Antworten der Farmer waren, sie würden vor allem möglichst viele Sojabohnen und Mais anbauen.

Charlie Arnot, der Direktor des Zentrums für Lebensmittelsicherheit, erklärte in diesem Radiointerview: <<US Bauern sind unglaublich stolz darauf, imstande zu sein, die Nahrung für den ganzen Globus zu liefern>>.

Kip Tom, einer der Großfarmer, der Mais und Soja auf 1000 Acres anbaut, gibt zu bedenken, dass die Bevölkerung wächst, die Farmer jedoch abnehmen. Deswegen sei es Pflicht der noch vorhandenen Farmer, die Welt zu ernähren. So etwas gehe nur mit einer neuen, besseren Technologie, mit GMO-Pflanzen und dem vermehrten Einsatz von Pestiziden.

Den Kritikern der industriellen Landwirtschaft ist das ein Dorn im Auge. Sie glauben, mit solchen Maßnahmen schade man nicht nur der Umwelt, sondern vor allem der menschlichen Gesundheit.

Margaret Mellon, Mitglied des Bundes für besorgte Umwelt-Wissenschaftler, deutet auf den Widerspruch hin, wenn man sagt:

<<Wir müssen Pestizide benutzen. Ansonsten sind wir nicht in der Lage, die Welt zu ernähren. Dieses Statement hilft uns Laien nicht

weiter, die Bedenken gegen eine industrielle Landwirtschaft auszuräumen.

Es vertuscht eher die Tatsache, dass US-Bauern eben nicht das Essen der armen Leute produzieren. 40% der US-Maisernte werden für Bioethanol verwendet. Rund 98% des weltweit angebauten Sojas wird zur Tierfütterung verwendet. Lediglich zwei Prozent werden zu Lebensmitteln. Mehr Feldfrüchte anzubauen löst das Problem erst recht nicht. Vor allem, wenn unser Essen verrottet, bevor wir es auf den Markt bringen>>.

Sehen Sie, Leonhard, beide Aussagen kann man nicht vom Tisch wischen. Je mehr Lebensmittel wir produzieren, um so billiger werden sie. Was durchaus gut für die ärmere Bevölkerung ist. Chinesische Schweine kommen damit zum Beispiel in den Genuss von Sojabohnen aus Brasilien und den USA. Nur deshalb können es sich Chinesen leisten, Schweinefleisch zu essen. Was wiederum ihre Ernährung verbessert. Es gibt auch eine Kehrseite, wie Prof. Christopher Barrett von der Cornell-Universität im Radio erklärte.

Wenn Mais billig ist, kaufen es arme Familien. Andere Lebensmittel, welche mehr Vitamine und Mineralstoffe enthalten, kommen damit jedoch nicht auf ihren Tisch. Man könnte eventuell mit Mais die Welt ernähren. Nur fehlernähren wir sie letztendlich. In Umfragen stehen US-Bürger dem Konzept einer industriellen Agrarkultur eher negativ gegenüber. Quintessenz der Sendung: Die Agrikultur-Lobby der USA sollte sich ein anderes Motto aussuchen. Etwas, was mit den amerikanischen Werten übereinstimmt. Dieses würde den Verbraucher weitaus besser überzeugen[36].

Soweit die Sendung. Sie war sehr offen, finden Sie nicht auch?"

Leonhard kann sich gar nicht weiter dazu äußern. Sofort redet der Professor weiter. Seine Stimme klingt besorgt:

"Auch die frühere Sowjetunion hatte die Absicht, die Welt zu ernähren. Nur wenige wissen von dem gescheiterten Vorhaben des <<Agrobiologen>> Trofim Denissovič Lyssenko, der den <<Großen Stalinplan zur Naturumwandlung der Sowjetunion>> geleitet hatte und z.B. die Bodenfruchtbarkeit aller vorhandenen Böden durch einen steppenähnlichen <<Feldgrasanbau>>, ohne Düngemittel und Chemikalien, grundlegend verbessern und humusreiche schwarzerdeähnliche Böden bilden wollte. In der Natur dauert es tausende von Jahren, bis eine Schwarzerde entsteht.

Der vorausgesagte sprunghafte Anstieg der Hektarerträge innerhalb kürzester Zeit nach Einführung des Feldgrassystems blieb aus. Deshalb wurden die Grasflächen wieder umgepflügt und rund 42 Millionen Hektar Natursteppenböden wurden in Kasachstan und Westsibirien neu in Kultur genommen. Durch Beseitigung der natürlichen Pflanzengesellschaften kam es zu erheblichen Bodenverlusten durch Wasser- und Winderosion. Berechnungen haben ergeben, dass damals durch Mineralisierung der organischen Substanz mehr CO_2 freigeworden ist als durch die Abholzung tropischer Wälder. Die katastrophalen Folgen der durch den Ackerbau bedingten Verdrängung der natürliche Steppenvegetation versuchte man anschließend durch riesige Bewässerungsmaßnahmen einzudämmen.

Im Süden von Turkmenistan wurde quer durch die Kara-Kum-Wüste der 1000 Kilometer lange Kara-Kum-Kanal angelegt. Das Wasser für den Kanal wird den Hauptzuflüssen des Aralsees, dem Syr-Darja und Amu-Darja, entnommen. Die Oberfläche des Aralsees ist dadurch erheblich geschrumpft, die bewässerten Böden wurden stark versalzt. Von den ausgetrockneten Flächen des Aralsees werden Bodenteilchen verweht, die mit Pestiziden belastet sind. In der früheren Sowjetunion führte diese <<Naturumwandlung>> zur größten Umweltkatastrophe des Jahrhunderts[37].

Lyssenko war der Ansicht, dass durch veränderte Umwelt-Lebensbedingungen auch bei Menschen erbliche Veränderungen induziert werden. Vielleicht hatte er damit recht? Die Umwelt hat tatsächlich durch die Epigene Einfluss auf genetische Veränderungen.

Heute wirken die US-Amerikaner in Brasilien und Argentinien. Amerikanische Biotechnologie hat Argentinien zum drittgrößten Welt-Soja-Produzenten gemacht. Um die Anbauflächen für Soja zu vergrößern, müssen Regenwälder abgeholzt werden. Man ist der Auffassung, durch GMO-Pflanzen die Welt ernähren zu können. Nur mit Hilfe von genetisch manipulierten Pflanzen könne man eine intensive Landwirtschaft betreiben. 95 Prozent der in Brasilien und Argentinien angebauten Sojabohnen sowie große Mais-, Getreide- und Baumwollanbauflächen sind genetisch manipuliert.

Indianer, die Ureinwohner des Landes, verlieren ihre Reservate. Sie dürfen bestenfalls als Tagelöhner auf den enteigneten Feldern arbeiten. Erst jetzt, im Oktober 2013, kann man in den Zeitungen lesen, dass Argentinier erhebliche Gesundheitsprobleme haben wegen des Einsatzes von Agrochemikalien.

Die Regierung sieht keinen Zusammenhang. Sie war unter den ersten, welche die US-Agrobusiness-Methode förderte. 1996 begann in Argentinien die Industrialisierung der Landwirtschaft. Die in St. Louis/USA basierte Agrarfirma Monsanto versprach einen höheren Ernteertrag durch den Anbau von genetisch manipulierten Pflanzen und dem damit verbundenen geringeren Einsatz von Pestiziden und Chemikalien. Die Farmer machten sich abhängig von Patenten und Herstellern, die das genveränderte Saatgut monopolartig vermarkten. Alte, regionale Saatgutsorten wurden zunehmend verdrängt. Anstatt mit der Aussaat zu warten, bis die auf die Bodenflächen aufgesprühten Herbizide und Pestizide eindringen, sparte man sich diese herkömmlichen Schritte und säte sofort aus. Man spritzte erst später den Pflanzenbestand mit dem Herbizid Roundup. Genmais ist gegen dieses spezifische Unkrautspritzmittel resistent.

Die Sojaanbaufläche hat sich allein in Argentinien mit 47 Millionen Acres verdreifacht. Wie in den USA werden Schweine und Rinder mit Soja gefüttert. Als Unkraut und Insekten resistent wurden, nahmen die Chemikalien um das Neunfache zu. Man schätzt, dass pro Acre 4,3 Pfund Spritzmittel verwendet werden. Das ist mehr als doppelt so viel wie in den USA.

Tagelöhner, welche die Agrochemikalien vorbereiten, werden über die Giftigkeit der Substanzen nicht aufgeklärt. Sie benutzen keine Masken, Handschuhe oder Spezialkleidung. Die Spritzmittel lassen sich nicht auf die Agrarflächen begrenzen. Der vorgeschriebene Abstand zu Wohnvierteln und Schulen wird meistens nicht eingehalten. Ärzte registrieren eine Zunahme von Gesundheitsproblemen. Vor allem sind die rund 12 Millionen Einwohner Brasiliens betroffen, welche in den riesigen ländlichen Gebieten wohnen.

Schulkindern wird in Santa Fe schlecht, wenn die Fenster ihrer Klassenräume geöffnet werden. Eine Studie der Nationalen Universität von Rosario, an der 65.000 Einwohner von Santa Fe teilnahmen, berichtet über die Vervierfachung der Krebsneuerkrankungen. Wir sehen durchaus einen Zusammenhang mit den Agrarchemikalien, erläuterte Dr. Damian Verzenassi. Es werden zwar alle möglichen Toxizitätsstudien durchgeführt, noch nie sind jedoch die Interaktionen aller Agrarchemikalien zusammen untersucht worden. Ärzte fordern eine breitere, längere Studie, die Wissenschaftler unabhängig voneinander durchführen.

Ein Zusammenhang ist offenkundig. Die Regierungen sollten handeln und nicht auf einen absolut sicheren Beweis warten, dass die neu aufgetretenen Krankheiten wirklich zu 100% auf Agrarchemikalien zurückzuführen sind. Dieses fordern besorgte Wissenschaftler, die sich vereint haben, um gegen die Missstände anzukämpfen[38]. Die Profitgier hinter all dem ist nur allzu offensichtlich, Leonhard."

Leonhard nickt. Er ist ganz bei der Sache, das Auto fährt fast von alleine und so hört er gebannt den Ausführungen des Professors zu. Da dieser jedoch nicht weiter redet, überlegt der junge Journalist, wie er den Wissenschaftler dazu bringt, den Faden wieder aufzunehmen.

"Gibt es denn noch andere Umweltschäden, die durch die moderne Landwirtschaft entstehen? Ich meine nicht so offensichtliche und solche, welche hauptsächlich die Tiere betreffen." Für einen Moment überlegt Michael, wo er stehen geblieben war. Dann räuspert er sich:

"Über unbeabsichtigte Umweltschäden kann ich Ihnen viel erzählen. Ich sage jetzt mal unbeabsichtigt. Denn wir können wirklich nicht wissen, wie die Umwelt reagiert. Wie oft ärgern wir uns über die Wettervorhersage, die einfach nicht stimmt. Ich weiß, das Beispiel hinkt. Ich will Ihnen auch nur eine vage Vorstellung geben. Da wir vorhin gerade über den Mississippi sprachen, fange ich damit an. Liegt ja auf der Hand.

Mais wird, wie Sie sich denken können, mit Vorliebe auf den Auenböden des Mississippis angebaut. Als Dünger für den Mais werden Unmengen an Stickstoff und Phosphat gebraucht. Leguminosen, die den Stickstoff der Luft nutzen können, werden nicht mehr als Zwischenfrüchte angepflanzt. Der Boden kann den unverbrauchten Stickstoff jedoch nicht binden. Er wandert ins Grundwasser und in Oberflächengewässer. Durch Bodenerosion landen die von Bodenteilchen gebundenen Phosphate im Mississippi und fließen in den Golf von Mexiko. Dort wird das Algenwachstum gefördert. Abgestorbene Algen reichern sich an und verbrauchen Sauerstoff zu ihrem Abbau durch Bakterien. In Folge einer geringen Sauerstoffsättigung entsteht eine sogenannte <<*dead zone*>>.

Nationale, atmosphärische und ozeanische Wissenschaftler haben ermittelt, dass diese Todeszone im Golf von Mexiko im Jahr 2008 so groß war wie der US-Bundesstaat New Jersey. Fische und Krabben sterben, berichtete Prof. R. Eugene Turner von der Louisiana State University. Diese Katastrophe beeinflußt die Fischer. Sie müssen weiter hinaus fahren um ihr Fische zu fangen[39].

Man muss sich hierbei vor Augen halten, das war der Zustand vor dem Leck der Britischen Bohrinsel im Jahre 2010. Danach hatte man nicht nur eine Tote Zone im Golf von Mexiko, sondern auch noch eine katastrophale Ölverschmutzung. Das bedeutete, viele Fische hatten gar keinen Sauerstoff mehr zum Atmen. Selbst die Meerestiere, die mit wenig Sauerstoff auskommen, starben. Das Gebiet der sauerstofffreien Wasserschichten weitete sich aus und reichte bis an die Küsten von Texas[40].

Entlang der Brasilianischen Atlantikküste hat sich ein 800 km langer Algenteppich gebildet. Experten geben der hohen Wassertemperatur an der Meeresoberfläche die Hauptschuld[41].

Gigantische Algenteppiche findet man alljährlich auch im Wasser vor der chinesischen Ostküste. Die Ursache sind warmes Wasser und hohe Nitrat- und Phosphatgehalte. Tausende Helfer müssen regelmäßig die Sandstrände säubern[42].

Beunruhigend ist es für mich zu sehen, wie auch die Großen US-Süßwasser-Seen Todeszonen entwickelt haben. Ganz so, wie im Golf von Mexico, sterben auch dort die Fische. Nicht einmal die kleinsten Wasserinsekten haben genug Sauerstoff. 40 Prozent des wichtigsten Süsswasser-Reservoirs der USA sind betroffen. Die <<*dead zone*>> im Lake Michigan ist 13 km von der Stadt Green Bay entfernt. Sie reicht von dort 50 km in den See hinein[43].

Ob das wohl durch den angeblichen Klimawechsel bedingt ist, den man z. B. für den niedrigen Wasserstand des Colorado Rivers verantwortlich macht? Bisher war der Fluss, der sich durch den Grand Canyon schlängelt, nach der Schneeschmelze in den Rocky Mountains immer übervoll. Zwei Staudämme haben für einen konstanten Wasserabfluss gesorgt. Neuerdings beobachtet man einen massiven Wasserabfall im Lake Powell, welcher 1966 durch den Glen Canyon Damm in Arizona entstand. 575 km entfernt befindet sich der berühmte Hoover Damm See. Dieser entstand 1936.

Seit 47 Jahren passierte es 2013 das erste Mal, dass man kein Wasser vom Lake Powell abfließen ließ. Der See versorgt Arizona, Las

Vegas und Kalifornien. Beide Reservoire müssen einen bestimmten Wassergehalt halten. Beide Seen sind zur Zeit halb leer.

Einer der Colorado Direktoren, Larry Wolkaviak sagte, es handle sich hierbei um die schlimmste Trockenheit der letzten 100 Jahre, die bereits 14 Jahre anhält. In den kommenden Jahren wird die USA unter den ökonomischen Folgen der Wasserknappheit zu leiden haben[44]. In Flagstaff-Arizona gab es im Winter 2013-2014 auf dem 3000-4000 Meter hoch gelegenen Skigebiet nur Kunstschnee für die Skifahrer. Am 31. Januar 2014 wurde gemeldet, dass es sich um die schlimmste Trockenheit seit 1917 handelt[45].

Die größte Trockenheit seit Jahrzehnten hat 2014 in Brasilien bei Kaffee und Zucker massive Preissteigerungen ausgelöst. Auch die Erträge für Mais und Soja werden geringer ausfallen[46].

Nur wenige wissen über eine Umwelt-Katastrophe, die sich in Kalifornien bereits Mitte des 20. Jahrhunderts ereignet hatte. In Folge eines Dammbruchs am Colorado River in Jahr 1905 ist im Imperial-Valley in Südkalifornien ein 1000 Quadratkilometer großer See entstanden. Die <<Saltonriviera>> entwickelte sich zu einem beliebten Ausflugssee und einer neuen Touristenattraktion in der Wüste. In den 1950er und 1960er Jahren begann der See, der keinen Abfluss hat, zu versalzen. Phosphate und Nitrate aus den umliegenden landwirtschaftlich genutzten Bewässerungsflächen und den Zuflüssen bewirkten eine starke Algenvermehrung. Die Algenzersetzung führte zu akutem Sauerstoffmangel, Schwefelwasserstoffbildung und zum Fischsterben. Dazu kam ein Massensterben von Pelikanen und anderen Seevögeln. Allein 1999 sollen es 7,6 Millionen Fische gewesen sein, die tot an die Ufer des Sees getrieben wurden. Unwetter ließen den Wasserspiegel ansteigen, Jachthäfen, Hotels Restaurants und Wochenendhäuser verschwanden im Schlamm. Menschen verließen in Scharen die umweltzerstörte Salton Riviera.

2017 soll der letzte Zufluss zum Saltonsee für die Bewässerung der riesigen Plantagen umgeleitet werden. Der See wird dadurch ganz austrocknen und desertifizieren. Durch Staubstürme könnten die Salze und Giftstoffe aus den ausgetrockneten Flächen als Aerosole in weiten Gebieten abgelagert werden und große Gebiete vernichten[47].

Auch der Urmia-See, der riesige Salz-Binnensee im Nordwesten des Iran, trocknet aus, weil seine Zuflüsse für landwirtschaftliche Bewässerungsmaßnahmen genutzt werden. In den vergangenen zehn Jahren schrumpfte die ursprüngliche Fläche des Urmia-Sees um mehr als 80 Prozent[48].

Momentan leidet auch die Fischindustrie im Bundestaat Main. Warum? Eine mysteriöse Krankheit, die man mit dem Klimawechsel oder dem geringen Sauerstoffgehalt im Wasser verbindet, soll sie verursachen.

Zu oft beobachten wir in den letzten Jahren schreckliche Dinge. Sagen wir lieber, die Wissenschaftler sind Zeugen und registrieren mit Entsetzen Umweltschäden. Wir alle lieben den Hummer. Eigentlich war es ein Arme-Leute-Essen. Bis es zur Delikatesse wurde. In den USA beobachtete man im Jahr 1996 in der berühmten Hummer-Gegend Main, dass ein Prozent der Tiere eine seltsame Krankheit hatte. Man nannte sie die <<*Lobster Shell Disease*>>. Bakterien fressen die Hummerschale weg, hieß es. Was übrig bleibt, ist unansehnlich. Keiner würde derartig verstümmelte Krustentiere kaufen. 1996 und 1997 waren bereits vier Prozent der Tiere betroffen. Ein Jahr später fand man eine Erkrankungsrate von 20%. Zuerst waren nur die Tiere im Bundesstaat New England befallen. Dort setzte die Krankheit der Fischerei sehr zu.

Das jährliche Geschäft mit den Krustentieren bringt allein in New England 400 Millionen Dollars ein. Jetzt wandert der Erreger der Erkrankung in weitere Gebiete. Im August 2013 erlag ein Drittel der Tiere der mysteriösen Erkrankung. Vor allem bei Erkrankung von weiblichen Tieren ist der ganze Hummerbestand betroffen. Über die Ursachen weiß man nicht Bescheid. Vermutet werden steigende Temperaturen der Ozeane; niedrige Sauerstoffgehalte, Umweltverschmutzung[49], Versauerung der Meere durch CO2. Die im Wasser zunehmende Kohlensäure macht es Algen, Muscheln und

Krustentieren schwerer, ihre Kalkskelette aufzubauen. Der pH-Wert, das Mass für den Säuregehalt der Meere, ist bereits gefallen[50].

Es handelt sich also nicht nur, lieber Herr Leonhard, um das Problem des Überfischens. Wie Sie sehen, können im Wasser lebende Tiere auch anders ausgerottet werden. Wenn ich gerade die Hummer genannt habe, muss ich auch über den Kaviar reden. Beides Delikatessen, die es eventuell bald nicht mehr gibt. Sei es, sie wurden überfischt, oder unsere neuen Biotechnologien haben sie erledigt, indem unvorhergesehene Erkrankungen aufgetreten sind, die wir nicht zuordnen können.

Man denke an den Kaluga Stör, der am 4.000 Kilometer langen Amur Fluss sein Zuhause hat. Noch 1980 wurde sein Bestand auf 30.000 Individuen in der Amur-Morphe geschätzt, wo chinesische und russische Fischer gemeinsame Fanggründe haben. Der Stör liefert Kaviar und so besteht natürlich ein großes wirtschaftliches Interesse an seinem Fang. 1881 wurden in Rußland 595 Tonnen Kaviar gewonnen. 1948 waren es nur noch 61 Tonnen, die exportiert wurden[51]. Der Bestand an Stören ging bis 1992 um 80% zurück. 1996 wurde der Stör als gefährdete Spezies eingestuft.

Rückstände aus der Erdölgewinnung und Mineraldünger im Fluss machte man für die Beinahe-Ausrottung der Störe verantwortlich. Die sowjetische Industrialisierung und damit die Akkumulation von Schwermetallen und Quecksilber in Gewässern beeinträchtigten die Population[52].

Im Mai 2012 berichteten chinesische Fischer davon, einen 600-Kilo-Stör gefangen zu haben. Sie brachten das Weibchen in eine lokale Stör-Aufzucht-Station, um seine Eizellen künstlich zu befruchteten und später im Fluss auszusetzen[53].

Man muss bedenken, überall kommen Umweltschäden hinzu, die unserer Fischpopulation schwer zu schaffen machen. Ein United Nation Bericht von 2010 meint, es seien bereits 80% der Fischreservate abgefischt, das heißt im Jahr 2050 würden wir keine Fische mehr fangen können.

Am Strand von Tasmanien, Australien, sind im Februar 2014 ungewöhnlich viele Riesenquallen, aus der Familie der Löwenmähnenquallen, aufgetaucht. Die Quallen ernähren sich vom Zooplankton, fressen den Fischen die Nahrung weg und beeinflussen damit das Ökosystem[54]."

"Darf ich sie unterbrechen?", fragt Leonhard: "Etwas gibt mir zu denken was ich neulich las. Kraken - ja sagen wir es doch gleich heraus, Riesenkraken gab es nur in den tiefsten Tiefen des Meeres. Seit einigen Jahren wurden sie in Mexiko gesichtet. Man sagt sie finden keine Fische mehr und dringen auf der Suche nach Nahrung in die Gegenden vor, wo Menschen - Surfer oder Taucher - sind. Auch an der Küste von San Diego attackieren sie alles, was sie finden, Menschen und

Boote. Ganz so wie in den alten Sagen.

Ein weibliches Tier kann 30 Millionen Eier legen, behauptet man, aus denen sich die Seemonster in einem Jahr entwickeln können.

Zwei mexikanische Fischer wurden neulich aus ihren Booten gezogen und so zugerichtet, dass die eigene Familie sie nicht mehr erkannte. Dies ist nur der Anfang der Story[55]."

"Es ist in der Tat ein sehr grausames Beispiel, welches Sie, lieber Herr Leonhard, da beschreiben. Es geht wie immer um die Verdeutlichung der unvorhersehbaren Eingriffe in die Natur. Die einzigen Feinde der Monster, die bis zu 400 Kilo wiegen und, ihre Tentakeln mitgerechnet, 10 bis 18,2 Meter lang werden können, sind Pottwale. Wissenschaftler untersuchten 43 Riesen-Tintenfische, die sie von überallher gesammelt hatten. Viele waren an Land geschwemmt worden, andere fand man im Meer, einige waren sogar in den Mägen von Pottwalen. Das Interessante und doch auch sehr Irritierende bei der DNA-Analyse war die Mitochondrien-DNA, auch Energiewerk der Zellen genannt. Man fand kaum genetische Unterschiede. Die Mitochondrien-DNA hat ca. 20.000 Basenpaare. Bei den untersuchten Kraken konnten nur 181 Mutationen festgestellt werden. Man fragt sich, wie kann ein global verbreitetes Tier eine so geringe Gen-Variation aufweisen?

Eine Erklärung wäre, dass die gesamte Weltpopulation reduziert wurde. Das ist sehr schwer vorstellbar. Wissenschaftler sind eher der Meinung, die Anzahl der Tiere explodierte, weil die Wale abgefischt wurden. Nur wenn man dies unter dem errechneten Zeitintervall der Mutationen sieht, hätte der enorme Populationszuwachs vor 30.000 bis 700.000 Jahren stattfinden müssen. Zu dieser Zeit wurden noch keine Wale abgefischt. Trotz allem macht diese Erklärung Sinn, meinen Forscher der Nationalen Universität von Irland.

Vielleicht geben Mutationen keinen Hinweis zur Berechnung der Zeitspanne der Evolution. Zudem sollten klimatische Veränderungen in Betracht gezogen werden, die nicht ganz unschuldig an dem Ergebnis sind. Fakt ist, es gibt kaum Variationen bei den Mitochondrien-Genen. Das heißt, es existiert nur eine einzige Riesen-Kraken-Spezies auf der ganzen Welt. Dieses Ergebnis widerspricht den Experten. Sie vermuteten immer, es gäbe mindestens acht separate Arten. Sie beriefen sich auf die unterschiedliche Morphologie der Tiere. Andere meinen, es handle sich zumindest um drei Arten, die in unterschiedlichen geographischen Regionen lebten. Die DNA-Untersuchung warf nicht zuletzt mehr Fragen auf, als dass sie diese löste. Vielleicht verhalten sich die Mitochondrien der Riesenkraken ja auch ganz anders und wir können sie gar nicht mit unserem herkömmlichen System vergleichen? Man hofft, sehr bald eine Antwort zu bekommen[56]. Immer wieder wird uns bewusst, wie fragil unsere Umwelt doch ist. Wir greifen in ein Ökosystem ein und kennen nicht die Folgen.

Den Pottwal hat der Mensch nun fast ausgerottet. Sehen Sie, wegen einer Überfischung unserer Weltmeere kommt die Gentechnik ins Spiel. Die Hälfte unserer konsumierten Meeresfrüchte kommt aus Fischfarmen. Chile exportiert Fische in die USA für 75 Cents pro US-Pfund, also für 454 Gramm.

<<*High Tech Breeding*>> nennt man es, wenn man z. B. Lachse genetisch manipuliert. Ein Wildlachs wächst sehr langsam oder gar nicht, wenn es kalt ist. Die Firma Aqua Bounty produzierte einen schnell wachsenden Lachs, indem sie ein Wachstumshormon in die DNA des Fisches einbaute."

"Hmm", brummte Leonhard. "Man müsste das Wachstumshormon dieser Riesenkraken isolieren, wenn die so schnell wachsen."

Prof. Anderson lachte hell auf: "Daran hat wohl noch keiner gedacht. Aber Spaß beiseite.

Die Methode heißt: <<*targeted gene insertion*>>. Man versteht darunter das Einbringen eines gezieltes Genes. Damit beschreibt man den Austauschvorgang von einem natürlichen Gen durch ein gentechnisch verändertes.

Das normalerweise im Erbgut vorhandene Gen ist nicht immer aktiv, während das sogenannte ausgereifte, im Labor hergestellte Gen immer <<*arbeitet*>>. Der so hergestellte Lachs hatte nach einem Jahr das doppelte Gewicht als sein in der Natur vorkommender Counterpart.

Eine derartige Manipulation des Erbgutes, die man sehr früh in der embryonalen Entwicklung vornimmt, bedingt, dass die Nachkommen des GMO-Tieres alle - unwiderruflich - das schnell wachsende Gen in ihrem Erbgut enthalten. Ein derartig genetisch manipulierter Fisch könnte in die Wildbahn entkommen und sich mit der Wildform des Lachses vermischen. Ich sage mal, derartige <<ausgerissene Tiere>> würden dem Wildlachs die Nahrung wegfressen und am Ende ein Aussterben der Wildform verursachen.

Der Entwickler von Aqua Bounty argumentiert, dass die Turbofische nicht abhanden kommen können, weil sie in Landbecken gezüchtet werden. Zudem sind die Weibchen steril, weil Lachsweibchen durch die Zugabe von männlichen Hormonen in Männchen umgewandelt werden. Ob die Methode funktioniert, ist sehr fraglich. Mr. Greenwood, der Direktor von Aqua Bounty, ist der festen Überzeugung, dass der Fischbestand in Amerika mit Hilfe der Genmanipulation erhalten bleibt[57].

Skeptiker müssen Sie nicht lange suchen. Unter ihnen ist eine Kollegin aus New York, Frau Professor Marion Nestle. Sie erinnert mich immer an den Begriff <<Frankenfood>>. Frau Nestle ist gegen genmanipulierte Lachse[58].

Ich werde Ihnen nachher noch etwas mehr über die sogenannten invasiven Arten erzählen. Über die asiatischen Tiger-Garnelen, die man plötzlich in den USA fand. Keiner weiß, woher sie kommen, man vermutet sie sind ihren Züchtern in China, Vietnam und Thailand entflohen. Manchmal macht es Sinn, Fische auszusetzen. Denken Sie an Forellenzuchten, die ihre Fische in die freie Wildbahn entlassen, weil sie ja extra deswegen gezüchtet werden, um die natürliche Population aufzubessern.

Nun fand man plötzlich einen mysteriösen Virus, der beim Menschen Hepatitis E verursacht. Wie Sie sich denken können, rede ich von Wisconsin. Keiner weiß, woher dieser Virus kommt oder inwieweit er Amphibien, anderen Fischen oder sogar Wirbeltieren schadet. Er wurde bei Braunen Forellen des östlichen Mississippi-Flusses gefunden. Man weiß nicht, inwieweit der Virus sich ausgebreitet hat, weil man ja nur vereinzelte Fische testen kann. Jetzt ist es schwer, die Ausbreitung zu unterbinden. Das hätte man sofort tun müssen. 2013 hat man 270.000 Forellen in die freie Wildbahn entlassen, obwohl sie positive Virusträger waren. Das hat man getan, weil man annahm, es handle sich um eine harmlose Variante des Virus. Wissenschaftler sollen nun alle Rätsel lösen, und vor allem, wie man Forelleneier dekontaminiert.

Professor Thomas Waltzek von der Veterinärmedizinischen Fakultät der Universität von Florida in Gainesville will untersuchen, ob der <<Cutthroat Trout Virus>> andere Arten beeinträchtigt[59].

Ich weiß, was Sie jetzt sagen wollen. Eine derartige Sorglosigkeit ist uns Europäern unverständlich. Man tut so, als ob einem Umweltschäden egal sind. Amerikaner gehen offenbar davon aus, endlose Ressourcen zu besitzen.

Nur werden diese nicht optimal genutzt. Sieben Milliarden Menschen müssen ernährt werden. Man fragt sich, ob man 2050 überhaupt noch in der Lage sein wird, Nahrung adäquat zu produzieren. Der Klimawandel könnte sich negativ auf die Landwirtschaft und damit auf die Lebensmittelversorgung auswirken. Bereits jetzt leiden viele Länder unter Hitze, Trockenheit und den sich ändernden Niederschlägen. Angebot und Nachfrage können selbst durch ertragssteigernde Maßnahmen, wie den Anbau von gentechnischen Pflanzen, bald nicht mehr ausgeglichen werden. Unterernährung gefährdet wiederum die Gesundheit. Zudem steigen die Lebensmittelpreise. Es fehlt einfach die Information, wie sich der Klimawandel auf die Nahrungsmittelproduktion auswirken wird[60]. Wir wissen nur eines, dass gentechnisch manipulierte Pflanzen viel mehr Wasser brauchen. Viele Menschen haben zudem den Respekt vor der Nahrung verloren.

Laut einem Bericht der FAO, der Welternährungs-organisation der Vereinten Nationen vom 11. September 2013, geht jedes Jahr ein Drittel der menschlichen Nahrungsmittel verloren. Das entspricht einer Menge von 1,3 Milliarden Tonnen Lebensmittel pro Jahr, die auf dem Müll landen.

Zur Herstellung dieser weggeworfenen Lebensmittel werden 250 Kubikkilometer Wasser verbraucht. Das reicht fünf mal, um den Bodensee randvoll zu füllen. Auch werden dabei 3,3 Milliarden Tonnen Kohlendioxid in die Luft gejagt. Theoretisch könnten von diesen Verlusten zwei Milliarden Menschen ernährt werden. Auf der anderen Seite hungern 870 Millionen Menschen. Auch in Japan, Südkorea und China werden Lebensmittel vergeudet. Man rechnet mit 200 kg an Obst, Gemüse und Getreide pro Kopf, die verderben oder weggeworfen werden[61].

Ein Viertel der weltweiten Nahrungsmittelernte wird durch Schimmelpilze und deren Gifte, die Mykotoxine, vernichtet. Fusarien befallen Getreide und Mais bereits auf den Feldern.

Grünschimmel ruiniert eingelagerte Lebensmittel. Keiner weiß, wie viele Lebensmittel im Haushalt verschimmeln. Ihr Gift zerfällt teilweise erst bei 300 Grad Celsius. Von Pilzen produzierte Aflatoxine sind krebserregend und können das Erbgut verändern. Ochratoxine schädigen die Nieren. Der Biologe Schmidt-Heydet will das Pilzwachstum durch Lichtinduktion verhindern. Spezielle Buntglasscheiben in Lagerhäusern der Dritten Welt könnten seiner Meinung nach Nahrungsmittel schimmelsicher machen[62].

1992 wurde ein Pilz mit dem Kürzel TR4 (Tropical Race 4) entdeckt, der sich unaufhaltsam weltweit ausbreitet und in befallenen Bananenpflanzen den Transport von Wasser und Nährstoffen unterbindet, bis die Staude abknickt. Auf den Philippinen, in China, Malaysia und Indonesien sind bereits zahlreiche Bananenplantagen durch TR4 zerstört worden[63].

Meine Meinung dazu ist: die gesunden, wirklich nahrhaften Lebensmittel landen auf dem Müll. Statt dessen isst man immer mehr genmanipulierte Lebensmittel. Kein Mensch weiß, welche Auswirkungen diese Kost auf unserer Gesundheit hat. Womit ich wieder bei den genmanipulierten Fischen bin. Gesundheitsgefahren, die von solchen Fischen ausgehen, kennen wir nicht oder noch nicht. Bis jetzt hat noch niemand untersucht, mit welchen Umweltbelastungen wir rechnen müssen.

Firmen, die genmanipulierte Tiere herstellen, argumentieren immer öfters, man könne durch diese Technik Nahrungsmittel gesünder machen. Die vornehmste Aufgabe dieser Biotechnologie-Firmen bleibt es, die Öffentlichkeit und die Gesundheitsbehörde der USA von den Vorteilen der Lebensmittel-Sicherheit und der Unbedenklichkeit ihrer Produkte zu überzeugen. Momentan hat die Food und Drug Administration (FDA) der Vereinigten Staaten Amerikas gerade Klonfleisch zugelassen.

Es geht nicht um die Tiere, welche für 20.000 US-Dollars geklont wurden. Solche Tiere werden nicht dem Schlachthof übergeben, aber ihre Nachkommen. Diese sind es, die in den Verkehr gebracht werden.

Geklonte Tiere wachsen zweimal so schnell wie herkömmliche und produzieren dreimal so viel Milch. Studien, ob ihre Produkte den Menschen schaden, sind bisher nicht gemacht worden. Verbraucher in den USA wissen oft gar nicht, woher das Fleisch stammt, welches sie verzehren. Man meint, Klonfleisch müsse man nicht auszeichnen.

Gegner sind der Ansicht, Verbraucher können sich nicht bewußt für oder gegen Klonfleisch entscheiden. Eigentlich weiß der Konsument überhaupt nicht, was er für seine Familie zubereitet. So wird ungewollt etwas gekauft, was eventuell nicht den ethischen Vorstellungen entspricht. Aber wenn das Produkt als Klonfleisch ausgezeichnet wäre, würden es die Leute nicht mehr kaufen. Sie wären von vornherein skeptisch, weil sie Angst vor unbekannten Gesundheitsrisiken haben.

Man denke nur an den Pferdefleischskandal in Deutschland Anfang 2013. Ein derartiger Etikettenschwindel kann verdeutlichen, wie man sich fühlen muss, etwas zu konsumieren, was man bestimmt nicht essen will.

Bei GMO-Tieren wurde die DNA, die Erbinformation, verändert. Der Embryo wird gleich nach der Befruchtung manipuliert und in eine surrogate Mutter eingebracht. Wissenschaftler hoffen, dass es bald schnellwachsende Gen-Lachse oder Gen-Schweine mit den sehr gesunden Omega-3-Fettsäuren im Supermarkt geben wird. Man weiß nicht, inwieweit der Verbraucher solche Produkte annehmen wird. Die Sprecherin der amerikanischen Food und Drug-Administration, Siobhan DeLancey, ist der Meinung, dass der Verbraucher es sich wünscht, nahrhafte Produkte durch eine derartige Manipulation zu erhalten.

Ein anderer Experte, Bruce Chassy von der Universität von Illinois in Urbana-Champaigne behauptet, alle unsere Pflanzen und Tiere seien auf die eine oder andere Weise genetisch manipuliert. Diese neue Art der Nahrungsproduktion sei präziser und somit der Ertrag vorhersehbarer[64].

Ob er mit so einer Aussage recht hat, bezweifle ich. Sicherlich, man kann schon sagen, die Amerikaner haben sich an ihre GMO-

Feldfrüchte gewöhnt. Nur uns Europäern ist es eben nicht egal und wir wollen uns auch nicht genetisches Saatgut aufdrängen lassen.

In einem Bericht der Zeitung Arizona Republic vom 15. Februar 2014 mit dem Titel "Labels for altered Foods?" heißt es:

<<Obwohl die GMOs so gut sind wie die Muttermilch, wollen sie einige Leute trotzdem nicht, weil sie besorgt sind, dass durch ihren Anbau auch nützliche Insekten vernichtet werden.

Die EU ist nicht gegen genetisch manipulierte Lebensmittel. Aber viele Europäer bezeichnen GMO-Lebensmittel als *Teufelszeug*. In Wirklichkeit handelt es sich bei der ganzen Diskussion um Genfood nur um eine riesige Kampagne, die auf purer Desinformation aufbaut>>[65].

Nach einer Umfrage der Gesellschaft für Konsumforschung GfK im Auftrag von *Greenpeace* lehnen 88% der Deutschen genveränderte Pflanzen grundsätzlich ab[66]. Aufgrund einer Abstimmung im Ministerrat der EU Ende Februar 2014 soll trotzdem künftig der Anbau der umstrittenen Genmaissorte 1507 EU-weit zugelassen werden."

2.2 DER MENSCH ERSCHUF GMO

"In der heutigen Zeit ist die Menschheit allerdings sehr wissenschaftsgläubig. Für uns sind die Wissenschaftler <<Götter in Weiß>>. Vielleicht kennen sie diese Redewendung. Was ich damit sagen will: Früher waren es die Wahrsager, die das Vertrauen einiger Leute hatten. Ist es heute anders? Egal, was wir im Internet surfen, wenn unter einem Angebot die Unterschrift eines Universitäts-Professors oder eines Forschungs-Instituts ist, lassen wir uns leichter überzeugen.

Wissenschaftler definieren, wie wir uns verhalten sollen; wie wir Dinge einzuschätzen haben. Sie deuten alles, was in der Welt vor sich geht. Unabhängig davon, ob es sich um ökologische, gesundheitliche, ökonomische, juristische oder sonstwelche Gebiete handelt, die uns Laien fremd vorkommen und wo wir den Überblick verloren haben."

Leonhard lacht: "Nur in der Religion lassen wir uns nicht vorschreiben, welche Lebensweisheit wir als richtig anerkennen sollen. Verzeihung, ich will Sie nicht unterbrechen. Es kam mir nur in den Sinn, weil das mein Vater immer wieder betont. Er ist Landesbischof der Evangelischen Kirche."

Jetzt lächelt auch Prof. Anderson: "Ja dann, lieber Leonhard, dann weiß Ihr werter Herr Vater darüber natürlich Bescheid. Sein Chef gibt ihm quasi vor, wie er die Dinge auslegen soll. Worauf ich hinaus will:

Firmenchefs manipulieren Gutachter, ja auch Forschungsergebnisse. Sie verhalten sich also wie der Chef ihres Vaters. Sorry, ich wollte Sie nicht beleidigen, Leonhard. Ich will sagen, sie maßen sich an, allwissend zu sein und manipulieren.

Um das näher zu erklären: Neulich bekam ich doch tatsächlich eine e-Mail aus den USA. Der Jurist eines US-Agrarkonzerns bat mich um ein Fachgutachten. An sich ist das nichts Außergewöhnliches. In diesem Fall war es jedoch zwielichtig. Der Jurist schrieb mir von vorneherein vor, zu welchen Ergebnissen ich zu kommen habe. Dementsprechend war natürlich die Abfindung. Stellen Sie sich das vor.

Ich bin Beamter und somit unbestechlich. Ja, ich habe das als Bestechung angesehen. Ich ärgere mich heute noch über ein derartiges Ansinnen. Da war noch ein Satz, dass man natürlich nicht verlange, dass ich das Gutachten in meiner Dienstzeit schreibe. Es wurde auch noch erwähnt, man lege auf Gutachten unparteiischer Wissenschaftler viel Wert. Von wegen. Es geht auch bei meiner Forschung, wie bei dem Job ihres Vaters, um die Wahrheit und Ethik und nicht um das Geld. Viele verwechseln das.

Neulich hörte ich von einer Bank, die ein eigenes Forschungsinstitut gründete. Die Bank bestimmte, wer den Job bekam und wenn der Mitarbeiter nicht passte, wurde er eben wieder entlassen.

Unsere Universitäten leiden zunehmend an knappen Forschungsmitteln. So kommen die Mittel, vor allem in den USA, aus privaten Fonds. Vielfach geht es gar nicht um wissenschaftliche Erkenntnisse, sondern um Profit. Bei jeder Professur, auf die man sich bewirbt, steht doch schon in der Ausschreibung, man solle eigene Forschungsmittel mitbringen. Das sieht nach reiner Auftragsforschung aus.

Stiftungsprofessuren werden von Firmen eingerichtet. Unternehmen finanzieren einen Lehrstuhl, damit der Inhaber die Forschungsschwerpunkte der Firma bearbeitet. <<Akademischer Kapitalismus>> nannte der Bamberger Soziologe Richard Münch das in seinem gleichnamigen Buch. Am Ende forscht man nur über Dinge, welche dem Geldgeber Nutzen bringen.

Stefan Hornbostel, Chef des Instituts für Forschungsinformation und Qualitätssicherung der Humboldt-Universität in Berlin, beschäftigt sich mit der Frage, was gute Wissenschaft ausmacht. Seine Antwort, die mir nicht mehr aus dem Kopf geht, lautet:

<<Sie kostet vor allem Geld. In einer Zeit, in der ein Staat sparen muss, bedeutet das für die Universitäten, sich das Geld an anderer Stelle zu besorgen. Die Abhängigkeit von externen Geldern nimmt heute deutlich zu>>.

2006 heuerte sich ein bekannter Kaffeeröster Wissenschaftler aus vier Universitäten an, um Kaffee unter seinem Namen als das Gesundheitsmittel gegen Adipositas, Krebs und Diabetes anpreisen zu können. Ein Bundesforschungsinstitut und eine Forschungsanstalt waren mit von der Partie. Am Ende hieß es, dass Kaffee bestens dazu geeignet sei, die Gesundheit zu fördern[67].

Wissenschaftler, die gegen den Strom schwimmen, haben es unter derartigen Gegebenheiten sehr schwer. Ich meine Forscher, denen es um die Wahrheit ihrer Studien geht und welche die Ergebnisse nicht manipulieren, auch wenn sie nicht aussagekräftig sind.

Neulich hörte ich von einer Anhörung vor einem Komitee der Europäischen Union, wo sich eine Wissenschaftlerin aus Indien bitter darüber beschwerte, Saatgut aus den USA aufgedrängt zu bekommen. Ein Amerikaner im Komitee verbat sich derartige Kommentare und sagte, Indien hätte nichts mit der EU zu tun. Die indische Wissenschaftlerin war nicht auf den Mund gefallen und konterte, dass ein US-Bürger auch keine Erlaubnis haben sollte, in einem EU-Komitee zu sitzen.

Die nächste Ausfahrt müssen Sie nehmen, auf die andere Autobahn, Herr Leonhard. Da verfahre ich mich immer, wenn ich alleine unterwegs bin."

Leonhard nickt. Zu interessant waren all die Schilderungen des Professors. Wieso hatte er denn nicht schon früher von dieser ganzen Problematik erfahren?, wundert sich der junge Chauffeur. Kein bisschen bereut er es, sich angeboten zu haben. Eigentlich wollte Prof. Anderson ja etwas schlafen. Aber das Thema nahm selbst den Professor so in den Bann, dass er darüber gerne auf den Schlaf verzichtete.

Es ist ja schon sehr vermessen, in die Natur einzugreifen, ohne zu wissen, was dabei herauskommt. Hinter der Schöpfung, die ja immer noch weiter geht, steht ein Genie. Alles ist fein aufeinander abgestimmt. Man sieht in der Schöpfung eine Logik, eine Harmonie, eine Ordnung, einen Zyklus. Dürfen wir überhaupt eingreifen, ohne dieses fein abgestimmte Ökosystem zu zerstören? Dürfen wir alles machen, was uns die moderne Technologie erlaubt? Wir kennen nicht die Konsequenzen unseres Handelns. Und wir haben auch eine Verantwortung gegenüber unseren Nachkommen. Wir dürfen nicht einfach Raubbau betreiben an den knappen Ressourcen. Zu den begrenzten Ressourcen gehört doch auch das genetische Material. Egal ob Pflanze, Tier oder Mensch.

Vielleicht reden wir uns auch nur ein, mit unserem technischen Wissen die Welt verbessern zu müssen. Ob nicht hinter all dem reine Profitgier steckt, denkt sich Leonhard. Profitgier, der die Mitmenschen egal sind[68]. Mit wem hätte er sich darüber unterhalten sollen? Er war so froh, dass er durch diese Nachtfahrt einen neuen Einblick in die Dinge bekam, die er bisher nicht beachtet hatte.

"Dr. Vandana Shiva, so heißt die mutige indische Wissenschaftlerin." - Mit diesem Vermerk reißt Prof. Anderson Leonhard aus seinem Gedankenfluss.

"Gegner von genetisch manipulierten Feldfrüchten wurden 1990 noch belächelt. Genetisch manipulierte Organismen würden weder unserer Gesundheit noch der Umwelt schaden. Dass die großen Agrarkonzerne der USA die Entwicklungsländer total von sich abhängig machen, das hätte nie jemand für möglich gehalten.

Monsanto verkauft seine patentierten Samen u. a. an indische Farmer. Damit haben die Farmer ihre eigenen Sorten, die an die jeweiligen Standorte angepasst waren, verloren. Sie wurden abhängig.

1995 organisierte die UN eine Plant Genetic Resources-Konferenz in Leipzig. In Indien sind viele der ursprünglichen landwirtschaftlichen Sorten, die an die Umwelt angepasst waren, nicht mehr vorhanden. Moderne Pflanzen, die als Monokulturen angebaut wurden, haben das verursacht. Große Agrarmonopol-Firmen verkauften patentierte genmanipulierte Mais-, Soja-, Raps-, und Baumwollsamen. In Indien, einem Land, berühmt für seine Baumwolle, werden 95 Prozent der Baumwolle von Monsanto kontrolliert. Was ist das Ergebnis? 250.000 Bauern in Indien haben Selbstmord begangen.

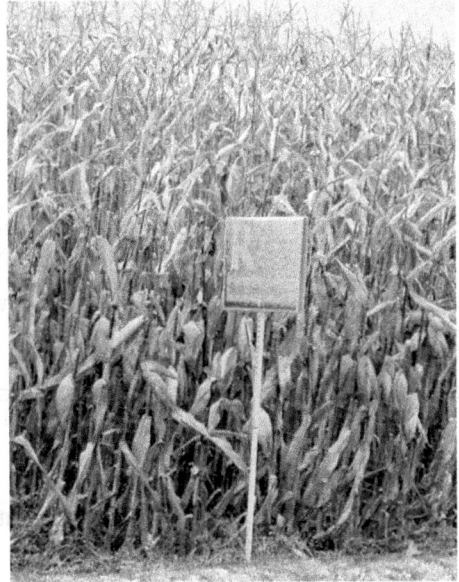

Dr. Shiva weist auf die enorme Bedrohung durch US-Agrarkonzerne hin. Dr. Vandana Shiva, eine Ärztin, ist keine Unbekannte. Sie bezeichnet sich als Öko-Feministin und hat mehr als 20 Bücher und über 500 Artikel geschrieben. 1993 bekam sie den Right Livelihood Preis. Dem Ansehen nach ist diese Auszeichnung mit dem Nobelpreis vergleichbar[69]. Solche mutigen Leute wie sie gibt es kaum.

Einer meiner besten Freunde ist Dr. Arpad Pusztai. Arpad war eine Weltberühmtheit in Sachen Lebensmittel-Sicherheit. Er arbeitete im Rowett-Institute in England. Das ist die erste Adresse für Food-Safety. Er warnte vor dem Verzehr von genetisch manipulierten Lebensmitteln. Sie seien zu wenig getestet. Pusztai sagte immer, er berufe sich nur auf seine Wissenschaft. Er mache nicht Reklame gegen diese Lebensmittel. Ideologische Gründe für die Ablehnung von

GMO-Food sind auch nicht ausschlaggebend für seine Haltung, betonte mein Freund immer wieder. Er findet es nur unfair, seine Mitmenschen als Versuchstiere zu benutzen. Er würde niemals genetisch manipulierte Lebensmittel essen, wenn er die Möglichkeit zu wählen hätte. Pusztai fühlt einfach, es sei seine Pflicht, vor diesen Lebensmitteln zu warnen. Es handelt sich um eine irreversible Technologie. Es würde auch nichts nützen, in 50 Jahren zu sagen: <<Wir hätten das wissen sollen>>. Wir haben diese Methoden doch noch gar nicht getestet, argumentiert mein Kollege immer wieder. Er ist überzeugt, mit der Zeit werden auch die langsam wirkenden Schadstoffe ans Tageslicht kommen.

Wir haben doch gar keine Langzeitstudien, da hat der Wissenschaftler recht. Finden Sie nicht auch?

Pusztai arbeitete mit Lezithin-Kartoffeln, welche früher oder später in die menschliche Nahrungskette gelangen sollen. Ratten, die mit diesen Kartoffeln gefüttert wurden, zeigten bereits ein stark eingeschränktes Immunsystem.

Eingeschränkt ist sogar noch das falsche Wort. Defekt, ja, das Immunsystem wurde defekt durch diese Nahrung. Auch das Wachstum der Tiere hörte auf[70].

Mein Freund hatte sich mit seiner Warnung viel zu weit aus dem Fenster gelehnt. Seine Aussagen würden den teuren Werbekampagnen der Biotechnologie-Konzerne eminenten Schaden zufügen, hieß es. Nachdem der Wissenschaftler davon abriet, GMO-Techniken einseitig anzuwenden, wurde er sofort entlassen. Nicht nur das, es wurde ihm weiterhin verboten, mit den Medien zu sprechen um sich zu verteidigen. Das war im Augst 1998 - ich erinnere mich noch ganz genau.

Das Rowett-Institut behauptete, Pusztai sei ein alter, seniler Mann. Damals war er 68 Jahre alt. Ich versuchte alles, um meinem Freund zu helfen. Zusammen waren wir 24 Wissenschaftler aus verschiedenen Ländern, die unabhängig voneinander Pusztai's Aussagen bestätigten. Ein Ärzte-Komitee sagte weiterhin aus, dass mein Freund keinerlei Demenz-Symptome oder sonst etwas hatte. Doch die

Biotechnologischen Konzerne gaben nicht auf. Sie beauftragten die Königliche Gesellschaft in England damit, ein zweites Untersuchungskomitee einzuberufen, welches zu dem Schluss kam, dass die Aussagen Pusztai's nicht beweiskräftig und fehlerhaft sind. Lancet, eines der weltweit bekanntesten wissenschaftlichen Magazine, war empört über ein derartiges impertinentes, unverschämtes Urteil[71]. Genau so nannten sie es.

Das Rowett Research-Institut in Aberdeen, Schottland, war früher einmal gemeinnützig und unabhängig. Margaret Thatcher und ihre Regierung kürzten die Mittel und so wurde die Forschungseinrichtung von der Industrie abhängig. Nachdem Pusztai rausgeflogen war, hörte man Gerüchte, dass ein führendes Saatgutunternehmen dem Institut enorm viele US-Forschungsgelder gegeben hatte. Deshalb zog man die Aussagen von Pusztai ins Lächerliche. Weltweit wurde berichtet, der Wissenschaftler sei nicht mehr Herr seiner Sinne und seine Erklärungen über die Schädlichkeit von GMO's seien nichts anderes als ein Hirngespinst. Sie würden jeglicher wissenschaftlicher Grundlage entbehren.

Da sieht man, wozu die Angst einen treibt. Man fürchtet ein Multimilliarden-Projekt zu verlieren und so musste man den "Whistleblower" vernichten. Es wäre eher ungewöhnlich, wenn man gegen Pusztai nicht mit maximaler Schärfe vorgegangen wäre, erklärte die <<Gesellschaft der Ärzte und Wissenschaftler für Verantwortungsbewußte Forschung und Technologie>> im Jahr 2000. Man nennt sie <<Physicians and Scientists for responsible application of science and technology>>, abgekürzt PSRAST."

"Dann wird die Wissenschaft doch abhängig von ihren Geldgebern", ruft Leonhard empört aus.

"Sie habe es erfasst, mein Lieber", antwortet der Professor. "Dan Fagin und Marianne Lavelle haben sogar ein Buch darüber geschrieben. Der englische Titel lautet:

<<*Toxic Deception: How the Chemical Industry Manipulates Science, Bends the Law and Endangers your Health*>>.

Sie beschreiben, wie die Industriebetriebe ihre eigenen wissenschaftlichen Normen festlegen, damit bekannte Sicherheits- und Gesundheits-Risiken nicht an die Öffentlichkeit kommen und somit ihre Produkte auf dem Markt bleiben."

Leonhard atmete tief durch: "Jetzt verstehe ich Engdahl, den mir bekanntesten Schriftsteller, der scharf mit der Grünen Gentechnik ins Gericht geht. Er sagte, wenn ich mich richtig entsinne: <<Nahrungsmittel, die Risikofaktoren für die Gesundheit beinhalten, werden nicht vom Markt genommen, nicht gekennzeichnet und es werden Tatsachen verschwiegen, damit kein Konflikt entsteht, der den erhofften Profit gefährden könnte>>."

"Lieber Herr Leonhard, das ist noch nicht alles, was Engdahl in seinem Buch <<Saat der Zerstörung>> in diesem Zusammenhang erwähnte. Ich meine sogar, Engdahl bezog sich auch auf meinen Freund Pusztai, als er sagte: <<Was passiert jedoch, wenn jemand auch nur die kleinste Misere aufdeckt, wie zum Beispiel beim genmanipulierten Mais, der auf Druck von Regierungen und Agrarkonzernen und deren fraglichen Interessen angebaut wird? So jemand wird einfach verleumdet. Er wird als inkompetent hingestellt und verliert seine Stelle. Ohne Versicherungen, Rente und Krankenkasse wird er von heute auf morgen auf die Straße gesetzt, nur weil er für die Wahrheit einstand[72]>>.

Man fragt sich zurecht, ob die Forschung dysfunktional wird, weil sie von der Industrie abhängt? Es ist kein Geheimnis, Universitäten müssen zunehmend auf private Sponsoren zurück greifen. Es wird ja auch alles teurer. Wen sollte das wundern.

In der Gesellschaft genießen die Wissenschaftler zwar nach wie vor ein hohes Ansehen. Wir erhoffen uns, durch sie Antworten auf alle Fragen des Lebens zu erlangen. Zumindest helfen sie uns, unsere Lebensumstände zu verbessern. Die Frage bleibt, ob die Wissenschaft objektiv, kritisch und neutral bleiben kann? Wir erleben doch tagaus, tagein, wie Forscher behandelt werden, die es wagen zu opponieren. Sie werden einfach -ja- kalt gestellt, lächerlich gemacht. Nun ja, mehr muss ich dazu nicht sagen. Sie können sich vorstellen, dass unter solchen Umständen viele Wissenschaftler, die wirklich fundierte Einwände gegen die genmanipulierten Organismen haben und kritisch gegenüber der Gen-Technik stehen, sich nicht trauen, etwas zu sagen.

Aber nicht nur da. So etwas erleben wir auch auf anderen Gebieten der modernen Forschung. Man darf oft nichts gegen den - manchmal puren Unsinn - einiger Versuche sagen. Stellen Sie sich vor, wenn man zum Beispiel als Student gegen Tierversuche ist, was sogar noch eher akzeptiert wird, riskiert man keinen Schein zu bekommen und kann so nicht weiterstudieren? Manche Chefs lassen gar nicht mit sich diskutieren. Sie sind gegen eine andere Meinung. Ich frage mich oft, woher das kommt? Werden sie unter Druck gesetzt von den Medien, der Industrie? Freie Forschung gibt es wahrscheinlich schon lange nicht mehr. Glauben Sie mir. Nur ganz wenige haben den Rückhalt, zu opponieren und Dinge zu unterlassen, die gegen ihr Gewissen, gegen ihre Arbeitsethik sind.

In meinem Labor hole ich alle meine Mitarbeiter zusammen und wir besprechen die Projekte. Ich lege Wert auf die Meinung meiner Leute. Manchmal ist das, was mein Laborant bzw. Doktorand sagt, gar nicht so dumm. So etwas nenne ich Teamarbeit. Ich lasse mir keine Projekte und Ergebnisse, die dabei herauszukommen haben, aufdrängen. Egal wieviel <<*Money*>> dabei heraus springt. Leider hat sich das geändert. Vor allem in den USA beobachte und höre ich immer wieder von den Zuständen der dortigen Labors. Da würde ich glatt die Lust verlieren zu arbeiten, auch wenn dort die modernste Ausstattung vorhanden ist und vielen die Brust schwillt, wenn sie in so einem Prestige-Labor beschäftigt sind."

"Technik oder Technologie, was ist der Unterschied?", fragt Leonhard. Damit hat er Prof. Anderson schnell von dem leidigen Thema abgelenkt. Insgeheim ist der Professor Leonhard dankbar dafür, denn nur an all das zu denken, worüber er gerade berichtete, konnte einen ja schon ganz depressiv machen.

"Oha - danke, Sie haben ganz recht mit Ihrer Frage", antwortet der Professor fast erleichtert. Pusztai redete immer von Technik. Er sagt, eine Technologie ist präzise, weil sie auf wissenschaftlichen Standards basiert, also wiederholbar ist und nach einem vorgegebenen Protokoll verfährt. Währenddessen die Gentechnik unvorhersehbare Ergebnisse haben kann. Ja, es könnten sogar hochtoxische Produkte heraus kommen. Man kann nicht einfach etwas im Labor produzieren und dann sagen, lassen wir uns überraschen. Wissenschaftler müssen die Genmanipulation sicher machen, damit sie zu einer berechenbaren Methode wird, die man dann Technologie nennen kann. Wir brauchen eine Blueprint, damit nichts passieren kann. Agrar-Konzerne interessiert das nicht, sie wollen nur etwas, was viel Gewinn bringt.

Mein Freund Pusztai statuierte ein Exempel mit seinen Fütterungsversuchen. Ratten wurden mit gentechnisch veränderten Kartoffeln ernährt. Er durfte die Ergebnisse nicht veröffentlichen. Obwohl es eine einzigartige Studie war. Daher ist sie so objektiv wie nur irgendwie möglich. Es gibt bis heute nichts Vergleichbares. Pusztai wollte nur zeigen, dass gentechnisch veränderte Pflanzen Gesundheitsschäden bewirken[73]. Er sagt immer, seine Studie ist <<unique>>, da die Industrie - man kann das schon so sagen - nicht ihre Finger darin hatte. Seine Versuche wurden natürlich nie wiederholt. Nur zerrupft und lächerlich gemacht. Sie werden mich jetzt gleich über Monsanto fragen. Ehrlich gesagt, Studien die über eine

Wirkung auf die Gesundheit von Mensch und Tier aufklären sollen, wurden von der Firma durchgeführt. Der Zugang zu den Studien wurde nicht gewährleistet. Sie fielen zu Gunsten des Agrargeschäftes aus.

Die Öffentlichkeit ist dadurch sehr verunsichert. Wie will man den Vorteil von moderner Biotechnologie plausibel machen, wenn keine klaren Ergebnisse auf dem Tisch liegen? Man erwartet schließlich, dass die Menschen, ob jung oder alt, von der Gefahrlosigkeit des Verzehrs überzeugt sind.

Pusztai beobachtete in der Gen-Kartoffel einen veränderten Inhaltsstoff. Er interessierte sich dafür, was mit dem Nachwuchs seiner Versuchstiere passiert."

"Verzeihen Sie, wenn ich unterbreche - wir sind doch unseren Nachkommen gegenüber verantwortlich!"

"Ja, natürlich mein guter Leonhard, natürlich. So forderte sogar Greenpeace Tierversuche. Sowie auch einen Stopp der Zulassung und des Anbaus von Gen-Pflanzen in der gesamten Europäischen Union. Schon allein der zunehmende Verbrauch von Pestiziden und Herbiziden wegen auftretender Resistenzen bedeutet eine Gefahr für die Umweltgesundheit und damit für unsere Nachkommen."

"Etwas verstehe ich nicht - es muss also zwei Gene geben, die eingeschleust wurden. Ein Bt-Gen, welches bewirkt, dass die Pflanzen ein eigenes Insektizid erzeugen und ein Gen, das gegenüber Herbiziden tolerant ist, ein Ht-Gen? Heißt das so?"

"Bravo Leonhard, das ist ganz exzellent, so etwas wissen nicht mal einige meiner Studenten. Ein Pflanzenschutzmittel unterscheidet ja wohl kaum, ob es ein Unkraut oder die Feldfrucht vernichten soll. So wurde ein Gen eingesetzt, das tolerant gegen Herbizide ist und die Pflanzen eben nicht vernichtet. Unkraut nimmt den Pflanzen das Licht und die Nährstoffe.

Doch leider, wie so oft im Leben, hatten wir es sehr bald mit der berühmten Resistenz zu tun. Der Bauer braucht am Ende noch mehr Unkrautvernichtungsmittel. Und das Zeug ist wirklich giftig. Man kann die Auswirkungen, die Herbizide auf die Umwelt haben, nicht mehr verleugnen.

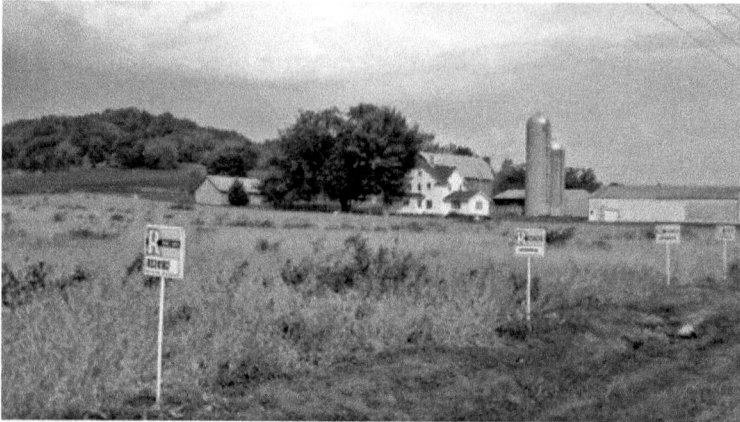

Unkrautbewuchs zwischen Gen-Soja WI/USA

In den USA benutzt man Atrazin, um grasartiges Unkraut bei Mais, Kartoffeln, Sojabohnen und Tomaten loszuwerden. Atrazin ist nicht teuer. Man muss also keine Umsatzeinbußen hinnehmen. In Europa ist der Gebrauch von Atrazin seit 2004 verboten, weil es das Grundwasser verunreinigt. Viele US-Wissenschaftler setzten sich dafür ein, es auch in ihrem Land zu verbieten. Sie fürchteten, derartige Spritzmittel könnten Krebs erzeugen.

Es wird zunehmend eine reduzierte Spermienkonzentration bei Männern und anderen Säugern aufgrund des Herbizids Atrazin beobachtet[74]. Auch Geburtsfehler sowie Menstruationsprobleme bringt man mit dem Atrazin in Verbindung. Im Frühling ist die Atrazin-Konzentration im Grundwasser am höchsten.

Man beobachtete, dass Kinder, die von April bis Juli gezeugt werden, ein höheres Risiko haben, an dem angeborenen Geburtsfehler Gastroschisis (Bauchwandspalte) zu erkranken. Das heißt, Teile des Darmes liegen bei der Geburt vor der Bauchhöhle und nicht in ihr. Eine mögliche Erklärung, wie es dazu kommt, ist: Während der Entwicklung des Kindes im Mutterleib befinden sich Teile des Darms in einer Aussackung der Nabelschnur. Verlagert sich der Darm nicht zurück und platzt die Aussackung, entsteht ein Loch in der Bauchdecke, der nach außen verlagerte Darm schwimmt frei im Fruchtwasser.

In den USA ist die Zahl der Gastroschisis-Babys in den letzten 30 Jahren auf das Zwei- bis Vierfache gewachsen. Die Universität von Washington in Seattle untersuchte Kinder, die von 1987 bis 2006 geboren wurden. Die Geburtsurkunden wurden mit den Daten der Herbizid-Ausbringung von Atrazin verglichen. Wenn Mütter weniger als 25 km von einem Feld entfernt wohnten, auf dem die Chemikalie ausgebracht wurde, trat bei ihren neugeborenen Kindern häufiger Gastroschisis auf.

2010, auf dem Jahrestreffen der <<Society of Maternal-Fetal Medicine (SMFM)>>, stellte man die Ergebnisse dieser Studie vor. Sie belegt die Hypothesen von Sarah Waller, Kathleen Paul, Suzanne Peterson und Jane Hitti. Diese Studien zeigten, dass es eine erhöhte Inzidenz des Geburtsfehlers durch Umwelteinflüsse gibt[75]. Übrigens, Jane Hitti kenne ich gut. Wen wundert es, unter meinen Bekannten sind viele, die es wagen, skeptisch den neuen Gentechniken gegenüber zu treten."

"Wie Sie sich all die Namen merken können," wundert sich Leonhard

"Ja, ich weiß, das ist bemerkenswert. Leider ist das alles nicht so lustig." Damit kehrte Professor Anderson sofort wieder zum Thema zurück. Leonhard hörte ihn fast wie aus weiter Ferne sagen:

"Sie müssen bedenken, unerwarteten genetischen Effekten, die beim Anbau dieser neuen genmanipulierten Pflanzen auftreten können, wurde bis jetzt keine besondere Bedeutung beigemessen. Man vermutete, die gleichen "Umweltschäden" würden auch bei normaler Hybridzucht auftreten. Die GMO-Sorten werden in den USA nicht besonders gekennzeichnet. Toxizitätsstudien, die normalerweise beim Einsatz von Pestiziden oder Herbiziden durchgeführt werden, fanden nicht statt."

2.3 ENVIRONMENTAL HEALTH

Lange schwieg Leonhard. All das, was er soeben gehört hatte, machte sein Herz schwer. Erst als Professor Anderson ihn fragend anschaut, stellt der junge Journalist eine gewagte Frage:

"Bilden Pestizide auch Resistenzen?"

"Das ist eine gute Frage, auf die ich eigentlich schon gewartet habe. Ich warne Sie, denn die Antwort wird länger ausfallen.

Der Zweck der Genmaiszucht liegt in seiner Resistenz gegen den Maiszünsler. Bei einem Befall durch diesen Parasiten geht das Pflanzenwachstum zurück, die Korngröße schrumpft und es kommt zu Ernteverlusten. In den Bt-Mais ist ein Gen des Bacillus thuringiensis eingeschleust worden, wie Sie ja jetzt wissen.

Es tut mir leid, meine Studenten beschweren sich immer über meine Wiederholungen. Sie sagen sogar, ich würde wiederkauen. Einige wissen die Dinge noch nicht mal in den Prüfungen. Ich will einfach keinen durchfallen lassen und so erzähle ich Dinge oft x-mal.

Wo waren wir stehen geblieben? Ach ja, diese gentechnische Veränderung soll die braungelben Larven des Maiszünslers bekämpfen. In den USA und in Europa richten sie großflächige Schäden an.

Durch den Balkankrieg in den 1990er Jahren sind vermutlich noch andere, sehr gefährliche Mais-Schädlinge nach Frankreich und Italien eingeschleppt worden. Mit dem Western Corn Rootworm Diabrotica virgifera virgifera will man nicht einmal im Labor arbeiten. Es sind bisher keine chemischen Mittel bekannt, die ihn bekämpfen können.

Die US-Agrarfirma Monsanto versucht, diesen Schädling mit Hilfe der gentechnisch veränderten Maissorte MON 863 GM einzudämmen. Studien, die über eine Wirkung auf die Gesundheit von Mensch und Tier aufklären sollen, wurden von der Firma durchgeführt, sind aber fraglich. Alles findet geheim statt. Andere Wissenschaftler erhielten nie Einblick in die Ergebnisse, hieß es. Langzeitstudien? - Darauf warten wir jetzt noch, nur deswegen heißen sie nicht Langzeitstudien[76].

In Kalifornien ist das Erbgut fast aller Mais-, Soja- und Baumwollpflanzen genetisch verändert. In den Vereinigten Staaten sind 90% der Pflanzen genverändert. Genmais der ersten Generation ist seit 1995 auf dem Markt. 2013 wurde in den USA auf einer Gesamtfläche von 70 Millionen Hektar genmanipuliertes Saatgut ausgebracht[77]. Deutschland hat eine Fläche von 35 Millionen Hektar.

Genmaishauptanbaugebiete sind zur Zeit die USA, Argentinien, Kanada, Brasilien, China und Südafrika. Zu den genmanipulierten Pflanzen (Genetically Engineered Crops) gehören insektenresistente Bt-Sorten, herbizidtolerante HT-Sorten und die «Stacked gene varieties», die sowohl eine Insektenresistenz als auch eine Herbizid-Toleranz aufweisen. Mittlerweile sind sehr viele Patente auf verschiedene gentechnische Varianten der manipulierten Pflanzen angemeldet worden. In den USA wird argumentiert, dass die US-Farmer jährlich ca. 30.000 Tonnen Pflanzenschutzmittel beim Anbau von gentechnisch veränderten Pflanzen sparen. Es wird allerdings berichtet, dass inzwischen zunehmende Resistenzen gegen das Bt-Toxin auftreten. Bei vielen Genpflanzen müssen wieder Insektizide eingesetzt werden, weil Schädlinge resistent werden.

Unter dem selektiven Druck, dem die Insekten ausgesetzt sind, erhöhen sie sogar ihre Resistenzfaktoren. Larven, die nie mit dem Gift in Berührung kamen, wiesen einen enorm erhöhten Resistenzspiegel auf. Selbst in der 15. Generation war die Resistenz 170 Mal größer als die der Kontrollgruppen[78].

Mais ist nach wie vor eine der wichtigsten Nahrungs- und Futterpflanzen. Pflanzenkrankheiten und Schädlinge verursachen jedes Jahr enorme Ernteschäden. GMO-Pflanzen produzieren ihr Bt-Gift

auch in den Pollen. Insekten sterben daran, wenn sie es fressen, weil die Pollen meistens auf den Blättern landen. Das Ziel ist, die Insekten zu schwächen, damit sie keinen weiteren Schaden anrichten können.

Selbstverständlich können auch andere Insekten an dem Gift sterben. Langzeiteffekte und die Kumulation im Insektenorganismus sind noch nicht erforscht. Der Pollenflug ist zwar hauptsächlich auf das Maisfeld konzentriert, aber Pollenflug und Niedrigkonzentrationen sowie chronische Effekte des Bt-Giftes erfassen alle Insekten. Somit auch die des weitern Umfeldes. Hummeln und Bienen könnten dadurch sogar ausgerottet werden[79].

Auf den Verlust der Imker durch ein derartiges Bienensterben wird zunehmend aufmerksam gemacht. Gesunde Bienen-Populationen garantieren letztendlich eine gute Ernte, sodass Bt-Toxine und andere Insektizide, wie z.B. Clothianidin, nicht dazu beitragen sollten, sie auszurotten.

Insektizide aus der Gruppe der Neonicotinoide (Acetamiprid, Clothianidin, Imidacloprid und Thiamethoxam) können die Entwicklung von Neuronen und Hirnstrukturen bei Föten und Kleinkindern beeinträchtigen. Die zuständige EU-Behörde für Lebensmittelsicherheit will deshalb die Grenzwerte für Neonicotinoide verschärfen[80].

Seit 1990 werden sie in Europa benutzt. Keines der Mittel sollte für Mais, Raps, Sonnenblumen und Baumwolle benutzt werden, weil es Bienen anzieht. Allerdings meinen einige, das Gift wird noch lange im

Boden bleiben. Die Hersteller dieser Pestizide verteidigen ihre Produkte. Sie behaupten, der ökonomische Verlust ohne ihre Mittel wäre weitaus größer[81].

Im April/Mai 2008 war es bereits zu einem großen Bienensterben im Rheintal gekommen. Das Bundesamt für Verbraucherschutz und Lebensmittelsicherheit ließ daraufhin die Zulassung von acht Saatgutbeizmitteln ruhen, da sechs von ihnen die oben genannten Neonicotinoide enthielten[82].

In Deutschland und in den USA wird immer häufiger über das mysteriöse Bienensterben berichtet. Fast 70% der Bienenpopulation wurden vernichtet. Wissenschaftler sprechen von einer Colony Collapse Disorder, die einer Katastrophe gleichkommt, weil die Bienen zum Bestäuben der Pflanzen nötig sind. Bienen gehören zu den wichtigsten landwirtschaftlichen <<Nutztieren>>, nach Rindern und Schweinen. Mit 200 Milliarden Euro berechnet man die Wertschöpfung der Bienen weltweit.

Das Bienensterben schafft erhebliche Risiken für Wirtschaft und Gesellschaft. Die amerikanische Bio-Supermarktkette <<Whole Foods>> führte uns vor Augen, wie es in ihren Läden ohne Bienen aussehen würde. Von 453 Produkten würden 237 verschwinden. Äpfel, Zwiebel, Karotten, Zitronen, Brokkoli, Avocados und Gurken gäbe es nicht mehr. Ein Viertel der Pflanzen, von denen wir uns ernähren, würde von unserem Speiseplan verschwinden. Im Himalaja und in China sind wild lebende Bienen bereits ausgerottet. Apfelbäume müssen jetzt von Hand bestäubt werden[83]. Stellen Sie sich das vor, Leonhard."

Der junge Journalist sagt für einen Moment gar nichts mehr. Angespannt schaut er auf die Straße, ganz so, als ob er die Orientierung verloren hätte. "Darf ich kurz vom Thema abweichen?", fragt er etwas unsicher. "Wir müssen doch gar nicht China erwähnen. Florida reicht doch auch schon.

2013 war die Orangenernte so minimal wie noch nie. Ein Multimillionen-Dollar-Geschäft steht vor dem Untergang. Schuld daran ist, neben dem Wetter, eine mysteriöse Krankheit. <<Citrus

greening>> nennt man sie. Zum ersten Mal wurde die Krankheit in Indien beschrieben. Wie man sie kuriert, weiß keiner. Die Krankheit verbreitet sich rasant in den USA, Brasilien und Argentinien. Allein im August 2013 ging der Orangen-Preis um vier Prozent in die Höhe. Die Citrus-Branche erwirtschaftet aktuell in Florida mit ihren achtzigtausend Mitarbeitern eine Jahresumsatz von über neun Milliarden Dollars."

"50 Millionen Tonnen Orangen werden jährlich auf der Welt geerntet. Citrus greening bedeutet, dass die Pflanze nicht reift, die Frucht nicht schmeckt und wie Sie schon sagten, die Bäume zugrunde gehen", bemerkt Prof. Anderson.

"2012 hat man in Orangenpflanzen Gene eingesetzt, die ein Insektizid gegen den <<Asian Citrus Psyllid>>, einen Blattfloh, produzieren. Diese Flöhe beherbergen Bakterien, welche wahrscheinlich das Citrus greening verursachen. Auf diese Weise hat man auch Tomatenpflanzen behandelt, welche mit tomato psyllid befallen waren. 2013 wollte man über die Ergebnisse der genveränderten Zitruspflanzen berichten. Allerdings war 2013 die Ernte besonders schlecht[84]."

"Ist das vielleicht vergleichbar mit der Reblaus im 19. Jahrhundert, durch welche dem europäischen Weinbau großer Schaden zugeführt wurde? Bekämpft wurde sie, indem man einheimische Reben auf amerikanische pfropfte. Damit unterbrach man den Zyklus der Reblaus[85]."

"Erstaunlich Leonhard, was Sie alles wissen. Milben, Läuse, sie alle setzen unseren Pflanzen zu, sei es auch nur die Honigbienenmilbe."

"Herr Professor, macht man nicht auch die Varroa-Bienenmilbe für das Bienensterben verantwortlich?"

"Leonhard, einige Fachleute reden davon. Milben werden mit Leichtigkeit von einem Bienenstamm zum anderen übertragen. Die Pointe: man versucht, mit Pyrethroiden die Milben zu bekämpfen. Das natürliche Pyrethrum gewinnt man aus Chrysanthemen, es wird auch Tanacetum cinerariifolium genannt. Chrysanthemen baut man vor allem in Afrika und Südamerika an. Heute ist Tasmanien der wichtigste Lieferant für die USA. Schon die Römer kannten und nutzen Pyrethrum. Sie bezeichneten es als <<persisches Insektenpulver>>.

Jedoch reicht es nicht aus, um als Insektizid eingesetzt zu werden. So entwickelte man künstliche Pyrethroide. Bei uns ist ein gereinigtes Pyrethrum, das Pyrethrin zugelassen. Es wird auch im ökologischen Landbau angewendet. Das kann man im Pflanzenschutzmittelverzeichnis der einzelnen Länder nachlesen. Die Bienenmilbe wird mit Pyrethroiden bekämpft. Mit dem Resultat, dass sich Resistenzen bildeten. Ein weiterer Nachteil sind Rückstände des Mittels in Honig und Wachs[86].

Neulich entdeckte man ein sehr potentes Insektizid im Gift australischer Vogelspinnen. Nach unserem Wissen injiziert die Spinne ihr Gift in ihre Beute. Es dauerte etwas, bis man sich an die Arbeit machte, um die oral wirksamen Anteile herauszukristallisieren. Was man fand, war ein Peptid, OAIP-1. Dieses vernichtet einen Nachtfalter, der vor allem für Ernteschäden verantwortlich gemacht wird. Diese oralen Giftanteile ähneln den Pyrethroiden, gegen die jedoch mehr als 500 Arthropoden mehr und mehr resistent geworden sind[87]. Die Entdeckung verliert am Ende vielleicht ihren Wert.

Fairerweise muss ich bemerken, dass einige Wissenschaftler die Ausrottung der Bienen nicht im Zusammenhang mit Pestiziden, Parasiten, Pilzkrankheiten, Mangelernährung oder dem Klimawechsel sehen. Es ist für sie einfach ein Rätsel, auf das es keine zufriedenstellende Antwort gibt. Das Bienensterben berührt schmerzlich die Schnittstelle von Ökologie und Ökonomie und zeigt uns sehr deutlich, wie komplex und unvorhersehbar es ist, wenn der Mensch in ein natürliches System eingreift. Dieser Satz stammt nicht von mir, sondern von Wissenschaftlern aus dem US-Bundesstaat Wisconsin.

Siedler brachten die Honigbiene aus Europa nach Amerika. Heute werden zwei Drittel der Feldfrüchte von Bienen bestäubt. So ist die Bienenzucht ein großes Geschäft in den USA. Sie müssen auch an Nüsse, Früchte, Gemüse denken im Zusammenhang mit Bienen.

Blühende Wassermelonen brauchen Bienen. Jedoch nur zur Blütezeit. Bienenkolonien benötigen ein entsprechendes unberührtes Umland, um überleben zu können. Genau das haben sie in Kalifornien nicht.

So gehen die Bienenzüchter mit ihren Stöcken auf Wanderschaft und transportieren sie dorthin, wo sie gerade gebraucht werden. Die Bienen reisen von Kalifornien bis Florida oder Boston.

Die einheimischen Bienen decken hingegen nur ein kleines Umfeld ihrer Umgebung ab. Sie brauchen eine Pflanzen-Diversität, um überleben zu können. D. h. verschiedenartige Pflanzen die zu unterschiedlichen Zeiten blühen. Eine Monokultur hat negative Folgen. Bienen brauchen natürliche Landschaften, welche nicht von der Agrarkultur beansprucht werden. Nur so sind sie in der Lage, ihre Nester zu bauen. Preiselbeer-Felder, die von Wäldern umgeben sind, werden von diversen wilden Bienenstämmen bestäubt. Im Science-Magazin vom Frühjahr 2013 war ein Artikel, dass Honigbienen und Wildbienen sich gegenseitig anspornen und so Früchte wie Kaffee, Baumwolle u.a. noch effizienter bestäubt werden.

So leisten Wildbienen durchaus einen wichtigen Beitrag. Auch ihre Population schrumpft. Man weiß nicht warum. Eine Studie, in die drei Universitäten von Illinois eingebunden waren, machte den Klimawechsel wie auch die zunehmende Landversiegelung für das Bienensterben verantwortlich.

Hanna Gaines, eine Entomologie-Doktorandin von Professor Cameron Currie von der Universität von Wisconsin in Madison, hegt die Hoffnung, dass ihre Arbeit den Farmern zugute kommt. Spezifische landwirtschaftliche Maßnahmen, wie weniger Pflanzenschutzmittel und Mineraldünger, eine Diversifizierung des Feldfrüchteanbaus und die Sicherstellung von Bienenhabitaten in der Umgebung der Felder, könnten Wildbienenpopulationen positiv beeinflussen. Farmer bauen bereits Blumen neben ihren Feldern und auf Brachland an, um Wildbienen anzulocken. Es zeigt, wie verletzlich, aber auch vernetzt das Ökosystem der Bienen mit dem menschlichen Handeln ist.

Wir müssen umdenken, um unsere Bienen-Populationen zu erhalten. Agrarkonzerne argumentieren immer, ihre Produkte würden den Insekten nicht schaden. Sicherlich, Bienen fallen nicht tot um, wenn ein Bauer seine Pflanzen spritzt. Das ist uns allen soweit klar. Den Mangel an sofortigen Beweisen kann man nicht dahingehend deuten, dass chemische Mittel für die Umwelt unschädlich sind. Allzuoft vergessen wir die Akkumulation des Giftes in der Umwelt. Eine chronische Belastung durch viele unterschwellige Gifte, denen wir eine lange Zeit ausgesetzt sind, verfehlt nicht ihre Wirkung. Samuel Hahnemann, der Gründer der Homöopathie, sagte schon immer: <<Allein die Dosis macht das Gift>>.

Eines stimmt jedoch an der ganzen Sache. Mit unseren traditionellen Kurzzeitstudien kommen wir nicht weiter. Wir haben neue, systematische Pestizide, welche in den Feldfrüchten persistieren und so zu einer zeitlich verlängerten Belastung führen. Wir vergessen die Rückstände, die in Bienenstöcken oder deren Geräten akkumulieren.

Sie sehen, wir haben es hier mit einem komplexen interagierendem System zu tun. Um den Bienenpopulationen zu helfen, müssen wir eine umfassendere Sicht auf die Dinge nehmen, die Komplexität im Auge behalten, untermauert Professor Kleinman immer wieder. Er bemüht sich, Experten mit verschiedenen Hintergründen an einen Tisch zu bringen um eine größere Ausbeute von Informationen zu bekommen. Bienenhalter und die Landwirtschaft hängen davon ab[88]."

"Aber", sagt Leonhard nachdenklich. "Aber was? Fragen Sie nur, dazu bin ich ja da, um zu antworten."

"Der Mais ist doch ein Selbstbestäuber"

"Leonhard, Sie denken mit! Prima. Ganz recht, Mais hat dennoch Auswirkungen auf die Bienenpopulation.

Bei Maismonokulturen verlieren Bienen unweigerlich ihre Nester und ihre Nahrung. Es gibt allerdings auch die sogenannte <<Prairie-Style-Anbauweise>>, welche den Bienen Nahrung und Habitat gewährleistet.

Fraglich ist nach wie vor, welche Ursachen zum Tod der Bienen führen. Das Bienensterben gilt als multifaktoriell, wobei genetisch manipulierte Pflanzen eine große Rolle spielen.[89].

Ein Forscherteam der San Francisco State University hat beobachtet, dass eine Buckelfliege, Apocephalus borealis, im Körper der Bienen ihre Eier legt. Die Maden fressen vor allem das Nervenzentrum der Bienen von innen auf. Schließlich sterben die Bienen[90].

In einem Fall des Verwaltungsgerichtes Augsburg wurde 2008 ein Imker dazu verurteilt, seinen ganzen Jahres-Honig-Ertrag auf dem Müll zu entsorgen. Der Honig enthielt Blütenpollen des gentechnisch veränderten Mais MON 810. Damit war er nicht verkehrsfähig. Genetisch verunreinigter Honig ist nicht für den Verzehr geeignet, weil Blütenpollen von Bt-Mais nicht als Lebensmittel zugelassen sind. Bei transgenen Maissorten kann sich das Genmaterial mit anderen konventionellen Sorten vermischen, die dann nicht mehr als gentechnikfrei verkauft werden können.

Berichte über die Gefährdung der Artenvielfalt (Biodiversität), die Kontamination des Ökosystems durch horizontalen Gentransfer sowie gravierende Auswirkungen auf die tierische und menschliche Gesundheit, vermehrte Antibiotikaresistenzen, zunehmende respiratorische, gastrointestinale, neurologische und hämatologische Erkrankungen sowie Geburtsfehler à la Gastroschisis, liegen bereits vor.

In Frankreich, Österreich, Polen, Griechenland und Ungarn ist der Anbau der Genmais-Sorte MON 810 verboten, weil er eine Gefahr für die Umwelt darstellt. In Deutschland lehnen große Teile der Bevölkerung die so genannte <<Grüne Gentechnik>> ab. In Europa unterliegt der Anbau von genveränderten Pflanzen strengen Auflagen. Die Monsanto-Maissorte MON 810 wird zur Zeit nur in Spanien angebaut. In Deutschland ist der Anbau verboten.

Trotzdem hat die EU-Kommission 2013 den Import für die umstrittene, als Super-Genmais bezeichnete Maissorte SmartStax als Futtermittel erlaubt. Diese neue Sorte ist gegen zwei Unkrautbekämpfungsmittel resistent und kann Gifte gegen sechs verschiedene Insektenarten bilden. SmartStax ist allerdings noch nie an Tiere verfüttert worden, um die Auswirkungen auf die Gesundheit von Mensch und Tier zu testen[91].

Um die wirklichen Gefahren, die von genmanipulierten Pflanzen ausgehen, welche Insektengifte freisetzen, weiß momentan kein Mensch. Zumindest verändert sich ständig die Lokalität des Toxins. So konnte man bei Wildpopulationen von Pflanzen und bei Insekten dramatische Veränderungen feststellen. Man entdeckte ein supergroßes Unkraut. Insekten bildeten Resistenzen. Nicht selten entstehen beim Kontakt mit Menschen heftige Abwehrreaktionen. Bodenorganismen wird durch das Genprodukt geschadet. Man beobachtet vermehrt allergische Reaktionen und Vergiftungen bei Säugetieren.

Sekundär geschädigte Tiere sind Vögel oder Reptilien bzw. Fische. Zuletzt nimmt auch noch die Anfälligkeit für Krankheiten bei Pflanzen zu. Selbst Agrarpflanzen verhalten sich andersartig und all das ist, wie bereits gesagt, erst der Beginn der Gentechnologie[92].

Steinbrecher folgert in einem Kapitel in seinem Buch <<*Redesigning life*>>, dass Gentechnologie für die Nahrungsmittelversorgung nicht viel weiterhilft. Im Gegenteil, den Anbau von Monokulturpflanzen kann man nicht als Fortschritt betrachten. Echter Fortschritt kann nur erzielt werden, wenn wir wissen, was wir tun, und dieses Wissen auch im Umgang mit der Natur anwenden[93]. Es passieren einfach zu viele Dinge, die wir nicht vorausgesehen hatten. Manchmal müssen wir gar nicht so lange darauf warten. Hätten Sie gedacht, dass sich Pflanzenschutzmittel für Sojabohnen und Mais schädlich auf Wein auswirken? Wie das, werden Sie fragen. In den USA wird Wein direkt neben gentechnisch verändertem Mais und Gen-Sojabohnen angebaut.

Der Weinbau mit einem jährlichem Produktionsvolumen in Höhe von 200 Millionen Dollars ist auch im Bundesstaat Wisconsin, vor allem in <<*Door County*>>, einem bekannten Touristengebiet am Michigansee, verbreitet.

Jetzt beobachtete man, dass Pflanzenschutzmittel, die Unkräuter bekämpfen sollen, auch Weinreben vernichten. Herbizide bleiben nicht dort, wo sie hingespritzt werden. Sie beeinflussen auch die Umgebung.

Der Direktor der Maisbauern von Wisconsin, Bob Oleson, bestreitet die Spritzmittelwirkung auf andere Gewächse. Sein Rat ist, man solle keinen Gen-Mais neben einem Weinberg anbauen. So einfach wäre die Sache."

Zu mehr kommt Prof. Anderson nicht.

"Typisch, dieser Olsen hat wohl gar nichts kapiert", ruft Leonhard entrüstet. "Man macht die Augen zu und das Problem gibt es nicht mehr." Der Professor muss lachen.

"So wie Sie sehen das auch Andere. Es handelt sich um gut dokumentierte Nebenwirkungen des Einsatzes der Spritzmittel. Die kann man nicht wegdiskutieren. Man kann für den Schaden keine anderen Dinge verantwortlich machen. 2007 zog ein Weinbauer gegen seinen Nachbar vor Gericht. Und der Kläger bekam recht. Es ging um 150.000 US-Dollars Bußgeld.

Die Weinstöcke eines anderen Farmers hatten leider auch zuviel von den Pflanzenschutzmitteln abbekommen. Seine Reben gingen ein. Der Bauer war am Boden zerstört. 12 Jahre hat er jede freie Minute, 12 Stunden am Tag, sieben Tage die Woche, seinen Weinberg gepflegt und gehegt. Und nun ist alles kaputt.

Sojabauern müssen bestimmten Richtlinien folgen, wenn sie Spritzmittel einsetzen. Diese sind oft kompliziert. Rein rechtlich kann man leider nicht viel gegen die Ausbreitung der Herbizide machen. Und wenn die Weinbauern die ersten Schäden bemerken, ist es oft zu spät[94].

Im Biologischen Weinbau ist der Einsatz von Insektiziden verboten. Ein sehr bedeutender Schaderreger für den Weinbau ist die Kirschessigfliege aus Asien. Auch Drosophila suzukii genannt. Durch ihre weitere Verbreitung in Europa sind massive Probleme zu erwarten. Eine chemische Bekämpfung mit Insektiziden ist problematisch[95].

"Existiert denn ein natürlicher Abwehrvorgang?", will Leonhard wissen.

"Ja, es gibt ihn, die Maispflanze hatte einen natürlichen Schutzstoff gegen einen seiner Hauptschädlinge, die Schmetterlingsraupe. Durch die Sortenzucht ist dieser verlorengegangen. Die Resistenz gegen Schmetterlingsraupen ist genetisch zwar noch vorhanden, jedoch nur bei Jungpflanzen, und so verlieren ältere Maispflanzen im Laufe der Reife ihre Standfestigkeit.

Wissenschaftlern unter der Leitung von Professor Gierl vom Institut für Genetik des Wissenschaftszentrums Weihenstephan ist es nun gelungen, dass die Pflanze ihren natürlichen Schutzstoff, das Benzoxazinoid DIMBOA länger herstellt. Somit will man sich den natürlichen Abwehrmechanismus zunutze machen. All das passiert ohne toxische Abbauprodukte.

Leider sind die Maissorten, deren natürlicher Abwehrmechanismus hoch ist, nicht so ertragreich. So will man beide Merkmale kreuzen und, da man genau weiß, auf welchen Genen die Merkmalsträger sind, dürfte deren Rekombination nicht allzulange dauern. Man bezeichnet diese neue Art von eigentlich selektiver Züchtung als «smart breeding».

Ich sehe ja ein, wir haben uns zu einseitig mit der Genmanipulation beschäftigt. Nun will ich Ihnen doch noch andere Methoden aufzeigen, um moderne Biotechnologien sympathischer zu machen.

Forscher des US-Nahrungsmittelkonzerns Simplot verwenden bei gentechnischen Veränderungen ausschließlich arteigene Gene. Im Gegensatz zu den bisherigen transgenen Varianten mit eingeschleusten artfremden Genen aus Bakterien bezeichnen sie die neuartigen Pflanzen als «cisgen». Bei cisgenen Pflanzen werden nur Gene aus der Pflanze selbst oder aus verwandten Pflanzen übertragen. Cisgene Kartoffeln werden z.B. so verändert, dass sie kein Asparagin mehr bilden. Pommes Frites, die daraus hergestellt werden, enthalten kein als krebserregend verdächtigtes Acrylamid mehr, das sich bei Hitze aus dem Eiweißbaustein Asparagin bildet.

Im Agrarforschungszentrum Wageningen in Holland und an der Technischen Hochschule in Zürich arbeiten Forscher daran, mit der neuen cisgenetischen Methode Apfelbäume resistent gegen Apfelschorf zu machen. Mit der schorf-resistenten Apfelsorte könnten rund acht Spritzgänge pro Jahr mit Kupferlösungen eingespart werden. Kupferlösungen wirken wie Fungizide, können sich aber auch im Boden als Schwermetalle gesundheitsschädigend anreichern.

Mit Hilfe der Cisgenetik, so hoffen die beteiligten Forscher, könnten die Risiken der umstrittenen Grünen Gentechnik ausgeschaltet werden. Allerdings fordern Umweltschutzorganisationen, dass für cisgene Pflanzen die gleichen Sicherheitsregeln gelten sollten wie für transgene Pflanzen. Eigentlich haben sie recht, denn Cisgenetik und Transgenetik unterscheiden sich nicht in der Technik. Künstlich übertragene Gene können je nach ihrer Position in der DNA auch das Verhalten cisgener Pflanzen in unvorhersehbarer Weise verändern.

Es ist tröstlich zu wissen, dass innerhalb der Europäischen Union Kennzeichnungspflicht für alle gentechnisch veränderten Produkte besteht. Selbst dann, wenn die Veränderung im Endprodukt nicht mehr nachweisbar ist. Ausgenommen von der Kennzeichnungspflicht sind Lebensmittelprodukte von Tieren, die mit genetisch veränderten Pflanzen gefüttert wurden.

In Deutschland selbst wurden bereits 1990 Gesetze zur Regelung der Gentechnik (GenTG) erlassen. Sie gehen einher mit der Gentechnik-Sicherheitsverordnung, welche gentechnische Arbeiten in gentechnischen Anlagen und die Freisetzung von GMO's regeln. Man will damit einen rechtlich-ethischen Rahmen für die Forschung, Entwicklung und Erprobung der Gentechnik bieten. Das Gesetz soll auch Gefahren vorbeugen, die von Gentechniken ausgehen. Somit schützt man Leben und Gesundheit."

"Hat denn die Gentechnik überhaupt eine positive Seite?"

"Lieber Leonhard, Sie haben recht, man darf es nicht so einseitig sehen. Mich ärgert zwar schon, wenn man vom Goldstandard der GMO's redet. Etwas Gutes hat die Gentechneik zum Beispiel in China erbracht. Mehrere Studien des Forschungszentrums für Umwelt-wissenschaften in Peking zeigen, dass Reis und Reisprodukte wie Reiskleie, die man gerne in Bioläden verkauft, extrem hohe krebsverursachende Mengen von Arsen (400 Mikrogramm pro Kilogramm) enthalten. Reispflanzen nehmen vor allem beim Nassreisanbau das von Mikroorganismen freigesetzte Arsen auf. Dieses wissen wir schon lange. Das Thema ist trotzdem immer noch ganz aktuell. Die Food und Drug Administration der USA berichtete am 6. September 2013 über die Untersuchung von 1.300 Reisproben aus Bioläden. Der höchste Arsengehalt befand sich im Braunen Reis. Am wenigsten war in Kindernahrungsmitteln. Die Behörde meint, man könne den Reis trotzdem ungeschadet konsumieren[96].

Bei genetisch veränderten Reispflanzen wird versucht, ein Bakterien-Enzym einzuschleusen, welches das anorganische Arsen in eine flüchtige Verbindung umbauen soll. Diesbezügliche Feldversuche haben in China begonnen. Für drei Milliarden Menschen ist Reis das Grundnahrungsmittel[97].

Reisanbau in China   © J.Breburda

Für die Philippinen wurde 1999 mit Gentechnik ein gelber, Goldener Reis entwickelt. Er entstand durch zwei eingeschleuste Gene. Im Zusammenspiel produzieren sie Beta Karotin, womit man Vitamin-A-Mangel und die damit verbundene Erblindungsgefahr bekämpfen will. Eine Zulassung für den Anbau konnte bisher nicht erreicht werden, weil Kritiker vor unvorhergesehenen Gesundheits- und Umweltschäden warnen. Sie zerstören Versuchsfelder. Wissenschaftler sind empört. Sie verlangen, dass die Bevölkerung über den Sinn, die Sicherheit und den Zweck ihrer Versuche aufgeklärt wird.

Das berichtet der Genetiker Channapatna Prakash der Tuskegee-Universität von Alabama, USA. Derartige Zerstörungen seien ein krimineller Akt[98]."

2.4 MIT ALLEN CHEMIKALIEN GEWASCHEN

"Zurück nach China. GMO-Kritiker sind auch dort besorgt über Gefahren für die Umwelt. Viele Chinesen müssen entdecken, dass ihr wichtigstes Nahrungsmittel Reis vergiftet ist. Berichte über Bodenkontaminationen werden laut <<*The Wall Street Journal*>> vom 27.7.2013 zurückgehalten. Eine groß angekündigte Bodenuntersuchung sollte in China von 2006 bis 2010 durchgeführt werden. Bis heute, 2013, hat man über die Ergebnisse nichts erfahren.

Aus einem im Juni 2012 veröffentlichten Bericht des Umweltministeriums in China ist zu ersehen, dass 20% der Bodenproben, die von 364 Standorten entnommen wurden, verunreinigt waren. Hierbei handelte es sich eher um eine inoffizielle Verlautbarung, Die <<offizielle Nachricht>> soll bekannt gegeben werden, wenn die Zeit reif ist, hieß es. Die Regierung befürchtet Unruhen, wenn die eigentlichen Bodenschäden bekannt würden, behauptet Chinaexperte Wang Lung, der als Jurist an einer US-Universität arbeitet.

China ist auf seine Böden angewiesen. Wir im übrigen auch. Das ist uns allerdings überhaupt nicht bewusst.

In China werden immer mehr Düngemittel eingesetzt. Zwischen den Jahren 2000 und 2011 ist die Düngemittelmenge um 38% gestiegen. Demgegenüber nahm die Anbaufläche nur um 15% zu. Das Land wurde bewässert, um es landwirtschaftlich nutzen zu können.

Obwohl 21,3 Millionen Hektar in den letzten 30 Jahren melioriert wurden, nahm das Kulturland infolge industrieller Nutzung um 12 Millionen Hektar ab. Die Düngemittelgaben sind in China sehr hoch, verglichen mit dem Düngemitteleinsatz in Nordamerika und Europa. Sie betragen mehr als 500 kg Stickstoffdüngemittel pro Hektar und Jahr. Ihre Effizienz liegt bei 30 bis 50%. Mehr als 57 Millionen Tonnen Nitrat-Düngemittel wurden 2013 angewendet. Schwermetallbelastete Industrieabwässer und andere Toxine haben mehr als 20% des Farmlandes kontaminiert[99].

Die chinesische Regierung verspricht Hilfe, indem sie festlegen will, wieviel Dünger ausgebracht werden darf. 2011 sind in Hunan, einer Provinz, in der 13% von Chinas Reis angebaut werden, 26 Millionen Tonnen Reis geerntet worden. In den Bergen findet Kupfer- und Bleiabbau statt, wodurch die Reisböden kontaminiert werden.

Die Industrie befindet sich in kleineren Städten. Schädliche Emissionen von Fabriken werden nicht reguliert. In der südöstlichen Provinz Guangdong fand man in 18 Reisproben extrem hohe Kadmium-Gehalte.

Kadmium schädigt Leber, Nieren, Lungen. Es ist ein Nebenprodukt bei der Zinkverhüttung. Es entsteht in kleineren Mengen bei der Kupfer und Bleigewinnung. Auch beim Recycling von Eisen und Stahl sowie im Klärschlamm ist es vorhanden. Desweitern findet man es in Pestiziden und Düngemitteln. Man verwendet oft Klärschlamm zur Düngung. Das hat man auch bei uns getan, bis es verboten wurde.

60% der Reisprodukte, welche auf den Märkten Chinas verkauft werden, weisen einen toxischen, d.h. viel zu hohen Kadmium-Gehalt auf. Eine Menge von 0.20 Milligramm Kadmium pro kg Reis ist erlaubt. China liegt bereits über dem doppelten Wert des internationalen Standards.

168 Einwohner einer Stadt in der Provinz Zhejiang, die nahe einer Batterie-Fabrik liegt, zeigten erhöhte Blei-Gehalte in ihrem Blut. Zekou in der Provinz Hubei wird bereits als Krebsstadt bezeichnet. 60 Leute sind dort innerhalb kurzer Zeit an Krebs gestorben. Sie waren alle unter 50 Jahre alt. Das Ministerium für Umweltsicherheit gibt zu, dass derartige <<Krebsstädte>> existieren. Nichtregierungsorganisationen

sprechen von mehreren Hunderten von solchen Orten, die es in China geben soll.

Die Weltgesundheitsorganisation schätzt, dass weltweit mehr als 200 Millionen Menschen, vor allem in Ländern Afrikas und Asiens, durch Schadstoffe in der Umwelt gefährdet sind. Ein Fünftel aller Todesfälle in Drittländern werden durch Umweltgifte verursacht. Auf Java gefährden Schwermetalle und Pestizide bis zu fünf Millionen Menschen.

Auch im Süden und im Norden von Italien wird Giftmüll mit Blei, Arsen und radioaktiven Abfällen deponiert. Sondermüll aus der italienischen Textilindustrie wird illegal nach China und Nordafrika verschifft[100].

Der neue <<Earth Security Index Report>> berichtet, dass in China die Hälfte des Grundwassers mit Schwermetallen belastet ist, wodurch jährlich zehn Millionen Tonnen Getreide vernichtet und zwölf Millionen Tonnen Getreide kontaminiert werden.

In Indien werden 37 Prozent mehr Grundwasser für Bewässerung entnommen als auf natürlichem Wege nachkommt. Exzessive Bewässerung und Düngung haben Millionen Hektar Agrarland unbrauchbar gemacht. Der Wasserbedarf in China, Indien und Südostasien steigt dramatisch. Im Nahen Osten wird der Wasserbedarf aus fossilen Grundwasserspeichern gedeckt. Das Wasser ist mit natürlicher Radioaktivität belastet und könnte schon bald zur Neige gehen[101].

Die Regierung in China verspricht, die Schwermetalle aus den Böden zu entfernen. Ein derartiges Vorgehen kann Jahre dauern. Fabriken wie die Hunan <<*Nonferrous Fluoride Chemical Group, CO.,Ltd.*>> behaupten, strikte Umweltstandards einzuhalten. Nur gelegentlich komme es durch fehlende Elektrizität zum Entweichen von Umweltgiften. Der Bevölkerung werde dadurch nicht geschadet. Außerdem zahle die Firma eine Umweltentschädigung an die Bauern der Umgebung.

Die Farmer werden wohl weiterhin Reis anbauen, den jedoch keiner konsumieren will, weil er giftig ist. So wie in der Stadt Dapu. Eine staatliche Chemie Fabrik verschmutzt dort den lokalen Bewässerungs-Tümpel. Das Wasser hat sich von einem Antigefrierschutzmittel blau verfärbt. Bauern, die barfuß in ihren Reisfeldern umhergingen, entwickelten wenig später Brandblasen an ihren Füssen.

Nichts kann man von dem angebauten Reis verkaufen. Es sind nur ein paar Halme und die sind giftig. So leben die Bauern von der Entschädigung, die sie von der Fabrik bekommen. Die beträgt jedoch nur ein Drittel von dem, was sie früher für ihren gesunden Reis, der auf unbelasteten Böden gewachsen ist, bekommen haben.

Ein anderer Bauer lebt etwas abseits von der Fabrik. Er ist überzeugt, sein Wasser ist sauber. Die Verbraucher trauen ihm jedoch nicht und so ist der Reispreis allgemein um 14% in China gefallen. Lange florierte der Ort mit seinem Reis-, Obst- und Gemüseanbau. Dann kam 2008 die Fabrik. 24 Stunden wird gearbeitet. Rauch zieht über die Felder. Selbst die Insekten verschwinden. Obstbäume werden nicht mehr befruchtet und keiner will irgend etwas kaufen[102]. Auch Luftverschmutzung ist gesundheitsschädlich. Viele Städte in China haben das ganze Jahr Smog. In einer neuen Studie wird den Einwohnern Nordchinas bescheinigt, dass sie wegen der Luftverschmutzung fünf Jahre weniger zu leben haben. Die

Feinstaubbelastung bewirkt Lungenkrebs, vermehrte Frühgeburten, Missbildungen und eine zunehmende Unfruchtbarkeit der Männer[103].

Eine Langzeitstudie zeigt, dass Feinstaub das Herzinfarktrisiko deutlich erhöht[104].

In indischen Großstädten ist die Luftverschmutzung noch schlimmer als in China. Die Luft in Neu-Delhi enthält mehr als 400 Mikrogramm Feinstaub pro 1000 Liter. Das ist mehr als das 20fache der Deutschen Grenzwerte[105].

In der Kanadischen Provinz Alberta werden beim Abbau von Ölsand viel mehr karzinogene Stoffe freigesetzt als gedacht. Zwei Wissenschaftler von der Universität Toronto haben festgestellt, dass aus den Abwasserteichen der Fördergebiete erhebliche Schadstoffe aus der Gruppe der Polyzyklischen Aromatischen Kohlenwasserstoffe (PAK) in die Luft gelangen[106]. Ist das nicht alles schrecklich?"

Damit beendete Prof. Anderson seine langen Ausführungen über das Reich der Mitte.

Leonhard konnte nicht anders, als nur mit dem Kopf schütteln. Ja, es war schrecklich. Aber wer macht auf solche Dinge aufmerksam? Haben sie nicht alle Angst, wie die Bauern in China, die ihre Namen nicht nennen?

Der Professor war jedoch noch lange nicht am Ende seiner Ausführungen. Genüsslich sprach er das Wort Molke aus. Leonhard überlegte für einen Augenblick, was er damit sagen wollte. Dann dämmerte es ihm: "Sie wollen auf den Skandal der Firma Fonterra in Neuseeland hinweisen?", fragt er kleinlaut.

"Genau, Leonhard. Im Mai 2012 sollten angeblich Milchprodukte dieser Firma mit den Bakterien des Clostridium botulinum vergiftetet gewesen sein. Die Firma hat sich im August 2013 in Peking entschuldigt. Dämmert es Ihnen? Die einheimischen Produkte in China waren verseucht. Erinnern Sie sich an das chinesische Milchpulver, das mit Melanin kontaminiert war? Chinesen bevorzugen ausländische Produkte, ohne zu wissen, dass dem neuseeländischen Konzern Fonterra 43 Prozent der chinesischen Firma Sanlu Dairy gehören[107].

China expandiert. In Zukunft soll es in allen Warenhäusern für Chinesen eigentlich fremde Produkte geben. Bezüglich Milch ist das ein Schwachsinn, weil den Menschen in Asien die Enzyme fehlen, Milchzucker abzubauen. Ohne Laktase keine Laktoseverdauung. Das ist genetisch bedingt. Da kann man nichts machen. Nur Europäer, Nordamerikaner, Australier und Südafrikaner können Milch konsumieren[108].

2013 berichtet <<*The Wall Street Journal*>> über Verhandlungen, welche der chinesische Lebensmittelkonzern <<*Bright Food*>>führte, um Israels <<*Tunva Food Industries LTD*>> aufzukaufen. Bright Food besitzt über 3.300 Lebensmittelgeschäfte in China. China besitzt bereits erhebliche Marktanteile an Australiens Manassen Foods und der Britischen Lebensmittelfirma Weetabix Food Company. Die chinesische Mittelklasse kauft heutzutage Trinkyoghurt, Wein und Kindernahrung aus Europa. Bright Food ist, wie viele chinesische Firmen, daran interessiert, im Ausland Lebensmittelfirmen aufzukaufen. Im Mai 2013 wollte China den US-Schweinekonzern Smithfield Foods Inc. für 4,7 Milliarden US-Dollars kaufen[109]."

2.5 DIE NEUE HEIMAT
DER UNDERCOVER EINWANDERER

"*E*s ist gar nicht so außergewöhnlich, Lebensmittel zu essen, die wir nicht kennen. Ich denke da zuallererst an die Speise der Götter der Griechen, die Unsterblichkeit verleihen sollte. Die Beifuß-Pflanze Ambrosia wurde den normalen Menschen vorenthalten, heißt es in der Kirke Episode[110].

Unsere heutige Ambrosia-Pflanze kam aus Nordamerika nach Europa. Unbeabsichtigt, so wie alle Invasoren. Verbreitet wird sie durch Vogelfutter. Allergikern ist sie eine Plage. Ihre Pollen gehören zu dem stärksten Allergen[111].

12.000 fremde Organismen wurden in Europa vorgefunden. 10-15% davon sind Eindringlinge. Sie richten jährlich einen Schaden von 12 Milliarden Euro in der Landwirtschaft, der Infrastruktur und dem Gesundheitssektor an. Die Europäische Union hat bereits Gesetze erlassen, um einheimische Pflanzen und Tiere vor den Eindringlingen zu schützen. Eine neue Regulation soll die einheimische biologische Vielfalt schützen. 50 Arten sollen auf einer Liste der Invasoren genannt werden. Ob exotische Haustiere eine Ausnahme machen, weiß man noch nicht. Die Bekämpfung ist grenzüberschreitend. Doch wer genau die Kosten trägt, ist bis dato unklar[112].

Aus dem Kaukasus kam der Riesen-Bärenklau nach Deutschland. Der russische Zar Alexander I. brachte den Samen dem Fürsten Metternich zum Wiener Kongress 1815 als Geschenk mit. Der lateinische Name ist: Heracleum mantegazzianum. Er verursacht Hautverbrennungen bei Menschen. Bei Weidetiere rufen die darin enthaltenen Furanocumarine Atemlähmung hervor. Auch wenn der Mensch sich zu lange in der Nähe des Gewächses aufhält, kann es zu Atembeschwerden kommen[113].

Invasoren sind nicht immer Schädlinge. In einigen Fällen werden sie sogar bewusst eingesetzt. Auf den Great Plains der USA wachsen Pflanzen, die den Weidetieren gefährlich werden können. Wolfsmilchgewächse breiten sich überall aus und verdrängen Nutzpflanzen. Werden sie gefressen, kann ihre latexartige Milch sogar Tiere töten. Bei Berührung des eigentlich als Fraßschutz dienenden Saftes kann es zu stark ätzenden Hautreaktionen kommen, welche vor allem in Augen, Nase und Mund Entzündungen hervorrufen. Wolfsmilchpflanzen kamen im 19. Jahrhundert aus Europa nach Nordamerika. Ihr Bestand wurde zu einem ernstzunehmendem Problem. In den Staaten Montana, South Dakota, North Dakota und Wyoming betragen die durch dieses Unkraut entstehenden Schäden jährlich 120 Millionen Dollars. Die Pflanze ist schwer unter Kontrolle zu bekommen. Herbizide wirken nicht. Außerdem wächst die Wolfsmilch auf Böden, auf denen keine Unkrautvernichtungsmittel eingesetzt werden. Mit biologischen Pflanzenschutzmitteln hatte man mehr Erfolg. Die Raupen der Wolfsmilchschwärmer, die bis zu 10 cm lang werden können, fressen nur Wolfsmilchgewächse. Der Wolfsmilchschwärmer aus Europa wurde das erste Mal 1965 in den

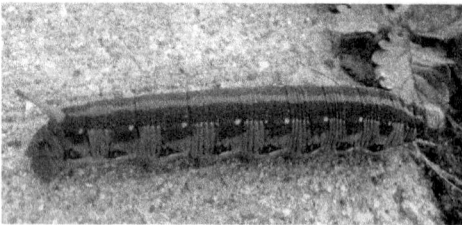

USA eingesetzt. Ihre Population vergrößert sich nicht, da es zu viele natürliche Feinde, Krankheiten und Pestizide gibt[114].

Sie werden sich jetzt sicher fragen, was wir heutzutage tun können, um Invasoren zu bekämpfen? Auf eine etwas fremdartig anmutende Lösung kam man in Amerika. In den USA ist es ein Trend der sogenannten <<Locavores>>, nur Lebensmittel aus der engeren Umgebung zu konsumieren. Umweltengagierte Leute baten gesundheitsbewusste Esser, ein Menü aus Invasoren zuzubereiten. Neueingewanderte

Spezies sind auch den US-Umweltbehörden ein Dorn im Auge. Die Überlegung, asiatische Zebramuscheln oder asiatische Karpfen auf den Speiseplan zu setzen, ist gar keine so schlechte Idee. Im Bundestaat Oregon stellten Essens-Fanatiker Mahlzeiten zusammen, die unter anderem auch Wildschweinbraten enthielten. Die Veranstaltung war als Kampf gegen invasive Arten gedacht[115].

Invasoren werden immer mehr zu einer Plage, die das gesamte Ökosystem durcheinander bringen können. Man fand in den USA Wildschweine von einer gigantischen Größe. Am 22. August 2013 berichtete ein Farmer, ein Tier getötet zu haben. So ein riesiges Exemplar habe er noch nie gesehen, sagte er gegenüber der Presse. Er musste erst einmal überlegen, um welche Spezies es sich überhaupt handelte. Man glaubt, genmanipulierte Schweine haben sich mit Wildschweinen gepaart. Darüber gibt es viele Theorien. Tatsache ist, Wildschweine zerstören unsere Umwelt. Ursprünglich wurden sie von Spaniern im 16. Jahrhundert nach Amerika gebracht. Heute sind sie eine Plage. Sie vermehren sich rasant schnell. Sie sind die am meisten angepassten Tiere. Sie tragen 115 Tage und können, unabhängig von der Jahreszeit, trächtig werden. Mit je drei bis 13 Frischlingen pro Wurf und dem Eintreten der Geschlechtsreife mit fünf Monaten vermehren sie sich rasant. In den USA verdreifacht sich die Population innerhalb eines einzigen Jahres. Wildschweine besitzen keinerlei natürliche Feinde. Sie können sehr alt werden. Wie alle Eindringling in ein fremdes Habitat, in diesem Fall Amerika, schaden sie anderen Lebewesen, weil sie ihnen das Futter wegschnappen. Was natürlich eine Auswirkung hat. Sie fressen alles, auch Frösche und Amphibien.

Ein ansteckender Hautpilz hat 3/4 der Frösche in den letzten Jahren ausgerottet. Der Pilz wird durch Vögel, Hunde oder den Menschen übertragen.

Nach Kevin Smith von der Washington University in St. Louis dient die Haut bei Amphibien zum Trinken und Atmen und hält den Elektrolythaushalt aufrecht. Das entspricht der Nierenfunktion bei Säugetieren.

Jamie Voyles fand, dass beim Abschälen der Haut durch den Pilz der Salz- und Wasserhaushalt durcheinander geraten und das Herz zu schlagen aufhört[116]. Da sich der Pilz im Wasser ausbreitet, haben jene Frosch-Familien überlebt, die in Bäumen oder auf trockenem Boden leben, wodurch sich das Ökosystem komplett veränderte.

Südafrikanische Krallenfrösche, die in früheren Zeiten den Schwangerschaftstest[117] übernommen haben, könnten dem Froschsterben entgegenwirken. Der Krallenfrosch ist immun gegen diese Krankheit. Mikroben, die sich auf seiner Haut befinden, bilden Violacein, das als Fungizid wirkt[118].

Zurück zu unseren Wildschweinen. Sie sind Vektoren von 30 Krankheiten und 37 verschiedenen Parasiten. Der Schaden, den sie anrichten, ist enorm. Die US-Behörden sprechen von einem jährlichen Verlust in Höhe von 1,5 Milliarden US-Dollars[119].

Leider sind Wildschweine nicht die einzigen Tiere, die den USA Kopfzerbrechen bereiten. Ganze neun Jahre arbeitete ein Forscherteam in Madison, Wisconsin, um einen invasiven Flusskrebs wieder los zu werden. Die Languste vernichtete Fischarten, Insekten und auch Seepflanzen, welche sie einfach mit ihren Zangen, oberhalb der Wurzeln abzwickten. Fische konnten sich ohne den Schutz der Wasserpflanzen nicht mehr vor ihren Feinden verstecken. Deswegen wollte man die unerwünschten Einwanderer loswerden.

Gretchen Hansen publizierte im Juli 2013 einen Artikel im <<*Canadian Journal of Fisheries and Aquatic Sciences*>> über ihren Erfolg. Wissenschaftlern fiel schon früher auf, dass es im <<Sparkling Lake>> in Nord-Wisconsin keine Seepflanzen mehr gab. Barsche konnte man nicht mehr fangen, nur noch Tonnen von Flusskrebsen, die man verspeiste. Damit wurde die Population der Krebse massiv unterdrückt und die Wasserpflanzen konnten sich wieder ausbreiten. Mit ihnen kamen die Fische und alle anderen Wassertiere zurück. Der Blaue Sonnenbarsch und der Gemeine Sonnenbarsch waren plötzlich wieder da. Auch diese fraßen die Larven der Flusskrebse. Doch nicht alle wirbellosen Geschöpfe kamen zurück, meinte Gretchen. Vergeblich suchte man nach einigen Larven. Die Barsche haben wohl ihre Ernährung umgestellt, als die Flusskrebse abnahmen. Der Aussage von Gretchen <<Die Dinge sind oft viel komplizierter, als wir denken>>[120] schließe ich mich an. Wir greifen in Ökosysteme ein. Nur wissen wir nicht, was dabei herauskommt. Wir wollen Herr der Dinge sein. Wir wollen bestimmen. Aber besitzen wir wirklich das Hintergrundwissen, wie man die Dinge regelt, ohne dabei Schaden anzurichten? Das sollte man sich in jeder Disziplin fragen. Mein Lieblingssatz lautet nicht ohne Grund: <<*Quisquid agis, prudenter agas et respice finem*>>."

"Was auch immer du tust, tue es mit Bedacht und bedenke das Ende", übersetzte Leonhard.

"Wenn wir schon bei den krebsartigen Tieren sind, will ich die Asiatischen Tiger-Krabben erwähnen. Denis Morrison wollte im September 2013 mit seinem Freund Netze einholen. Beide waren

Fischer im Bundestaat Alabama, USA. Dort gibt es die weißen Shrimps. Und plötzlich war da ein schwarzes, viel größeres Tier im Netz. Es benahm sich anders als die Weißen. Es sprang im Boot herum und ließ sich kaum fangen, berichtete der Fischer. Noch nie hatte er so etwas gesehen. Er brachte es in ein Institut für Meeresforschung. Dort eröffnete man ihm, es handle sich um eine junge asiatische Tigerkrabbe. Eine invasive Art, die es in Alabama eigentlich nicht geben sollte. Sie könnte den einheimischen Krabbenarten zum Verhängnis werden, weil sie das Futter wegfrisst. Asiatische Tiger-Langusten werden viel größer. Sie kommen aus Süd-Japan, Südasien oder Afrika. Wie sie in die USA gekommen sind, weiß keiner. Sie wurden seit 1968 in Asien gezüchtet. 2003 ersetzte man sie durch die Zehenfußkrebs-Zuchtgarnele. Die ursprünglichen Tiere waren krankheitsanfällig. So tauschte man sie einfach aus.

Garnelenzuchten in China, Vietnam und Thailand wurden durch ein Bakterium reduziert. Während die Tiger-Garnele in Ostasien fast ausgestorben ist, fand man sie in Afrika, Südamerika, ja selbst auf den karibischen Inseln. 1988 sind einige Hundert aus einer Versuchsstation in South Carolina entflohen. Keine lebte lange in der Freiheit. Sie wurden wieder eingefangen oder starben. Erst 2006 fanden Fischer in North Carolina und Texas gelegentlich wieder eine Tiger Garnele.

Monster-Shrimps fressen alles. Sie können so groß werden wie der Unterarm eines Mannes. Bis zu 500 Gramm schwere Tiere sind keine Seltenheit.

Das auslaufende Öl im Jahr 2010, der Sturm <<Katharina>>, die Rezession und die steigenden Importe machen es den Fischern nicht leicht. Man fragt sich, ob die neuen invasiven asiatischen Shrimps eine Katastrophe bedeuten, oder einfach nur eine neue Spezies sind, die man ohne große Bedenken verzehren kann? Genetische Tests zeigten eine nahe Verwandtschaft der Tiere untereinander. Wahrscheinlich sind sie mit dem Ballastwasser der Ozeandampfer in die USA gereist. Andere vermuteten, sie seien karibischen Garnelenzuchten entkommen. Belege hat keiner. 2011 nahmen die Garnelen zu. 2012 und 2013 wieder ab. Die Fischer werfen sie mittlerweile nicht wieder zurück ins Meer, sondern sie landen ganz einfach auf dem Teller. In 20 Jahren verkaufen wir die Tiger-Garnelen vielleicht wieder zurück nach China?, denken die Fischer[121].

Möglicherweise ist das Auftreten der Tiger-Garnele doch nicht so mysteriös wie behauptet. Von 1968 bis 2011 beobachteten Meereswissenschaftler, dass Meerestiere dem kälteren Wasser folgen. Eine Erklärung dafür glaubt man in der Wassererwärmung durch den Klimawandel zu finden. Man nahm an, die meisten Spezies würden zu den Polen wandern, weil dort das Wasser kühler ist. Statt dessen fand man sie im Süden, weil entlang der kalifornischen Küste das Meerwasser in südlicher Richtung kühler wird. Vor dem Golf von Mexiko suchten sie Zuflucht in tieferen und somit kühleren Wasserschichten. Man fand dort alle möglichen Spezies[122]. Wahrscheinlich folgte diesem Prinzip auch die Tigerkrabbe. Das wäre eine Erklärung.

Wenn Sie meinen, das wäre bezüglich invasiver Spezies alles, was ich auf Lager habe, dann irren Sie.

Im Mittleren Westen der USA wird ein kleiner Käfer aus Asien zum wirklichen Problem. Der Eschenprachtkäfer wurde im Jahr 2002 erstmals im Bundestaat Michigan gesichtet. Er breitete sich in den Eschenwäldern schnell aus und erreichte 2013 den Bundesstaat Wisconsin mit seiner Hauptstadt Madison. Bisher sind 50 Millionen Bäume zugrunde gegangen. Die schnelle Ausbreitung erfolgte unbeabsichtigt über den Transport von befallenem Eschenholz. Allein im Bundestaat Wisconsin stehen mehr als 770 Millionen Eschen, die durch den Käfer gefährdet sind. Die Bekämpfung des Käfers durch Insektizide könnte allein in den Städten im Mittleren Westen der USA in den nächsten zehn Jahren zehn Milliarden Dollars kosten[123].

Oft passierte es, dass absonderlich wirkende Tiere aus Zoohandlungen entwischen. Seit 1980 sind die Lovebirds, die kleinste Papageienart, in Arizona zu finden. Sie kommen ursprünglich aus Afrika. Da das Klima ähnlich ist, fühlen sie sich wohl und sind 2013 auf eine Population von 2500 Vögeln angewachsen. Die Vögel sind nur in Phoenix zu finden, wo sich die natürlichen Verhältnisse durch Bewässerung verändert haben.

Ursprünglich aus Afrika stammen auch die sogenannten Gambia-Riesenhamsterratten, (Gambian Pouch Rat). Sie können so groß wie Katzen werden. Plötzlich fand man die Tiere in den Sümpfen des US-Bundesstaates Florida. Dort dienen sie als Nahrung der Riesen-Pythons oder der African-Rock-Pythons, die 1997 möglicherweise gewollt oder ungewollt freigelassen wurden. 2002 gesellte sich dann die Afrikanische

Felsenpython dazu. Beide konnten sich in den Everglades von Florida vermehren. Es gibt mittlerweile so viele Schlangen, die da herumwandern, dass die Einwohner ihrer kaum noch Herr werden. So rief man zu einer Jagd nach ihnen aus. Wer das größte Exemplar tötet, bekommt eine Prämie von 1000 Dollars. Die Schlangen vermehren sich einfach zu schnell. In einer kürzlich getöteten trächtigen Schlange fand man 90 Eier[124].

2002 bis 2005 waren es nur 200 Tiere, die im Everglades National Park tot aufgefunden, bzw. gefangen wurden. 2006 bis 2007 hatte sich die Zahl mit 418 Tieren fast verdoppelt. Ein Wildtierbiologe spricht von einer Population von 30.000 Tieren. Neben Florida sind auch Louisiana und Mississippi zur neuen Heimat der Python-Schlangen geworden. Im Jahr 2009 berichtete der US-Geological-Survey in Denver über acht weitere verbreitete Arten, wie die Netzpython, die Boa Constrictor, die Große Anakonda oder die Tigerpython. Einige der Tiere zog es bis in die Innenstadt von Miami. Eine kleine Schlange kostet nur rund 20

Dollars. Kein Wunder, dass sie einen reißenden Absatz fanden. Wissenschaftler legten einigen Schlangen einen Funksender an, damit diese sogenannten Judasschlangen sie zu anderen Tieren führen. Sie hatten Erfolg damit. Nur ausrotten kann man die Tiere jetzt wohl nicht mehr. Man hat Angst, dass einheimische Tiere wie die Key Largo Woodrat oder der Waldstorch von den Schlangen ausgerottet werden[125].

All das passierte, weil einigen Besitzern offenbar die Pflege ihrer <<Haustiere>> zu anstrengend wurde. Die meisten der Tiere wurden ausgesetzt. Nach den Hurrikans in den Jahren 1992 und 2005 sind auch Reptilien aus Zoohandlungen entwichen[126]. Eine unausgesprochene Angst besteht davor, dass sich die Afrikanische Python mit der Birmanischen Boa Constrictor paart. Die daraus entstehenden Tiere wären dann noch größer. Wildhüter in Florida haben deswegen eine <<*Python Patrouille*>> aufgestellt.

In Gefangenschaft konnte man bereits derartige Hybride züchten. Bereits 1994 warnte das Umweltzentrum in Florida davor, dass eine invasive Spezies, wie z.B. die Afrikanische Felsenpython, zu einer Gefahr werden könnte[127]."

Eine andere invasive Spezies ist die braune Baumschlange. Sie ist für den Menschen ungefährlich. Nach dem zweiten Weltkrieg wurde die Schlange unabsichtlich als blinder Passagier auf Transportschiffen vom Südpazifik auf die Insel Guam gebracht. Dort hatte sie keine natürlichen Feinde und so wuchs ihre Population rasant an. Die Wirbeltiere auf der Insel wurden von den Schlangen fast ausgerottet. Vögel gibt es auch keine mehr. Urlauber und Einwohner der Insel werden von den Schlangen tyrannisiert. Sie sind überall aufzufinden, in den Häusern, auf der Veranda, den Spielplätzen. Die Gefahr ist groß, dass die Schlangen über den Schiffs- oder Luftverkehr auf weitere Inseln verschleppt werden kann. Die Spezies wurde bereits auf Hawaii, und anderen Inseln gesichtet, selbst in Texas[128]. Um der Sache Herr zu werden wurden vergiftete Mäuse von Flugzeugen abgeworfen[129].

2.6 MISCHWESEN

"*H*ybride züchtet man doch schon aus Jux und Tollerei. Oder soll ich sagen: purem Übermut?", meldet sich Leonhard zu Wort. Zu lange hatte er den Erläuterungen des Professors gelauscht. Nun musste er etwas sagen. Sei es auch nur, um sich bemerkbar zu machen: "Ich denke da an Zebroide, eine Kreuzung zwischen einem Zebra als Vater und einem Pferd als Mutter. Ich gebe zu, es hört sich an wie etwas aus der Pflanzenzüchtung. Tatsächlich sind die Nachkommen der Kreuzung zwischen verschiedenen Gattungen meist unfruchtbar. Ganz so wie der Maulesel oder das Maultier. In der Natur kommen auch fertile Hybride vor, wie bei der Paarung von Braunbär und Eisbär.

<<Cytoplasmic admixed embryos>> sind gleichbedeutend mit einer Mensch-Tier-Kreuzung. Ganz so fremd ist der Gedanke nicht. Es gab bereits Kreuzungsversuche zwischen Menschen und Affen, die der sowjetische Genetiker Ivanov in der Affenzuchtfarm in Suchumi am Schwarzen Meer durchgeführt hat. Damals hatte man noch Parallelen zur nationalsozialistischen Praxis von Menschenversuchen gesehen.

Heutzutage ändern wir Gesetze. Wofür? Um embryonale Stammzellen leichter gewinnen zu können, werden Mensch-Tier-Embryonen geklont. Somit werden echte Chimäre, also Mischwesen aus Mensch und Tier, hergestellt. Es können transgene menschliche Embryos erzeugt werden, die ein oder mehrere tierische Gene besitzen. Und es dürfen hybride Embryos durch Befruchtung einer tierischen

Eizelle mit einem menschlichen Spermium oder umgekehrt geschaffen werden.

1998 hat eine amerikanische Pharmafirma versucht, Kuh-Eizellen zu entkernen, um menschliche Kernzellen einzusetzen[130]. In China hat man Haseneizellen als geeigneten Vektor angesehen. 2003 hat eine chinesische Gruppe vorgegeben, Stammzelllinien aus entkernten Haseneizellen herzustellen.

Und wie sah es in England aus? Einigen Wissenschaftlern war es schon vor dem Gesetz von 2008 erlaubt, mit tierischen und menschlichen Zellen zu experimentieren. Es ist gelungen, in eine entkernte Eizelle von einer Kuh einen menschlichen Zellkern einzufügen.

Der Direktor des <<North East England Stem Cell Institute>> berichtete davon. So auch 2007 in Vorträgen, die er in Wisconsin, USA, hielt. Er habe mittlerweile 270 hybride Embryos hergestellt, um die Forschung mit Stammzellen zu beschleunigen.

Es herrscht immer noch ein <<Mangel>> an menschlichen Eizellen. Viele US-Institutionen sehen den Verkauf von menschlichen Eizellen als unethisch an. Einige wollen Eizellspenderinnen gar nicht bezahlen. Man weiß nichts über die Nebenwirkungen. Wenn man die ganze Prozedur unentgeltlich macht, hat man wenigstens keine Verantwortung[131].

Vom Schlachthof bekommt man täglich mehr als 200 tierische Eizellen. Bis zu vier Stunden nach dem Schlachten kann man sie noch entnehmen. Im Gegensatz dazu stehen acht bis zehn menschliche Eizellen, die man eventuell pro Monat von In-Vitro-Kliniken erwerben kann. Nicht hier bei uns, in England meine ich. Oder in den USA. Wo auch immer man kein Problem mit all diesen Dingen hat.

Unter uns, ich finde, wenn wir so weiter machen, sehen wir die Frau als Objekt an. Ihr Wert misst sich nach ihrer Eizellen-Leistung. Auch wenn es hart für ihre Ohren klingen mag. Diese Sichtweise entspricht nicht mal Science Fiction. Sie stammt erst recht nicht aus dem Umfeld von Dr. Hwang Woo-Suk, dem koreanischen Fälscher. 2004 behauptete er, eine Stammzelllinie durch Körperzellen-

Kerntransfer etabliert zu haben. Die Körperzelle hatte er kranken Patienten entnommen. Er wollte patientenspezifische Stammzelllinien herstellen. Hwang proklamierte, 185 Eizellen benutzt zu haben. Seine Computer zeigten jedoch, dass es mindestens 273 Eizellen waren, die er für die elf Stammzelllinien brauchte. Exakte Werte können jedoch nicht mehr erhoben werden. Zwischen November 2002 und November 2006 wurden von seinem Labor 2061 Eizellen gesammelt. Dass er von Eizellspenden seiner Mitarbeiterinnen nichts wusste, ist als falsch erwiesen, weil er die Spenden selbst anerkannte.

Drei Dinge sind notwendig, um therapeutisches Klonen zum Erfolg zu führen. Zellkernübertragung (Nuclear Transfer), die Blastozystenformation und die Differenzierung der Zellen in das gewünschte Organ. Hwangs Zelllinien konnten sich nicht einmal zu einem <<*Teratoma*>> (im lebenden Vektor) oder einem <<*Embryoid Body*>> (Petrischale) differenzieren.

Das sind jetzt zwei fremdartig klingende Begriffe. Lassen Sie mich erklären. Da man nicht weiß, wie sich eine embryonale Stammzelle in eine Nierenzelle entwickelt, injiziert man sie in eine Maus, deren Immunsystem abgeschwächt ist. Nach einiger Zeit entsteht ein Gebilde, welches man <<*Teratoma*>> nennt. Stammzellen, die auf eine Petrischale aufgebracht sind, verklumpen manchmal spontan. So etwas wird als <<*Embryoid Body*>> bezeichnet.

Zurück zu Dr. Hwang. Die DNA der gewonnenen Stammzellen erwies sich als nicht identisch mit den Spendern. Somit erzeugte Hwang keine patientenspezifischen Stammzellen. Die Methode, die er benutzte, war auch nicht neu, weil er sie aus der Tiermedizin übernahm. Zuletzt hat er die Embryos gar nicht geklont, sondern nur künstlich befruchtet. (Bericht über Dr. Hwang Woo-Suk, von der Seoul National University 2006).

Ein internationales Forscherteam um Shoukhrat Mitalipov verkündete, 2013 zum ersten Mal menschliche embryonale Stammzellen durch Klonen mit Hilfe des somatischen Kerntransfers erzeugt zu haben. Für Experten war diese Meldung keineswegs sensationell, denn die Methode des somatischen Kerntransfers funktioniert bei Tieren seit Jahren[132].

Aus tierischen Eizellen erzeugte Embryonen stellen ihr Wachstum nach zwei bis drei Tagen ein. Nach dem Gesetz dürfen sie 14 Tage leben. Ob das überhaupt möglich ist? Rein technisch? Das frage ich mich schon lange. Der Embryo braucht eine Plazenta, etwas, das ihn ernährt. Die Petrischale ist kein Ersatz. In Statements heißt es dann immer: <<Die Forscher unterbinden die Möglichkeit, dass sich eine Chimäre entwickelt[133]>>. Was sollen sie denn unterbinden? Es ist doch überhaupt nicht möglich, so etwas zu tun. Dazu müsste man sie schon zurück in eine Gebärmutter bringen. Derjenige, der so ein Idee äußert, gibt damit zu, dass er überhaupt keine Ahnung von all dem hat. Man bräuchte eine Blastozyste. Diese aus einem Mischwesen zu erhalten, ist illusorisch.

Die Frage, die Sie sich jetzt stellen, wird sein, wozu man die geklonten Chimären benutzt. Ziel ist es, aus ihnen Stammzellinien zu schaffen. Diese werden auf einer Petrischale ausgebracht. An ihnen will man in vitro, d.h. im Labor, Medikamente testen usw. Sie werden also quasi als Versuchstiere benutzt. Trotzdem steigt die Zahl der Versuchstiere seit den Fortschritten in der Genetik. Im Jahr 2011 sind laut einer Meldung des Bundeslandwirtschaftsministeriums in Deutschland 2,9 Millionen Wirbeltiere für Tierversuche eingesetzt worden.

Menschlich-tierische-Mischwesen, meinte man, seien der neue Ersatz für Laborratten. Oder allgemein ausgedrückt, ein Ersatz für Versuchstiere. Allerdings, reine Zellkulturen zu erzeugen ist schwer, weil die Frage aufkommt, welche humanen Elemente und welche tierischen Elemente vorhanden sind. Unerwünschte Gewebetypen könnten nach einer später erfolgten Transplantation schlimme Nebenwirkungen hervorrufen. Aber so weit ist man ja noch lange nicht. Mein letzter Satz war rein utopisch. Deshalb finde ich, sollte man solche Versuche erst gar nicht machen. Nebenbei gesagt sind sie sehr teuer. Patienteneigene Stammzellen. Denken Sie doch, wer sollte sich denn so etwas leisten. Keine Krankenkasse könnte das bezahlen.

Es ist sowieso alles andere als einfach, embryonale Stammzellen zum Wachsen zu bringen. <<Um dies zu lernen, brauchen wir Zeit>>, ist ein üblicher Satz. Glauben Sie mir, Leonhard, es wird noch sehr lange dauern, bis Therapien entwickelt werden können[134].

Ein Menschtierwesen – würde es den Ansprüchen der Forschung überhaupt gerecht werden? Vor allem, wenn man bedenkt, dass die mütterlichen Mitochondrien, in dem Fall vom Tier, noch ein größeres Problem darstellen.

Im Juli 2010 berichteten Harvard-Forscher über die absolute Eigenständigkeit der Mitochondrien-DNA. Sie entwickelt sich aus Bakterien. Mitochondrien-DNA's und Bakterien-DNA's haben beide die gleichen molekularen Marker. Das bedeutet, ihre DNA-Sequenz stimmt überein. Wenn man die DNA kennt, kann man auf bestimmte Eigenschaften schließen. Bakterien können so z.B. eine Immunreaktion hervorrufen. Dr. Zhang's Hypothese geht sogar soweit, dass schwere Traumata, Schock und Verbrennungen die mitochondriale DNA freisetzen. Eine frei zirkulierende DNA kann dazu führen, systemische Entzündungsreaktionen im Körper hervorzurufen[135].

Das ist noch nicht alles. Weiter beobachtete er, wie eine Verletzung der Zellen selber dazu führen kann, <<mitochondrial enemies>> innerhalb der Zelle freizusetzen. Als <<Mitochondriale Feinde>> bezeichnet er die mitochondriale DNA, die eine Sepsis-ähnelnde Immunantwort hervorruft. Die Organe funktionieren dann nicht mehr und es kommt zum Exitus[136].

Es ist äußerst schwierig, aus einer menschlichen Eizelle den Kern zu entfernen, um eine Körperzelle einzufügen. Auf die Mitochondrien wurde bisher nicht geachtet. Das könnte ein Grund sein, weshalb man beim Klonschaf Dolly 277 Eizellen verbrauchte.

Keiner weiß, wie die mitochondriale DNA einer Kuh-Eizelle auf eine menschliche Zellkern-DNA reagiert. Sie können mir sagen, was Sie wollen. Die DNA bestimmt doch die Spezies. Ganz so wie die mitochondriale DNA uns *verraten* hat, zu den Bakterien zu gehören.

Wenn ich also eine menschliche DNA in eine tierische Eizelle einbringe, deren Kern man entfernt hat, experimentiere ich mit Menschen. Noch dazu, vollkommen sinnlos. Ich rede jetzt nicht mal von den Kosten."

2.7 TÖDLICHE EXPERIMENTE

"*D*ie Würde erhält der Mensch durch seine Spezieszugehörigkeit zur Gattung Mensch und nicht erst, wenn er eine bestimmte Phase der embryonalen oder fötalen Entwicklung abgeschlossen hat. Die Entwicklung vom Embryo zum Menschen verläuft kontinuierlich. Es gibt keine markanten Einschnitte, aus denen sich eine Änderung des moralischen Status ergeben kann. Das Kontinuitätsargument besagt, dass die Würde eines Erwachsenen auf den früheren Embryo zurückzuführen ist. So muss man dem Embryo seine Würde zuerkennen. Man beruft sich in diesem Zusammenhang auf das so genannte Identitätsargument. Es besagt, dass ein Lebewesen zu jedem Zeitpunkt seiner Entwicklung mit dem Lebewesen, das es zu einem früheren Zeitpunkt war, identisch ist. Egal in welcher Entwicklungsphase der Mensch sich befindet, ob Embryo oder Student oder Großvater, er hat immer die gleiche Würde, weil er immer derselbe ist, und dies vom Zeitpunkt der Befruchtung an[137].

In der Wissenschaft gibt es sehr viele Beispiele für verschiedene Begriffe, die ein und dasselbe ausdrücken. Wasser ist identisch mit H_2O.

Ein Verfahren, welches in den USA, England und anderen Ländern erlaubt ist, ist das therapeutische Klonen. Es unterscheidet sich nicht vom reproduktiven Klonen. Die Technik in beiden Verfahren ist die gleiche. Nur verwehren wir dem Embryo beim therapeutischen Klonen, wieder in den Mutterleib gebracht zu werden.

Damit entscheiden wir über Leben und Tod. Man kann fast sagen, der Zweck bestimmt über Leben und Tod. Selbstverständlich würden wir nie Menschen klonen, um Nachkommen zu schaffen. Ich verstehe jedoch nicht, wie Menschen sich für ein therapeutisches Klonen aussprechen, aber entschieden gegen das reproduktive Verfahren sind. Das ist, so paradox es klingt, inkonsequent.

Wie gesagt, ein Embryo wird beim therapeutischen Klonen nur zu Forschungszwecken erzeugt und danach zerstört. Auf diese Weise dupliziert man das Genom des Patienten durch einen gentechnischen Kerntransfer. Auf molekularer Ebene erzeugt man eine genetisch identische Kopie des Originals. Das ethische Dilemma der Embryonenzerstörung wird beim therapeutischen Klonen nicht überwunden. Auch weiß man noch nicht, wie man die kranke DNA gentechnisch reparieren soll, was vor dem Klonen passieren müsste.

In Deutschland ist laut Embryonenschutzgesetz (EschG 1991) die Herstellung von Embryos nur für die In-Vitro-Fertilisation erlaubt. Die Herstellung von Embryos, die nicht der Fortpflanzung dienen, ist verboten. In §6 (1) des Gesetzes heißt es weiter, dass jemand fünf Jahre Freiheitsstrafe oder eine Geldbuße auferlegt bekommt, der einen menschlichen Embryo erzeugt, dessen Erbinformation identisch ist mit dem eines andern Föten, Embryos, lebenden oder toten Menschen. Rechtlich ist damit therapeutisches Klonen in Deutschland ausgeschlossen[138]. Dieses Thema wird aber weiterhin die Debatten aufheizen, da viele Rechtsexperten sich nicht einig sind, ab welchem Zeitpunkt der Embryo zu schützen ist. Ob ab der Kernverschmelzung oder später, ist bis dato nicht eindeutig geklärt.

Moraltheologen sehen das anders. Ihr werter Herr Vater als Landesbischof muss darüber wahrscheinlich auch nicht lange nachdenken. Er steht nicht alleine da, Wissenschaftler, Biologen, Mikrobiologen, Juristen, Philosophen, alle befassen sich mit <<dem Embryo, der durch In-Vitro-Fertilization kreiert wurde>>.

Gegen Ende 1996 sollten in England mehrere tausende eingefrorene Embryos vernichtet werden, weil sie nur für eine bestimmte Zeit kryokonserviert werden konnten. Ihnen hatte man ein Verfallsdatum gegeben. Es war das erste Mal, dass wir mit so einem

Thema konfrontiert wurden. Frauen boten sich damals an, Embryos zu adoptieren.

Bei uns in Deutschland dürfen drei Embryos erzeugt und in die Gebärmutter eingepflanzt werden. In anderen Ländern entstehen bei jeder In-Vitro-Befruchtung zahlreiche Embryos. Sie werden zunächst eingefroren. Genauer gesagt kryokonserviert. Aber was soll mit ihnen geschehen, wenn sich die Eltern gegen sie entscheiden? Soll man sie töten, medizinischen Forschungszwecken zuführen, adoptieren? Ob man tiefgefrorene Embryos aus ethischer und moralischer Sicht adoptieren kann, darüber hat der Vatikan noch nicht gesprochen. Rom wird diesem Ansinnen zudem ablehnend gegenüber stehen, erklärte der mir bekannte Bioethiker Dr. Tadeusz Pacholczyk im März 2004 in einer kleinen Runde. Ich war ein zufällig geladener Gast. Nun ja, vielleicht war es auch kein Zufall. Ich war damals dienstlich in Madison, Wisconsin.

Dr. Pacholczyk, der auch Theologe ist, meinte damals, die katholische Kirche sei gegen die künstliche Befruchtung und so würde das Thema, tiefgefrorene Embryos zur Adoption freizugeben, von der Kirche nicht unterstützt werden. Mann müßte zudem annehmen, dass dann die In-Vitro-Fertilisation vermehrt zum Einsatz kommt und gerechtfertigt wird.

Die Verantwortung kann dann auf andere abgewälzt werden. Man könnte sagen: <<Ich produziere Embryos im Reagenzglas und später wird jemand helfen, damit sie nicht sterben müssen>>. Wissenschaftler würden weiterhin Selektion betreiben. Sie müssen ja entscheiden, wen sie zur Embryoadoption freigeben. Sie bestimmen, wer darf leben und wer muss sterben, sagt der Bioethiker Prof. Dr. Ivan Fuček SJ aus Rom. Er argumentiert, dass es viele tiefgefrorene Embryos gibt. Es sind jedoch nur wenige Frauen bereit, sie auszutragen. Embryos sind für diesen Moraltheologen moderne Sklaven. Ja, Leonhard, so nannte er sie. Wobei Sklaven die Hoffnung hatten, eines Tages befreit zu werden. Während <<eingefrorenes Leben im Labor eine solche Hoffnung nicht haben kann>>. Beim Einfrieren oder Auftauen der Embryos entstehen Schäden. Viele

Embryos überleben die Prozedur nicht. Adoptierte Embryos können demzufolge mißgebildet sein. Wenn wir die Adoption des Embryos genehmigen, würden wir indirekt auch die Technik ihrer Produktion genehmigen. Damit wären wir wieder bei der Selektion. Es gibt für den Fachmann genug Gründe, all das zu missbilligen[139].

Die katholische Kirche hat bis jetzt nur in dem Dokument <<*Dignitas Personae*>>, veröffentlicht am 12. Dezember 2008, auf die unzähligen gefrorenen Embryos hingewiesen und die Frage aufgeworfen, was man mit ihnen tun soll. Sie für Forschungszwecke freizugeben oder als Biomüll zu entsorgen, ist unakzeptabel. Das Dokument weist darauf hin, dass es lobenswert wäre, diese Embryos zurück in Leihmütter zu verpflanzen. Allerdings würde eine Embryo-Adoption weitere Probleme mit sich bringen, wie z.B. die der rechtswidrigen Leihmütter. Der Selige Papst Johannes Paul II. forderte 1996 Wissenschaftler dazu auf, die Produktion von Embryos einzustellen. Eine Embryo-Adoption wurde nie zu Ende diskutiert, heißt es in dem Artikel <<Vatican Rules Out Adoption of Frozen Embryos - At Least for Now>> vom 12. Dezember 2008.

Anfang Juni 2011 fand im Christendom College in Front Royal, Virginia, eine Bioethik-Konferenz statt, zu der Dr. Tadeusz Pacholczyk vom National Catholic Bioethics Center (NCBC), Bishop Robert Morlino (Diözese Madison, WI), Chairman des NCBC Zentrums von Philadelphia, und Dr. Janet Smith, Sexual-Ethik-Expertin des Sacred Heart Major Seminars in Detroit eingeladen hatten. In einer der Sitzungen diskutierte Dr. Pacholczyk mit Dr. Smith ausgiebig über das moralische und ethische Thema der Embryo-Adoption. Dr. Smith stand einer Embryo-Adoption positiv gegenüber. Die katholische Kirche sei zwar gegen die künstliche Befruchtung, aber man müsse hier anders an die Sache herangehen. So ähnlich, wie wenn eine Mutter das Kind ihrer Schwester austrägt, weil diese Krebs hat und nicht dazu in der Lage ist, ein Kind zu bekommen. Dr. Pacholczyk widersprach seiner Kollegin. Der Zweck heilige niemals die Mittel, meinte der Bioethik-Experte und letztlich würde die In-Vitro-Fertilisation durch Embryo-Adoptionen zum Boomen kommen: <<So tragisch es für

diese 500.000 eingefrorenen menschlichen Wesen ist - wir können diesen Weg nicht gehen und wir haben uns selber in diese Lage gebracht>> sagte Dr. Pacholczyk[140].

Unabhängig von diesen Ansichten könnte uns die Handhabung von Embryo-Adoptionen viel eher einen Aufschluss über die moralische und ethische Verantwortbarkeit geben. <<Übriggebliebene Embryos>> werden in Fruchtbarkeitskliniken kryokonserviert. Mehr und mehr Paare diskutieren in den USA die Möglichkeit, Embryos zu adoptieren. Dieses sogar öffentlich im Fernsehen. An die Sendung von Courtney und Tim A. kann ich mich noch gut erinnern. Sie konnten kein Kind empfangen. Sie wollten einen tiefgefrorenen Embryo adoptieren, um ihn vor der humanen embryonalen Stammzellforschung zu bewahren. Elf tiefgefrorene Embryos standen zur Verfügung, nur drei überlebten den Auftauprozess. Am 15. September 2003 gebar Courtney schließlich einen Jungen. Beide Eltern waren überglücklich: <<Mein Sohn und jedes Baby ist ein Wunder>>, sagte die Mutter dem Nationalen US-Fernsehen. <<Für mich ist jeder menschliche Embryo, obwohl noch so klein, ein Kind - ich habe meinen Sohn in einer Petrischale gesehen und kann nicht verstehen, wie man ein Kind für Forschungszwecke spenden kann>>. 2002 schrieb der schottische Theologe Jon Berkman, dass Embryo-Adoptionen dazu führen könnten, mehr Embryos zu erzeugen. Biologen sehen die Prozedur in sich selbst als zerstörerisch an, da nur wenige der Embryos, in dem obigen Fall nur einer von elf, das Licht der Welt erblicken[141].

Dass Embryos den Auftauprozess nicht überleben, ist leider schon lange bekannt. Interessant dabei ist ein Satz, den Nobelpreisträger Professor Edwards, der Vater der In-Vitro-Befruchtung, aussprach. Er sprach von Kindern im Zusammenhang mit kryokonservierten Embryos. Genaugenommen sagte er: <<Viele Paare werden nicht über die Vernichtung der eingefrorenen Embryos unterrichtet. Für diese Embryos muss die gleiche Regel gelten wie für Kinder, deren Eltern verschwunden sind>>.

Die katholischen Universitäten Italiens und das Italienische Nationalkomitee für Bioethik brachten ein Dokument heraus, welches die Identität und gesetzliche Stellung des menschlichen Embryos begrüßt. Sie sagen, dem Embryo im Mutterleib müssen vom ersten Augenblick alle Rechte zuerkannt werden, die von der Würde der Person her begründet sind. Das erste Recht ist das Recht auf Leben. Weiterhin heißt es, da jeder von uns einmal ein Embryo war, können wir nicht gefühllos einem Embryo gegenüber stehen. Der Embryo ist nicht ein Wesen mit irgendwelcher Natur, sondern er ist ein lebendiges Wesen menschlicher Natur. Embryos sollte man als menschliche Personen behandeln, mit allen Rechten, meint Prof. Fuček."

"Sicher", sagt Leonhard. "Nur mir scheint das alles so ein bisschen unglücklich ausgedrückt. Man redet vom Embryo im Mutterleib. Wir alle wissen, dass Ungeborene erbberechtigt sind. Aber was ist mit den Embryos im Labor? Mir kommt es so vor, als ob Bioethiker weltfremd sind."

"Lieber Leonhard, es sieht wirklich so aus, als ob der Embryo im Mutterleib als Vergleich hinkt. Meine hier zitierten Bioethiker treffen keine klare Aussage über den Embryo im Labor. Und genau dies würde uns helfen. Aber wer richtet sich schon danach aus, was Bioethiker sagen? Viele Forscher in den Labors der USA sind Chinesen. Sie sind stolz darauf, <<Pioniere>> zu sein an der Front der Wissenschaften. Sie sind wirklich die letzten, die im humanen Embryo einen Mitmenschen sehen. Wissen Sie, meine Verlobte Dr. Nikola war einige Jahre in den USA. Sie war oft irritiert, wie man so leger dahinreden kann. Wenn man seinem Labornachbar so ganz nebenbei berichtet, man habe vergessen, aufgetaute humane embryonale Stammzellen weiterzubehandeln und brauche nun neue. Wenn es sich um Laborratten gehandelt hätte, die man vergessen hat zu füttern und die verendeten, hätte es ein Riesentheater gegeben. Wir haben den Bezug verloren. Bioethiker sind im gewissen Sinne auch davon betroffen.

Zum Schutz der Bioethiker muss man allerdings einräumen: Es ist wirklich ein Dilemma, vor dem sie stehen.

Es gibt keine Lösung. Wir alle müssen über unsere Verantwortung nachdenken. Moderne Biotechnologien können uns auch in eine Sackgasse führen. Prof. Fuček sagte, dass uns die Produktion menschlicher Embryos vor eine unlösbare Aufgabe stellt.

Hat es der Vatikan versäumt, Stammzellforscher ausreichend aufzuklären? Leonhard, was meinen Sie?"

"Ich möchte mit dem antworten, was mein Vater darüber denkt. Neulich schickte er mir einen Artikel, der die Sache auf den Punkt bringt. Es ging genau um Ihre Frage.

Der Vatikan veranstaltete in der zweiten Aprilwoche 2013 eine dreitägige Konferenz, auf der hochrangige Forscher zu Wort kamen. Unter ihnen Nobelpreisträger Dr. Gurdon, der die Ansicht vertrat, Menschen sollten geklont werden, wenn damit Krankheiten geheilt werden können.

Führende adulte Stammzellforscher versammelten sich in Rom. Die Veranstaltung wurde zusammen mit der US-Firma NeoStem durchgeführt. Ziel war es, über die ethischen Vorteile der adulten Stammzelforschung aufzuklären. Dieses erwarteten zumindest viele

Wissenschaftler und Msgr. Ignatio Barreiro, Leiter der römischen Human-Life-Bewegung[142].

Von den Organisatoren des Päpstlichen Rates für die Kultur wurde allerdings nur ein einziger 15-minütiger Vortrag zugelassen, der sich mit der Moral und Ethik dieser Forschung befasste. Einige Teilnehmer waren über die verpasste Gelegenheit, den Standpunkt der katholischen Kirche zur Stammzellforschung klarzustellen, enttäuscht.

NeoStem konzentrierte sich auf <<*rein wissenschaftliche Gegebenheiten*>>, erläuterte Barreiro. Er sagte weiterhin, es wäre die Aufgabe des Vatikans gewesen, auf die ethischen Belange der Stammzellforschung hinzuweisen. Insbesondere auch auf die Forschung mit induzierten pluripotenten Zellen (iPS-Zellen). IPS-Zellen werden von vielen als die Alternative zu humanen embryonalen Stammzellen gepriesen. Man gewinnt sie durch Rückzüchtung von Hautzellen.

Zu den Vortragenden gehörte auch der Nobelpreisträger für Medizin von 2012, Dr. John Gurdon. Er hat durch seine Forschung an Fröschen in den 1950er Jahren die Wege für das Klonen geebnet. Letztendlich entwickelte er die Technik für die Bildung von iPS-Zellen. Gurdon selber ist Christ und steht persönlich dem Klonen von Menschen positiv gegenüber. Seine Arbeiten schafften die Grundlage dafür.

Auch die amerikanische <<Life League>> war sehr enttäuscht, dass Dr. Gurdon Sprecher der Konferenz war. Sie beruft sich auf ein Interview, welches Gurdon im Dezember 2012 dem Daily Telegraph gab. Darin sagt er:

<<Ich bin der Ansicht, dass alles, was Leiden oder Krankheiten erträglicher machen kann, unternommen werden sollte. Eine derartige Forschung würde sicher von der breiten Öffentlichkeit akzeptiert werden. Wenn Klonen den Menschen wirklich hilft und man damit Probleme beseitigt, sollte man dies auch tun. Das heißt konkret, Eltern, die ein Kind verloren haben, könnten dieses durch Klonen wieder auferstehen lassen>>.

Ganz nebenbei, so weit hergeholt ist das nicht. Karl Djerassi, der Miterfinder der Pille, sagte im Oktober 2013 in einem Interview: <<Meine Tochter hat mit 28 Jahren Selbstmord begangen. Wenn ich damals die Möglichkeit gehabt hätte, sie zu klonen, wäre ich nicht abgeneigt gewesen[143]>>.

Robin Smith, Direktor der NeoStem, jener US-Biotechnologie-Firma, welche die Konferenz mitausgetragen hat, meinte damals, man solle Dr. Gurdon sowie seine Kollegen und die Techniken des Klonens, der Stammzellforschung, Designer-Babys und In-Vitro-Fertilisation nicht verurteilen oder als unmoralisch verwerfen:

<<Wir haben so viel in den letzten Jahren gelernt. Etliche humane embryonale Stammzellforscher haben bereits ihre Meinung geändert. Leute, die für diese Art der Forschung waren, sind nun dagegen. Wir wollten gerade, dass führende Wissenschaftler an dieser Tagung teilnehmen, unabhängig von ihrer ethischen oder religiösen Einstellung. Zweck der Tagung war es, wissenschaftliche Argumente herauszuarbeiten.

Embryonale Stammzellen haben immer noch ihre Defizite, wohingegen adulte Stammzellen erfolgreich eingesetzt werden. Diabetespatienten können z.B. mit Hilfe adulter Stammzellen unabhängig von der Insulingabe werden.

Ethische Belange interessieren Forscher nicht besonders. Sie handeln rein pragmatisch. Daten überzeugen - und welche Zellen sicher und effizient für die Anwendung am Menschen sind. Der klinische Erfolg der adulten Stammzellen, das ist es, was Forscher überzeugt>>, betont Smith und fügt hinzu:

<<Wenn NeoStem mit dem Vatikan zusammenarbeitet, ist das in den Augen der Kunden eine Anerkennung unserer Arbeit von Seiten der Kirche. Die Beziehung zwischen NeoStem und dem Vatikan ist rein gemeinnützig. Der Vatikan wollte in die adulte Stammzellforschung involviert sein, weil diese nicht seine Wertevorstellungen verletzt>>.

Selbst Gurdon bezeichnet sich als Amateur, der nichts über die Ethik oder Politik der Stammzellforschung weiß. Seinen ethischen Standard, den er mit fast allen Stammzellforschern teilt, auch wenn sie katholisch sein sollten, ist, dass ein Embryo, der sich am 14. Tag seiner Entwicklung befindet, nur ein paar Zellen aufweist, die zur Entwicklung des Embryos beitragen.

Gurdon zitiert weiterhin seine Kollegen, die alle der Meinung sind, dass bis zum 14. Lebenstag noch kein Nervensystem existiert. <<Ein Embryo kann nichts fühlen und kann nicht reagieren. Bis zu dieser Zeit handelt es sich wirklich nur um eine Ansammlung von embryonalen Zellen, die noch keine definitive Funktion besitzen>>, erläuterte Gurdon in seinem Vortrag.

Derartige Ansichten sind unter Stammzellforschern üblich, erklärte ein Pater daraufhin. Sein Name war Nicanor Pier Austriaco. Er ist US-Dominikaner, Moraltheologe und Molekular-Biologe. Er sagte:

<<Fast alle Forscher auf diesem Gebiet sind Utilitaristen. Deshalb ist es die Aufgabe der Kirche, mit ihnen ins Gespräch zu kommen, damit sie die Moral und Ethik unserer Kirche verstehen, denn viele denken, unsere Lehren sind arbiträr. Viele der Wissenschaftler merken überhaupt nicht, wie kontrovers ihre eigenen Ansichten sind>>.

Monsignor Barreiro stimmte dem Dominikaner zu: <<Deshalb muss die Kirche moralische Richtlinien geben, gerade auch auf solch einer Konferenz. Die Teilnehmer an der Konferenz bekommen vielleicht nie mehr die Gelegenheit, darüber informiert zu werden>>, gab Msgr. Barreiro zu bedenken.

In dem Buch <<Promises of New Biotechnologies>>, zu dem Prof. Dr. William E. May, der wohl bekannteste Bioethiker in den USA, das Vorwort geschrieben hat, habe ich gelesen, dass iPS-Zellen ihren Anspruch verlieren, moralisch und ethisch einwandfrei zu sein, wenn man sie soweit zurückzüchtet, dass sie wieder zu Ei- und Samenzellen werden.

Embryonalen Stammzellforschern dient die adulte Stammzellforschung nur dazu, um die Zelldifferenzierung zu studieren.

Nach wir vor tappt man im Dunkeln, wie sich pluripotente embryonale Stammzellen in die Zellen der verschiedenen Organe umwandeln können. Daher sehen einige Forscher die embryonale Stammzellforschung, unabhängig von ihren ethischen und moralischen Grenzen, als utopisch an[144].

Immer wieder hören wir über Gentests. Wir müssen überlegen, ob wir nicht selbst die Leidtragenden sind, wenn unsere Krankenkassen wissen, welche Erbanlagen, sozusagen tickende Zeitbomben, in uns schlummern. Man malt sich aus, eventuell nicht mehr versichert zu werden. Ich rede hier nicht über Science Fiction. Neulich sah ich einen Artikel, der über die Entschlüsselung der Gene von Neugeborenen berichtet, damit man die potentiellen Krankheiten kennt, die dem Kind im späteren Leben drohen. Es handelt sich um ein Pilot-Projekt, welches man in vier Städten der USA durchführt. In Boston, San Francisco, Chapel Hill/North Carolina und Kansas City/Missouri. Damit bekommen vier Millionen Babys gleich nach ihrer Geburt Blut abgenommen und sie werden auf 30 seltene Krankheiten getestet. Dr. John Niederhuber, ehemaliger Direktor des Nationalen Krebs-Instituts, leitet diese bisher größte <<Baby Sequenzierung>>. In seinem <<Inova Translational Medicine Institute>> in Falls Church/Virginia, USA, sammelt er die so gewonnen Daten. Mit ihnen auch die genetischen Daten der Eltern und Verwandten der Neugeborenen. Die Studie wird mit Privatgeldern finanziert. Ziel ist es, genetische Daten zu erhalten, durch welche Gesundheitsprobleme vorhergesagt werden können. Die Eltern können sich entscheiden, ob sie über die Krankheiten, die ihr Kind anhand des genetischen Codes bekommen können, informiert werden wollen. Sie wären dadurch in der Lage, mit Hilfe von besonderer Ernährung oder Sport die vorhergesagte Krankheit abzumildern, sagen die Experten. Den Familienärzten der Babys will das Institut die genetisch bedingten Krankheiten mitteilen, damit sie diese dann durch besondere Maßnahmen verhindern oder behandeln können.

Ethiker sehen diesen Tests mit Besorgnis entgegen. Momentan überlegen sie, ob man Eltern nur Kinderkrankheiten mitteilen sollte oder auch Dinge wie Brustkrebs usw., an denen ihre Sprösslinge in ihrem späteren Leben erkranken könnten. Würde das Wissen um solche Gebrechen die Beziehung der Eltern gegenüber ihren Kindern beeinflussen?, fragen sich die Experten. An zweiter Stelle steht, ob so eine Untersuchung überhaupt präzise ist[145].

Erst kurz zuvor ging eine Studie durch die Presse, dass ein neuer Gen-Test mysteriöse Krankheiten bei Kindern und Erwachsenen erkennen kann. Seit Jahren rätselt man über Erwachsene und Kinder, die seltsame Symptome aufweisen. Ihre geistigen Fähigkeiten gehen zurück, wobei auch die Muskulatur in Mitleidenschaft gezogen wird. Ihr Bewegungsapparat ist nicht mehr normal. Untersucht wird nur der Chromosomenabschnitt, der die Krankheit kodiert oder zeigt, dass sie an dieser Stelle im Erbgut verankert ist. Es ist der erste Schritt, durch Genkodierung Krankheiten direkt in der Klinik zu diagnostizieren. Sobald die genetische Manifestation festgestellt wird, könnte man mit der Therapie beginnen. In einem Fall wurde bereits einem kleinen Jungen geholfen. Schon sehr viele Gentests wurden an ihm gemacht, aber niemals ein so spezifischer. Es war eine Erlösung, endlich die Ursache seiner Krankheit heraus gefunden zu haben. Jetzt bekommt er eine intensive Physiotherapie. Genetische Berater konnten den Eltern mitteilen, dass es für sie unwahrscheinlich ist, ein anderes krankes Kind zu empfangen[146].

Im Oktober 2013 kam die US-Firma <<*23andMe*>> unter schweren Beschuss. Der Konzern hat sich eine Computer-Software patentieren lassen. Man nannte sie <<*Family Traits Inheritance Calculator*>>. Zu Deutsch: <<Erblicher Familien Charakterzüge Berechner>>. Wobei nicht die Wahrscheinlichkeit des Auftretens einer Krankheit, sondern gute Charakterzüge, Augenfarbe, Muskelwachstum vorhersagt werden. Die Software orientiert sich an den Kombinationsmöglichkeiten der DNA der Eltern.

23andMe hat in den USA auch einen Speicheltest für $99 verkauft. 2008 bezeichnete das Time Magazine diese Technik als die <<Erfindung des Jahres>>. Mit Hilfe einer Speichelanalyse sollte das Risiko für Alzheimer oder andere Erbkrankheiten geprüft werden.

Die FDA-Behörde hat Ende November 2013 diesen Selbsttest gestoppt, weil die Ergebnisse zu unsicher sind[147].

Erbkrankheiten sollen nicht vorhersagt werden. Nach Marcy Darnovsky, der Direktorin der Company, will man sich die wissenschaftliche Technik nicht zunutze machen, um im Endeffekt bessere Menschen zu schaffen.

Nicht alle Ethiker kritisieren *23andMe*. Hank Greely, Genetiker und Jurist von der Stanford-Universität in Kalifornien ist der Meinung, es würde viel zu viel Wirbel um die eigentlich harmlose Firma gemacht.

Er räumt jedoch ein, dass die ganze Angelegenheit nicht so realitätsfremd ist. Frauen könnten derartige wissenschaftliche Dienstleistungen in Anspruch nehmen, um sich zum Beispiel den bestgeeignetsten Embryo herauszusuchen oder um eine Schwangerschaft zu beenden.

Nita Farahany, eine Bioethikerin der Duke-Universität in Durham, North Carolina, sieht in der Angelegenheit mehr einen Unterhaltungswert. Sie ist selber Kundin von *23andMe*, obwohl sie bis jetzt keine Kinder hat. Das Software-Programm zeigt im Grunde die Risiken auf, die mit solchen Vorhersagen einhergehen. Allerdings findet sie es durchaus angebracht, dass damit die eigenen Gene besser erkannt werden können[148].

Man muss sich allerdings im Klaren sein, dass man Eltern, die normalerweise ein Kind bedingungslos annehmen, aufgrund von Gentests Selektionsmöglichkeiten einräumt.

Ich denke mir oft, wir zerstören uns am Ende noch selbst. Dass überhaupt Menschen geboren werden, noch dazu gesunde, ist ein Wunder. Zu viele Hindernisse müssen überwunden werden. Wir werden mit vielen Umwelteinflüssen konfrontiert, die unser Hormonsystem durcheinander bringen.

Neulich las ich einen Artikel in einer US-Zeitung über Umweltchemikalien und ihre Risiken gegenüber Schwangeren. Die meisten Frauen, welche in anderen Umständen sind, wissen so etwas überhaupt nicht.

Missbildungen der Kinder, Fehlgeburten, selbst Unfruchtbarkeit werden mit Umweltchemikalien in Zusammenhang gebracht. Gynäkologen fordern dringend eine striktere Umweltpolitik. Sie sollten vor allem den amerikanischen Frauen bekannt sein, um sie zu schützen. Wenn Schwangere das erste Mal ihren Arzt aufsuchen, sollten sie über bestimmte Chemikalien, denen sie ausgesetzt sein könnten, aufgeklärt werden, fordern Gynäkologen. Industrielle und chemische Umweltgifte können über die Luft, das Wasser, das Essen, sowie durch den Gebrauch von alltäglichen Produkten in unseren Körper gelangen. Wissenschaftler haben nachgewiesen, dass jede Schwangere im Durchschnitt 43 verschiedenen Chemikalien ausgesetzt ist. Derartige Gifte können durchaus das Krebsrisiko im Kleinkindalter erhöhen. Vor allem ärmere Mütter, die in umweltbelasteten Gegenden leben, tragen ein höheres Risiko. Derartige Gifte schaden auch Erwachsenen. Keiner ahnt, wie schädlich sie sich auf unsere Fortpflanzung auswirken. Sie werden in Zusammenhang gebracht mit Prostata-Krebs und Sterilität. Auch endokrine Disruptoren wie BPA sind ein Problem, auf welches man nur allzu selten aufmerksam macht. Schwangeren wird geraten frisches Gemüse und Obst zu essen.

Die Vereinigung amerikanischer industrieller Chemiker meint, die momentan vorhandenen Warnhinweise gegenüber Umweltgiften seien ausreichend. Ärzte würden Schwangere eher verunsichern, wenn sie auf weitere Vorsichtsmaßnahmen hinweisen würden[149]. Ob sie Sorge haben, ihre Marktanteile zu verlieren, sei dahingestellt. Immer mehr kann man beobachten, wie besorgte Bürger versuchen, auf Umweltzerstörungen und ihre Konsequenzen für unsere Gesundheit hinzuweisen.

Bei Ungeborenen und Kleinkindern leidet die Entwicklung des Nervensystems durch hohe Quecksilbergehalte, die Fische und Shrimps aufweisen. Wenn die Mutter während der Schwangerschaft quecksilberbelastete Fische konsumiert, wird die Gehirnentwicklung des heranwachsenden Kindes nachhaltig beeinträchtigt. Kognitives Denken, das Erinnerungsvermögen, die Sprache selber sowie die Feinmotorik und das Räumlichkeitssehen werden nur schwach ausgebildet.

Im Oktober 2013 sind Wissenschaftler in Japan zusammenkommen, um die <<*Minamata Convention*>> zu unterschreiben. Es handelt sich dabei um ein Übereinkommen, die toxischen Auswirkungen von Quecksilber in der Umwelt zu thematisieren. Der Vertrag wird für 50 Nationen bindend sein. Industrieprozesse sollen kontrolliert werden und Begrenzungen für die Quecksilber-Emission werden festgelegt. Quecksilber schadet neben dem Menschen auch Wild- und Haustieren. Bei milden Fällen beobachtet man Gefühllosigkeit in den Händen, Füssen und Muskelschwäche. Eine starke Vergiftung kann in den Wahnsinn treiben und schließlich zum Tod führen[150]."

2.8 ENDOKRINE DISRUPTOREN

"*B*elastet das vermehrte Algenwachstum die Gewässer der USA?", fragt Leonhard.

"Sie wollen etwas über Algenwachstum in den Oberflächengewässern der USA hören?"

Professor Anderson lässt nicht lange auf eine Antwort warten. "Ganz recht, Leonhard, die vielen Gewässer, vor allem in Minnesota oder Wisconsin, eutrophieren. Dies geschieht durch zu hohe Phosphatgehalte. Waschmittel enthalten Phosphate. Die Phosphate der Düngemittel gelangen durch Bodenerosion in Oberflächengewässer. Dadurch wird das Algenwachstum angeregt. Eine übermäßige Eutrophierung bewirkt, dass Seen umkippen. Egal, wie viele Algenfangboote man dort in Betrieb hat.

Aber nicht nur die hochgiftigen Algen, die industriell verursachte Verschmutzung oder die vielen Schnecken sind das Hauptproblem. Nein, ein viel schlimmeres Problem konfrontiert die Wissenschaftler. Sie fanden Plastik-Müll in den Großen Seen der USA.

Einige Bestandteile sind so klein, dass man sie nur mit einem Mikroskop sehen kann. Wir kennen so etwas nur aus Berichten über die Weltmeere. Rund 150 Millionen Tonnen Plastikmüll sind in den Weltmeeren angereichert. Jedes Jahr kommen 6 Millionen Tonnen dazu[151].

Drei Viertel des gesamten Mülls im Meer besteht aus Kunststoffen. Mehr als acht Milliarden Plastiktüten enden in Europa als Müll.

Plastik-Partikel konnte man im Lake Erik, im Lake Superior und im Lake Huron bereits 2012 lokalisieren. 2013 fand man sie auch im Michigan-See und im Ontario-See. Die Plastikteilchen sind fein verstrickt. Von einem Boot aus kann man keine großen Müllberge sehen. Es sind kleine Inseln, die sich addieren. Wissenschaftler wissen nicht einmal, seit wann es eine derartige Verschmutzung mit Plastikmüll gibt. Auch inwieweit sie die Umwelt belasten, ist nicht geklärt. Nach einer US-Studie bekommen Fische, die Plastik-Partikel fressen, Leberschäden.

Man fand runde Gebilde, wie sie in Hygiene- und Kosmetikprodukten vorliegen. Sie sind so klein, dass sie in den Kläranlagen nicht herausgefiltert werden können. Von den großen Konzernen wird gefordert, Plastiksubstanzen nicht mehr zu verwenden[152].

In den Weltmeeren bezeichnet man die Plastik-Inseln als den sechsten Kontinent. Auch Schildkröten leiden. Zunehmend konsumieren sie Plastik-Abfälle. Inzwischen sind sechs von den sieben Meeresschildkrötenarten vom Aussterben bedroht. Sie verwechseln die Plastikweichteile mit ihrer Quallen-Nahrung[153].

An der Küste Spaniens strandete ein Pottwal, der 17 kg Plastik in seinem Bauch hatte. Auch Delphine und Otter fressen Plastik und viele Tiere ersticken dabei, schreibt die englische Zeitung <<*The Guardian*>> am 8. März 2013. Gesundheitsschädliche Plastiksubstanzen landen zu schlechter Letzt mit dem Speise-Fisch auf unseren Tellern[154].

Eine 2013 veröffentlichte Studie des Bundes für Umwelt und Naturschutz in Deutschland beschreibt Gesundheitsrisiken, welche auch Kosmetika verursachen. Sie enthalten chemische Zusatzstoffe, die toxische Reaktionen auslösen und als Umwelthormone wirken können. Sie können zu Unfruchtbarkeit, Adipositas, Herzkreislaufbeschwerden, verfrühter Pubertät, hormonbedingtem Brust-, Hoden- oder Prostatakrebs, Altersdiabetes, Lern- und Gedächtnis-Schwierigkeiten führen.

Jedes dritte Kosmetik-Produkt ist belastet. Der Inhaltsstoff Bisphenol-A (BPA) bringt unser Hormonsystem durcheinander. BPA ist mittlerweile fast allgegenwärtig in unserer Umwelt vorhanden: Man findet ihn in petrochemischen Produkten, Farben, Kosmetika, Zahnpasten, Pestiziden, Reinigungsmitteln, Lösungsmitteln, Klebstoffen, Emulgatoren, Textilien usw.

BPA ist ein Östrogenanalogon. Eine Substanz, die physiologisch die Rolle des Östrogens einnimmt. Sie wird auch als Xenoöstrogen bezeichnet. Sie besetzt die Östrogenrezeptoren im Körper. Damit kurbelt sie die Stoffwechselvorgänge an, die man dem Hormon zuschreibt.

Man bezeichnet so einen Vorgang in der Pharmakologie als kompetitive Hemmung. Es handelt sich, wie in unserem Fall, um Agonisten, die mit Östrogen konkurrieren. Dockt nun BPA an die Rezeptoren, entsteht ein Komplex, welcher die gleiche Wirkung im

Körper hervorruft wie Östrogen. So wird das fein abgestimmte Hormongleichgewicht durcheinander gebracht. Da Östrogenrezeptoren positiv beeinflusst werden, wird das Brustwachstum angeregt und kann zu Krebs führen.

Ratten, denen man BPA zuführte, wurden sehr schnell dicker[155]. Das Hormonsystem, auch Endokrines System genannt, gehört zu den grundlegenden Mechanismen aller Lebewesen[156]. Somit kann man Ergebnisse aus Tierstudien auf den Menschen übertragen. Man bezeichnet Bisphenol-A bereits als Dickmacher. Schwangere, die einen höheren BPA-Gehalt im Urin hatten, waren dreimal mehr betroffen, dickere Töchter zu bekommen.

Der New York Times Journalist Nicholas Kristof meint sogar, die Effekte werden wir erst viel, viel später sehen.

Bis in die 70iger Jahre hinein gab man schwangeren Frauen routinemäßig Diethylbestrol, auch DES genannt. Es handelte sich um ein synthetisches Östrogen. Man wollte damit die Schwangerschaftsübelkeit behandeln und eventuell auch Fehlgeburten entgegenwirken. Das Mittel schadete den so behandelten Frauen nicht, es verursachte jedoch Brustkrebs bei ihren Töchtern[157]. Einige Wissenschaftler sind der Meinung, Diethylbestrol habe die gleiche Östrogenwirkung wie die moderne Pille. Die Effekte von Endokrinen Disruptoren sieht man erst bei Kindern[158].

Plastikprodukte, die frei von BPA sind, werden bevorzugt. Diese enthalten aber meist noch mehr Östrogen, heißt es in einer Studie der Universität von Texas. Wissenschaftler des <<*National Institute of Environmental Health Science*>> (National-Institut der Umwelt-Gesundheits-Wissenschaften) sind der Meinung, man solle Plastik ohne Östrogen herstellen.

Die <<*US Food and Drug Administration*>> FDA (Lebensmittel- und Arzneimittel-Verwaltung) hat nur geringe Bedenken gegenüber Bispenol A. Die FDA ist allerdings etwas besorgt über eventuelle Effekte von BPA auf die Gehirnentwicklung von Ungeborenen und Kindern[159].

Eine dreijährige Studie des Environmental Health Science Institute der Tufts Universität von Kalifornien in Berkeley vom März 2012, an der 12 Wissenschaftler teilnahmen, erbrachte, dass es gerade die geringen Dosen der Hormonanaloga sind, die uns schwer schaden. Suspekt ist BPA, aber auch DES und das Herbizid <<Atrazin>>. Man verabreichte geringe Dosen von DES an Ratten, die daraufhin adipös wurden. Die Akkumulation von geringen Mengen solle man nicht länger ignorieren, sagte die Studienleitern Frau Professor Laura Vanderberg.

Viele nehmen diese Ergebnisse nicht ernst. Selbst die FDA nicht. Man kritisiert lieber die Toxikologen. Sie würden übertreiben und ihre Behauptungen würden schlichtweg jeder Grundlage entbehren.

Es ist bekannt, dass die Ergebnisse von industrieeigenen Versuchen manipuliert werden. Man nimmt die falschen Versuchstiere, die falsche Dosierung, oder setzt die trächtigen Tiere nicht den Umweltgiften aus. Unter diesen Gegebenheiten sind alle Neugeborenen gesund, sagt Prof. Frederick vom Saal von der Universität von Missouri.

Die Frage ist nicht, ob Xenoöstrogene existieren, sondern wie wir mit ihnen umgehen, gibt Prof. Vandenberg zu bedenken[160].

Eine andere wissenschaftliche Studie untersuchte Schwangere mit einem hohen BPA-Gehalt im Urin. Die geborenen Mädchen waren hyperaktiv, depressiv und überängstlich. Jungen waren nicht betroffen, hieß es. Man erklärt sich das durch die hormonellen Unterschiede, welche zwischen den Geschlechtern bestehen. Es wird angenommen, dass BPA die Östrogengehalte erhöht, wodurch die normale Gehirnentwicklung bei weiblichen Ungeborenen unterbunden wird[161].

Im April 2013 setzte der US-Bundestaat Kalifornien BPA auf eine Liste für gefährliche Chemikalien. BPA wird für Geburtsfehler und eingeschränkte Fruchtbarkeit verantwortlich gemacht[162]. Vor allem bei Jungen ist dieser Tatbestand besonders ausgeprägt.

Neulich sah ich sogar eine Stellungnahme, dass zur Zeit erschreckend weniger Jungen als Mädchen geboren werden. Jungen hatten mehr Probleme in der Schule, ihre Zeugungskraft und

Fruchtbarkeit ging im späteren Alter zurück und sie erkrankten vermehrt an Hodenkrebs. Das alles wird Umweltgiften zugeschrieben, denen die Kinder bereits vor der Geburt ausgesetzt sind[163].

Auch in der Kanadischen Nationalen Zeitung <<*The Globe and Mail*>> habe ich bereits im Dezember 2008 davon gelesen. Wissenschaftler sind äußerst beunruhigt über das unausgewogene Geschlechterverhältnis.

Dr. Devra Davis von der Pittsburgh-Universität in den USA schreibt von 262.000 Buben, die in Japan und in den USA zwischen 1970 bis 2000 nicht geboren worden sind. In Kanada beobachtet man dieses Ungleichgewicht besonders in Gebieten, in denen Öl gefördert wird, vor allem in Sarnia, Ontario. 1990 wurden in Aamjiwnaang so wenig Jungen geboren wie sonst nirgendwo in der Welt. 60% der geborenen Buben weisen zudem eine anatomisch abnormale Harnröhrenöffnung auf. Die Mündung derselben ist näher beim Körper gelegen. Man bezeichnet diese angeborene Entwicklungsstörung medizinisch als Hypospadie. Andere Länder beobachten ähnliche Gegebenheiten.

Von 1983 bis 2005 stieg in Kanada bei jungen Männern im Alter von 22 bis 44 Jahren die Ersterkrankungsrate von Hodenkrebs um 54%. Der Testosteronspiegel der in den USA lebenden Männer verringerte sich hingegen um 20% in den letzten 20 Jahren. Diese physiologischen Bedingungen bewirken eine Gonadenverkleinerung.

Auch bei Tieren wurden diese Beobachtungen gemacht. Chemische Substanzen, die der Mensch zum Einsatz bringt, lassen Amphibien verweiblichen.

Eine schwedische Studie ergab, dass sich männliche Kaulquappen unter dem Einfluss von Umwelt-Östrogenanaloga zu weiblichen Tieren entwickelten. Eine vorhergehende ähnliche Studie, die in den USA durchgeführt wurde, beschreibt, wie ein Pestizid, welches östrogenähnliche Substanzen enthielt, männliche Frösche in weibliche umwandelte. Das geschah unter dem Einfluss einer einzigen Substanz! In der freien Natur sind mittlerweile viele solcher Komponenten vorhanden. Umweltgifte aus Industrie, Pestiziden, Kosmetika, Verhütungsmitteln addieren sich in ihrer Wirkung.

Dr. Theo Colborn, Zoologe der Universität von Florida, äußert in seinem Buch <<*Our Stolen Future*>> den Verdacht, dass endokrine Disruptoren wie BPA die Gehirnentwicklung beeinträchtigen. Seine Studien ergaben, dass Jungen zwei- bis viermal häufiger als Mädchen an Aufmerksamkeitsdefizit und Hyperaktivitätsstörungen leiden. Dies sei der Grund, warum in den USA 65% Frauen an den Universitäten eingeschrieben sind, währenddessen es nur noch 35% männliche Studenten gibt.

Ein Überschuss an Xenohormonen - d.h. an Östrogen - bewirkt ein Abfallen des Testosterons und der Schilddrüsenhormone, schreibt Dr. Theo Colborn. Dieser Cocktail behindert die normale Entwicklung des fetalen Gehirns und der Geschlechtsorgane bei Jungen. Eine geringere Spermienzahl weisen auch Farmer auf. Man vermutet dahinter den vermehrten Kontakt zu Pestiziden, dem die Farmer ausgesetzt sind. Dr. Colborn fragt sich, ob Männer vom Aussterben bedroht sind, wenn die Entwicklung der Feminisierung durch Umwelthormone so weiter geht[164]. Es ist also gar nicht so gut, auf dem Land zu leben[165].

Wenn dies nur die einzige Östrogenquelle für uns Männer wäre. Östrogene Ressourcen nehmen immer mehr zu. Östrogen ist auch in Pflanzen wie Soja und Hopfen (Bier) enthalten. Dem männlichen Körper ist die Quelle für das "estrogen-intake" letztendlich egal. Oft hören wir Frauen über die abnehmende Männlichkeit klagen. Ahnen sie, dass es an den weiblichen Hormonen liegen könnte die - ungeachtet, ob Tier oder Mensch - männliche Wesen feminisieren?

Männer sind im Gegensatz zu Frauen mit Testosteron ausgestattet. Einige Geschöpfe, meist im fortgeschrittenen Alter, ziehen es zusätzlich vor, anabole Ergänzungen zu konsumieren. Testosteron hat jedoch eine gewissen Tendenz zur Umwandlung in Östrogen, womit das Hormon für das Muskelwachstum nutzlos wird.

Vielleicht stammt Eva ja doch von Adam ab? Zumindest von der hormonellen Perspektive aus wird uns dieser Gedanke sympathisch[166].

Umweltgifte, endokrine Disruptoren wie BPA, bringen das ganze Hormonsystem durcheinander. Die früh einsetzende Pubertät kann damit zusammenhängen. Neunjährige Mädchen könnten heutzutage schon Kinder bekommen. Neulich berichtete man in der New York Times von achtjährigen Jungen, die im Stimmbruch waren."

Für einen Moment huschten Leonhards Gedanken zur Sekretärin von Prof. McCanina. Hatte er nicht auf ihrem Schreibtisch genau diesen Artikel gesehen?

"Ich beziehe mich auf einen wahllos herausgegriffenen Artikel, in dem ganz klar herausgearbeitet wird, dass Umweltgifte, Phytoöstrogene, BPA, Pestizide und Industriechemikalien identifiziert wurden, welche die menschliche Geschlechtsreife beeinflussen. Das ist seit 1990 bekannt und wurde durch viele Tierversuche und auch bei Menschen bestätigt[167].

Was ich mich bei der ganzen Sache frage, ist folgendes: Wenn Kinder früher geschlechtsreif werden, müsste damit auch ihr Wachstum früher aufhören. Tiere wachsen bis zum Eintritt ihrer Geschlechtsreife. Danach schließt sich die Wachstumsfuge. Das ist ganz allgemein der Ort im Knochen, wo das Längenwachstum stattfindet. Es ist eine <<knorpelige Zone>>. Wenn sie verknöchert, kann dort keine Knochenneubildung mehr stattfinden.

Ich behaupte nun, wenn die Pubertät durch Endokrine Disruptoren eher erfolgt, muss dementsprechend auch das Wachstum eher aufhören. Ohne Behandlung bekommen wir damit kleinere Erwachsene. Kinder-Endokrinologen wissen das[168]. Nur haben sie Scheuklappen. So nenne ich es, wenn sie nur auf ihr Gebiet schauen und den Zusammenhang außer Acht lassen.

Das Wachstum wird auch unterbrochen, wenn Kinder einen Knochenbruch haben, der genau durch die Wachstumsfuge verläuft. So etwas können wir mittlerweile behandeln[169]. Die Kinder müssen nicht mehr den Rest ihres Lebens mit einem kürzeren Bein oder Arm verbringen. Ich darf nochmal auf die Plastikbeutel zurückkommen. In Ruanda, Zimbabwe, Bangladesch, China und Australien sind Plastiktüten inzwischen verboten.

In Indien fand man Plastikmüllbeutel in den Mägen der <<Heiligen Kühe>>. Die Kühe suchen sich ihr Fressen selber und finden es in Plastikbeuteln, die sie gleich mit hinunter schlucken. Polyethylen kann nicht verdaut werden. So akkumuliert es im <<ersten Magen>> der Kuh. Für die normale Verdauung und die Entwicklung der ungeborenen Kälber ist kein Platz mehr. Sie haben ein viel zu kleines Geburtsgewicht. Die Tierklinik in Anantapour hat darüber 2010 berichtet. Im Innern der Tiere fand man bei Operationen bis zu 65 kg Plastikmaterial. Ein Eingriff rettete den Kühen das Leben. Tierschützer sprechen von einer unmoralischen und grausamen Praxis. Die Kühe sehen zudem dick und wohlgenährt aus. Beim Verkauf würden sie einen hohen Gewinn bringen[170]. Man versucht, Abhilfe zu schaffen, indem man die Wiederkäuer eine Chipkarte schlucken lässt. In Indien ist es nicht leicht, ein geschütztes Tier derart zu manipulieren. Der Chip, der mit einem Spezial-Scanner lesbar ist, enthält alle Daten des Besitzers und dieser kann nun angezeigt werden. Ein anderer Vorteil ist die bessere Milchqualität, die richtig gefütterte Tiere erbringen. Milch wird in Indien unpasteurisiert abgegeben. So tut man gleichzeitig etwas für die Lebensmittelsicherheit[171].

Wie jedes Kind weiß: Wiederkäuer können aus dem für uns wertlosen Gras Milch und Fleisch produzieren. Ist das nicht wunderbar? Was tun wir? Wir benötigen 16 Pfund Getreide und Soja, um ein Pfund Fleisch zu bekommen. Das schrieb Frances Moore Lapp in ihrem Buch <<*Diet for a small Planet*>>. Wir nehmen den Menschen Grundnahrungsmittel weg und machen daraus Kraftfutter für Tiere. Dazu kommt der Biodiesel, den man auch nach Dürrekatastrophen oder Überschwemmungen produziert.

Das alles lässt den Weltmarktpreis für unser eigenes Essen ansteigen. 2009 wurden z.B. in der Schweiz 1,7 Millionen Tonnen Kraftfutter an Nutztiere verfüttert. Das Ergebnis? Vermehrter Einsatz von Kraftfutter führt zu einer Übersäuerung des Pansen: Das bedeutet Stress für die Tiere, der wiederum eine schlechtere Milch- oder Fleisch-Leistung mit sich bringt.

In den USA sieht man meist kein bisschen Gras auf Weideflächen. Die Tiere liegen nur herum. Sie kauen nicht mal wieder, weil sie ja kein Gras fressen. Kraftfutter fördert oft die Ausscheidung von Enterohämorrhagischen Escherichia Coli-Keimen (EHEC), die der Gesundheit schaden[172].

Beim Menschen führen sie zu blutigen Durchfällen. Der Erreger besiedelt die Darmflora der Wiederkäuer. Die Übertragung auf den Menschen erfolgt durch Fleisch und Rohmilch oder fäkalienverseuchtes Trinkwasser[173].

Rinder sollten Gras fressen. Vor allem, wenn man weiß, wie verseucht oder genmanipuliert Nahrungs- und Futtermittel sind.

Laut der <<*Food und Agricultural Organisation der Vereinten Nationen*>> landete bereits 2002 ein Drittel der Getreideproduktion in Rindermägen. Immer mehr Ackerflächen werden mit Tierfutter bebaut. In der früheren Sowjetunion wurde die ansteigende Fleisch-Produktion zu einem ernst zu nehmenden Problem. 1990 verbrauchten russische Wiederkäuer dreimal mehr Getreide als die Bürger. Die Produktion unserer Nahrungsmittel geht zurück, während Rinder wirklich das fressen sollten, was für uns unverdaubar ist. 25% des Getreidefutters werden unverdaut ausgeschieden. Die schnelle Futterpassage des Getreides erhöht die Laktose-Bakterien, was zu einer Übersäuerung des Magens führt. Das bedeutet letztendlich eine Dehydratation, womit Herz- und Nierenversagen vorprogrammiert sind[174].

Wir sollten einfach nicht zu viel herumexperimentieren und in ein diffiziles System eingreifen, ohne genauestens darüber Bescheid zu wissen.

Ganz schlaue Leute kamen nun auf die Idee, <<Hamburgers>> im Labor wachsen zu lassen. Die Universität in Maastricht, Holland, hat diese Frikadelle entwickelt. Sie brauchten dazu über fünf Jahre. Man schwärmt davon, mit diesem Fleisch die Welt zu ernähren. Adulte Stammzellen aus der Schultermuskulatur von zwei Kühen wurden in ein entsprechendes Nährmedium gebracht, bis die Muskulatur anfing zu wachsen. 20.000 kleine Muskelstränge wurden benötigt, um 141 Gramm Fleisch zu erzeugen.

Bis 2050 wird sich der Fleischkonsum verdoppeln. Die Fleischproduktion beansprucht dann 70% unseres Agrarlandes[175]."

2.9 ATOMBOMBE IM REAGENZGLAS

"*W*ir sind da", verlautet Leonhard. Prof. Anderson hat so viel geredet, es wäre ihm beinahe nicht aufgefallen.

"Oh, was ist es doch für ein Luxus einen Fahrer zu haben. Herr Leonhard, Sie sind einfach eine Wucht. Jetzt kommen Sie einfach mit. Keine Sorge, Sie müssen keine Tagungsgebühren bezahlen. Ich muss nur meinen Freund, Professor Gilles-Eric Séralini, suchen und schon werden wir eingelassen. Der umstrittene französische Genforscher hatte 2012 in einem wissenschaftlichen Journal Rattentumorfotos mit der dazugehörigen Schockstudie: <<*Genmais macht Krebs*>>, publiziert.

Da ist er ja! Gilles, mein Freund, wie geht es Dir?"

"Michael, Du alter Lump. Ich freue mich so sehr, Dich zu sehen. Du hast keine Vorstellung, was hier los ist. Die Guillotine ist nichts dagegen. Die Aussagen in meiner Studie werden von zahlreichen Fachwissenschaftlern aufgrund <<ungeeigneten Designs, unzureichender Auswertung, lückenhafter Darstellung der Ergebnisse und fehlender aussagekräftiger statistischer Tests>> zurückgewiesen[176]."

"Dabei ist Deine Langzeit-Studie in einer regulär begutachteten Fachzeitschrift erschienen[177]. Ich wusste gleich, es geht nicht gut, Gentechnik-Gegner und -Befürworter zu einer Tagung einzuladen. Aber ich dachte, es würde nicht so schlimm werden. Rektor Dabbert versicherte eine unpolitische, kritische Debatte."

"Mein einziger Trost sind viele Forscher aus 30 Ländern, welche fest hinter mir stehen", bemerkt Séralini.

"Dieter Janey nahm meine Publikation total auseinander. Alles sei falsch, die Qualität der Daten, die zu geringe Zahl der Versuchstiere, die Verwendung von Tieren, die ohnehin leicht Krebs bekommen, der Inhalt, Studiendesign und die Interpretation der Daten. Das Einzige, was er nicht anfechten konnte, war die Fülle der Daten, die ich in meiner Langzeitstudie gesammelt habe. Es wird empfohlen, meinen Artikel zurückzuziehen oder die Fachzeitschrift <<*Food and Chemical Toxicology*>> solle den Artikel widerrufen. Dabei gibt es keine Belege für wissenschaftliches Fehlverhalten[178]."

"Da müssen wir mal sehen, was sich machen lässt, mein lieber Freund Gilles-Eric. Eine wissenschaftliche Arbeit kann nur dann zurückgezogen werden, wenn Daten gefälscht wurden. Es geht um die Zulassung, die Genehmigungskriterien für gentechnisch manipulierte Lebens- und Futtermittel. Immerhin wird die verwendete Monsanto-Maissorte NK603 auch für menschliche Nahrungsmittel benutzt.

Ich rede sofort mit meiner gut bekannten Angelika Hilbeck, sie ist Präsidentin des <<European Network of Scientists for Social and Environmental Responsibility>>. Dieses Network hat Deine Rattenlangzeitstudie durchaus positiv bewertet[179]."

"Typisch, was mache ich - ich lasse sofort die Flinte in's Korn fallen und rufe statt dessen Dich herbei, mir zu helfen."

"Das macht nichts, Gill. Mein junger Freund, Herr Leonhard, hat mich sofort hergefahren und außerdem konnte ich dem eifrigen Journalisten gleich über die - sagen wir mal - Tücken der GMO's aufklären."

Prof. Séralini zwinkert Leonhard zu.

"Leonhard ist eigentlich an der Weißen Gentechnik interessiert", erklärt Professor Anderson.

"Man kann die Gentechniken nicht voneinander getrennt betrachten, weil sie zusammen gehören. Und wir sollten voneinander lernen. Es ist so gesehen sehr lobenswert, lieber Herr Leonhard, sich mit uns Pflanzenbauern zu beschäftigen. Bei uns sieht man sehr schnell, wohin dieser Weg führt. Im Grunde genommen besteht auf allen Gebieten nur ein begrenztes Wissen. Viele fragen zu Recht, ob man nicht viel mehr zerstört als aufbaut. Fortschritt kann durchaus auch einen Rückschritt bedeuten. Eine falsche Entscheidung, ein genmanipuliertes Tier, welches in die freie Wildbahn gelangt, kann vieles verändern. Hinter der Schöpfung steckt ein Intellekt. Alles ist genau so geordnet, damit wir Menschen, die Tiere und Pflanzen darin leben können. Meine Kollegen bezeichnen wohl zu recht die Gentechnik als eine Atombombe im Reagenzglas."

Weiter kommt Professor Séralini nicht, weil die nächste Sitzung startet. Leonhard sieht gerade noch Professor Anderson mit einer Dame in den Hörsaal gehen. Sie scheinen äußerst anregend ins Gespräch vertieft. Leonhard setzt sich zu Professor Séralini. Neben ihnen ist noch ein Platz frei. Andächtig lauscht der junge Journalist. Vieles versteht er jetzt. Plötzlich huscht Prof. Anderson an seine Seite. "Jetzt warten wir mal ab."

Die Dame, mit der Professor Anderson gesprochen hatte, betritt das Podium. Man kündigt sie als Frau Doktor Angelika Hilbeck an.

"Meine ehemalige Agrarbiologie-Studentin", flüstert Michael stolz. "Sie ist eine vielgesuchte Expertin und weiß genau über die europäische Zulassungspraxis Bescheid, die sie evaluiert." Hilbeck ergreift das Mikrophon. Es wird still im Saal.

"Wenn es um Studien geht, von denen man Aussagen über die langfristige, ökotoxikologische und gesundheitliche Auswirkung von Gentechnik-Kultursorten erwartet, sieht es international ganz düster aus. Langzeitstudien wie die von Séralini sind weltweit die Ausnahme", sagt die couragierte Doktorin.

Es gibt demnach kein Standardprotokoll, um neue Sorten zu bewerten. Jeder legt sich seine Fütterungsversuche so zurecht, wie es ihm passt - denkt sich Leonhard.

Jetzt verteidigt die Sprecherin Professor Séralini.

"Seine Untersuchungen mögen vielleicht dürftig sein, wie hier behauptet wird. Es mag für den einen oder anderen den Anschein haben, sie würden Lücken und Unklarheiten aufweisen. Dennoch, sie sollten sich im Klaren sein, andere Experimente sind kaum besser, wenn es sie überhaupt gibt. Warum muss dann ausgerechnet Séralini perfekt sein, wenn es die anderen auch nicht sind?", fragt Hilbeck[180].

Daraufhin meldet sich Professor Anderson zu Wort: "Meine Damen und Herren, einige von Ihnen bezweifeln die Richtigkeit der Wahl der Versuchstiere, die Séralini für seine Untersuchungen benutzt hat. Sie argumentieren, die Spargue-Dawley (SD) Ratte sei dafür bekannt, Tumore zu bilden, und so würden die Ergebnisse in keinem Zusammenhang mit den Fütterungsversuchen stehen. Doch wie erklären Sie sich die weniger erkrankten Kontrolltiere, wenn sie auf dieser Theorie beharren? Wir alle wissen doch um die Studie des Ramazzini-Instituts in Italien, welche der Eignung dieser Ratten für Langzeitfütterungsversuche beipflichten. Man behauptete sogar, diese Tierversuche seien exzellent, weil sie am besten auf den Menschen übertragbar sind.

Anders gesagt: Diese Labortiere zeigen genau die krebserzeugende, organschädigende Wirkung an, die auch beim Menschen eintritt, wenn er derartige Lebensmittel zu sich nimmt. Sicher, die Ratten altern und sind so prädestiniert, Tumore zu bilden. Aber tut das nicht auch der Mensch? Séralini konnte als Erster und bis jetzt Einziger feststellen, dass die Tiere frühzeitig altern. Darum geht es doch! Seine Studie erwähnt sehr wohl andere krebsauslösenden Mittel, die zum Beispiel durch die Umwelt entstehen. Sie wurden unter spontanen Krebsfällen registriert. Forschungseinrichtungen, welche Umwelt und Krebsgifte sowie Pestizide, Chemikalien und die GMO-Tauglichkeit untersuchen, greifen immer wieder auf die S-D Ratten zurück. Man kann also nicht argumentieren, Séralini hätte das falsche Versuchstier gewählt. Seine Studien sind damit nicht unglaubwürdig, sondern im Gegenteil, sie sind aussagekräftig.

Meine Damen und Herren, ich bin noch nicht fertig. Sie erlauben mir bitte noch einen Einwand. Zu oft hören wir, die Amerikaner konsumieren doch bereits GMO-Produkte und es haben sich noch keine Hinweise auf gesundheitliche Wirkungen ergeben. Ich bitte Sie, zu beachten: GMO-Lebensmittel sind in den USA nicht ausgezeichnet.

Die krankheitserregende Wirkung von gentechnisch veränderten Nahrungsmitteln kann somit lange Zeit unbemerkt bleiben[181].

Die meistgesehenen Fernsehsendungen in den USA sind Talk-Shows über gesunde Ernährung, wie die Sendung von <<Dr. Oz>>. Sie berichtete über Séralini's Ratten-Versuche. Die Studie wurde als bemerkenswert und wichtig bezeichnet. Gleich zu Beginn erfuhr der Zuschauer über die Spargue-Dawley Ratten und ihre spontane, mehr altersbedingte Krebsrate von 15-20%. Bei den Langzeit-Fütterungsversuchen mit GMO-Nahrungsmitteln erkrankten jedoch 80% der Tiere. Dr. Oz fragte seinen Gast, Dr. Bernhoft, warum unter solchen Umständen derartige Versuche unter den Tisch gekehrt werden. Viele von Ihnen kennen Dr. Bernhoft, den ehemaligen Präsident der Amerikanischen Akademie für Umweltmedizin. Bernhoft verbindet das Auftreten von Allergien, Asthma, Autoimmunkrankheiten, gastrointestinalen Erkrankungen, Diabetes vom Typ-2, einen hohen Cholesterinspiegel und vieles mehr mit dem Verzehr von genetisch modifizierten Nahrungsmitteln.

Meine Damen und Herren, unter solchen Umständen ist es unverständlich, dass nicht bereits vor 20 Jahren Sicherheitsstudien über GMO's begonnen haben. Aber wie war es damals? Mitarbeiter der Amerikanischen <<Food and Drug Administration>> bedrängten ihre Vorgesetzten, Langzeitstudien durchzuführen.

Sie vermuteten, genmanipulierte Nahrungsmittel seien gefährlich, weil sie zu Vergiftungen und zum Ausbruch von neuen unbekannten Krankheiten führen können. Die FDA, so meint Dr. Bernhoft, spielte die Befürchtungen herunter. Die Warnungen der Wissenschaftler wurden ignoriert. Man bezeichnet in den USA Kurzzeitstudien, welche die Leute beruhigen sollen, als Tabakwissenschaften[182].

Meine verehrten Damen und Herren, es muss uns wichtig sein, die Zulassungskriterien für gentechnisch veränderte Futter- und Lebensmittel ernst, ja sehr ernst, zu nehmen. Fütterungsversuche brauchen ein Standardprotokoll, wozu auch Standardversuchstiere gehören."

Damit beendete Professor Anderson seine Rede. Im Saal herrschte für einen Moment Stille. Alle schauten gebannt dem Redner nach, der sich nun zu Leonhard und Prof. Gill setzte.

Der Rektor der Universität betrat nun das Podium, um den Leuten eine schöne Mittagspause zu wünschen. Da merkte selbst Leonhard, wie hungrig er war. "Auf zum Gen Food", ruft Prof. Séralini in die Menschenmenge.

DRITTER TEIL

3 WE DID IT

3.1 WASSER MACHT'S MÖGLICH

Nach dem Mittagessen, das Leonhard vorzüglich geschmeckt hat, schlendert er noch durch die Ausstellungsräume. Es ist schon sehr interessant. Er ist stolz, wie schnell und wie viel er heute lernen konnte. Da sieht er einen älteren Herren hinter einem Ausstellungstisch. Vor ihm sind einige Wasserflaschen aufgebaut. Auf seinem Tisch steht ein riesiges Plakat.

"Oh", rief Leonhard aus. Der Mann lächelt ihn an. Er sieht, wie gebannt der junge Besucher auf sein Plakat starrt. "Das stimmt! Haben Sie sich noch nie Gedanken über Ihr Wasser gemacht? Meinen Sie, es handelt sich um ein Problem der Drittländer?"

Leonhard weiß für einen kurzen Moment nicht, was er sagen sollte. Er muss gar nicht so lange überlegen, denn sein Gegenüber scheint es zu lieben, unermüdlich zu reden. "Konrad Dinkel ist mein Name und Sie sind?"

"Leonhard, Leonhard Enlighten", stottert er ein bisschen, so als ob er seinen Namen vergessen hätte. Konrad hatte ihn genau da erwischt, wo er sich überhaupt nicht auskannte und dieses war ihm sehr unangenehm.

"Sind Sie Student?", fragt Konrad. "Nein, ich bin Journalist und schreibe über die Gentechnik." Mehr wollte Leonhard nicht sagen. Im Grunde wollte er nur alles über dieses Thema wissen und Konrad nicht mit unnötigen Dingen ablenken.

"Journalist - kein schlechter Beruf, wenn man ein Thema hat. Wie wäre es also, über die besorgniserregenden Qualitätseinbußen unseres Trinkwassers zu referieren? Sie müssen wissen: Eine nicht sachgerechte Entsorgung von Medikamenten und der verschwenderische Gebrauch von Reinigungsmitteln sowie Düngemitteln, Pestiziden, Herbiziden, Antibiotika und Hormonen wie Östrogen, die man in der Tierzucht und Tiermedizin anwendet, aber auch Hormone wie die Anti-Baby Pille usw., all das landet im Abwasser. Unsere Kläranlagen können diese Umweltschadstoffe nicht herausfiltern. Wir können gar nicht abschätzten, was das für unseren Planeten noch bedeutet. Ich wette, Sie haben bestimmt schon viel vom weltweiten Wassermangel gehört! Nur von der Wasserqualität redet kaum jemand.

Krankhafte Veränderungen der Geschlechtsorgane nehmen immer mehr zu. Sie hatten sich 1993 bereits verdoppelt gegenüber der Zeit von vor 30 bis 50 Jahren. Hodenkrebs hat in derselben Zeit in Europa und in den USA um das Zwei- bis Vierfache zugenommen. Seit über 30 Jahren wird beobachtet, dass die Fruchtbarkeit bei Männern ständig sinkt. Die Ursache dafür sieht man in einer hormonellen Wasserverschmutzung.

Kläranlagen sind nicht in der Lage, das mit dem synthetischen Östrogen «Ethinyl Estradiol» verschmutzte Wasser zu reinigen[183]. Somit verunreinigt der Wirkstoff der Antibabypille das diffizile, fein abgestimmte Ökosystem des Wassers."

Herr Dinkel schien überhaupt nicht Luft holen zu müssen. Er überschüttet Leonhard mit Informationen. Dieser kann nicht anders, als den Erzählungen andächtig zu lauschen.

"Die Universität von Pittsburgh veröffentlichte eine Studie, nach der Fische in den regionalen Flüssen feminine Hormone in nicht unerheblichen Mengen aufwiesen. Konsumiert man diese Fische, könnte dies zur Entwicklung eines östrogensensitiven Brustkrebs führen[184].

Fische, Frösche, aber auch Zooplankton sind von einer zunehmenden Verweiblichung betroffen. Man beobachtete eine Feminisierung von männlichen Fischen bis hin zum Produzieren von Eiern, sowie Veränderungen bei weiblichen und männlichen Fischen an Leber und Niere und eine Verlangsamung des Fortpflanzungszyklus[185]. Andere Substanzen, die Östrogene freisetzten, hatten keinen Einfluss auf Fische – nur die Antibabypille[186]."

"Aber warum?", fragt Leonhard. Irgendwie hat er es geschafft, diese Frage zu stellen. Er passte genau die richtige Zeit ab. Denn irgendwann musste selbst Herr Dinkel Luft holen. "Was machen denn die Östrogene, die wir unbewußt mit dem Trinkwasser aufnehmen?"

"Mein lieber junger Journalist - ich habe Ihnen noch nicht einmal alles erklärt. Östrogen-ähnliche Stoffe sind fast überall zu finden. Im Essen werden sie Phytoöstrogene genannt. Hopfen enthält Östrogene. Biertrinker haben oft ein stärkeres Brustwachstum. Auch Männer besitzen Östrogenrezeptoren."

"Östrogen ist doch das Hormon der weiblichen Welt und Testosteron der Männer", wendet Leonhard ein.

"So einfach ist das nicht. Testosteron war sogar eher da, es baut sich zu Östrogen ab. Eigentlich kommt es nur auf das richtige Verhältnis der beiden Hormone im Körper an, je nach Geschlecht."

"Deshalb ist Östrogen auch für uns Männer schädlich", ergreift Leonhard das Wort. Einiges hat er ja, dank Prof. Anderson, über dieses Thema gehört. So kann er ganz leicht Konrad imponieren. "Es ist überall als Xenoöstrogen vorhanden."

"Sie wissen aber eine Menge über das Thema, alle Achtung, lieber Herr Leonhard. Sie scheinen ein guter Journalist zu sein. Ich sehe, ich sollte weiter ausholen, es ist ja wirklich zu kompliziert. Sie müssen wissen, bei der Herstellung von Plastiksubstanzen werden östrogenartige Stoffe benutzt. Denken Sie nur an die vielen Plastiktüten, Wasserflaschen, Plastikspielzeug usw. Selbst Pinguine haben sich in Plastikringen, die als Dosenhalter benutzt werden, verfangen. Nun, ich möchte nicht zu weit gehen, aber sie merken schon, worauf ich hinaus will. An Plastik-Müll fehlt es uns bestimmt nicht.

Zahnfüllungen und Konservendeckel werden beim Versiegeln mit östrogenähnlichen Stoffen versehen. In der Tiermast werden Östrogenzusätze verfüttert, damit Tiere schneller Gewicht zulegen und eher geschlachtet werden können.

In Amerika füttert ein Truthahn-Farmer seine Tiere mit Bier. 50 seiner Tiere verkauft er jedes Jahr für <<Thanksgiving>>.

Das Fleisch ist saftig, etwas dunkler und viel geschmackvoller, sagen seine Kunden. An einem besonders warmen Tag im Juli 1993 hatte der Farmer Joe Morette mit einigen seiner Mitarbeiter Bier getrunken. Auf einmal kam ein Truthahn auf ihn zu und stiess ihn einfach um. Das Bier landete auf dem Boden und der Vogel trank davon. Seit diesem Tag bekommen die Turkeys auf Morette's Farm Bier. Er weiß zwar nicht, wieviel jeder einzelne Vogel davon trinkt, er

behauptet aber, es würde die Tiere schnell fetter machen. Tierschützer meinen, Turkeys sollten nicht mit Bier gemästet werden. Die Bauern sehen das anders, sie nehmen alles, damit ihr Turkey-Fleisch besser ist als das des Nachbarn. Sie handeln aus reiner Profitgier und das Wohl der Tiere interessiert nicht, sagen die Tierschützer. Ein Geflügelexperte der Universität New Hampshire glaubt nicht, dass die Tiere leiden. Kathi Brock, Direktorin der

Humane Heartland, kontrolliert die Tierhaltung von Nutztieren. Sie sagt, die <<Amerikanische Humane Association>> verbietet es nicht, Bier an Tiere zu verfüttern. Ein Geflügeltierarzt meint, diese Mast wäre sogar von Vorteil für das Verdauungssystem der Vögel[187].

Morette's Puten sind nicht die ersten Tiere, die Bier bekommen. In Japan verfüttert man es an Wagyu-Rinder, um ihren Appetit zu stimulieren. Ihr Fleisch ist das teuerste der Welt. Die besondere Marmorierung des Fleisches macht es angeblich zum gesündesten und schmackhaftesten Fleisch überhaupt. Ein Kilogramm Filet kostet in Deutschland zwischen 250 und 600 Euro[188].

Verzeihen Sie den Einschub. Ich fand die Geschichte zu interessant. Wo waren wir? Ach ja, zuletzt bleiben noch die Östrogene, die Frauen als Verhütungspillen zu sich nehmen. Sie werden teilweise ausgeschieden und reichern sich im Wasser an.

In welcher Form wir Östrogen-Analoga zu uns nehmen, ist eigentlich ganz egal. Der Körper kann nicht unterscheiden, ob es körpereigene oder fremde Östrogene sind.

Auch Phthalate sind den weiblichen Östrogenen sehr ähnlich. Die sogenannten Weichmacher sind in allen Kunststoffprodukten enthalten, auch in Kleidung, medizinischen Artikeln wie Infusionsschläuchen oder Magensonden. Sie sollen spröde Materialien weich, biegsam und dehnbar machen. Viele dieser Weichmacher können aus den Materialien austreten. Zum Beispiel beim Waschen von Textilien. Sie können in die Nahrung gelangen. Die Weichmacherbelastung in der Umwelt ist momentan ein großes Forschungsthema, welches das Umweltbundesamt fördert, weil man die Phthalate mit bestimmten Krebsarten, Herzerkrankungen und einer zunehmenden Unfruchtbarkeit von Männern in Zusammenhang bringt[189]. Für das Jahr 2018 wird eine Rekordnachfrage von 7,6 Millionen Tonnen an Weichmachern erwartet.

Als Alternative für die toxischen Weichmacher sollen künftig phthalatfreie Produkte, die aus landwirtschaftlichen Abfallstoffen und

Rohstoffen aus der Zuckerrohrproduktion hergestellt werden können, eingesetzt werden[190].

In einer neuen Studie, hat die Umweltschutzorganisation Greenpeace in Kleidungstücken und Schuhen gefährliche Chemikalien, darunter Nonylphenolethoxylate (NPE) polyfluorierte Chemikalien (PFC) und Antimon, gefunden. Diese Substanzen gelangen ins Abwasser und in die Luft und werden von den Menschen aufgenommen[191]."

"Wo sind die Östrogenrezeptoren bei Männern zu finden?", fragt Leonhard.

"Diese finden sich z.B. in der Prostata. Männer sollten ein bestimmtes Östrogen/Testosteron-Verhältnis besitzen. Der Testosteronwert sollte das Zehnfache des Östrogenwertes betragen. Dieses Gleichgewicht wird durch die Zufuhr aus der Umwelt gestört. Bei Frauen wird die Entwicklung der Gebärmutter durch Östrogene angeregt. Eine Studie im <<*Journal für Endokrinologie und Metabolismus*>> zeigte, dass Patienten mit vergrößerter Prostata einen höheren Östrogengehalt in dem Organ aufweisen.

Embryologisch stammen die Prostata und die Gebärmutter von den gleichen Zellen ab, die sich dann geschlechtsspezifisch unterschiedlich ausbilden.

Neunzig Prozent der älteren Herren in den Industrieländern leiden unter Prostatahypertrophie, d.h. einer Vergrößerung des Organs. Chinesische Männer, die in die USA auswandern, leiden auch sehr bald unter dieser Krankheit[192]."

"Was verursachen Östrogene, die wir aus der Umwelt zu uns nehmen?"

"Mein lieber junger Zuhörer, das möchten Sie wohl gar nicht wissen. Depression, Impotenz, eine verfrühte Pubertät, Krebs und ein Verkümmern der Geschlechtsorgane bei Männern geht eindeutig auf ihr Konto."

"Stimmt", unterbricht Leonhard. "Jetzt erinnere ich mich wieder an einen Bericht. In Florida entdeckte man Alligatoren, die durch

Östrogene zeugungsunfähig wurden. Bei männlichen Tieren nimmt die Spermienzahl ab. Auch Panther und Adler sind davon betroffen. Kommt das wirklich alles von dem unausgeglichenen Testosteron-/Östrogen Verhältnis?"

"Ja, Herr Leonhard, so sagen die Wissenschaftler. Zu viel Östrogen bedeutet auch Wassereinlagerung im Fettgewebe des Körpers.

Bodybuilder nehmen oft Testosteronpräparate ein. Der Körper kann mit zuviel Testosteron nicht umgehen und baut es zu Östrogen ab. Um genauer zu sein, eine im Fettgewebe ansässige Aromatase wandelt Testosteron in Östrogen um[193]. Deshalb sehen wir oft bei übergewichtigen Männern ein ausgeprägtes Brustwachstum."

Testosterone Therapy
At My Best Health   (480) 991-3399

"Armer Oscar Pistorius. Das Männer-Hormon Testosteron wird doch zu oft mit ungezügelter Gewalt in Zusammenhang gebracht."

"Ja, da haben sie recht, Leonhard. Der schnellste südafrikanische Leichtathlet, auch Blade Runner genannt, weil er keine Beine hat, wurde so plötzlich zum Paradebeispiel des Mythos um Testosteron. Wenn ich mich recht erinnere, lautete der Titel der Münchner Abendzeitung: <<*Schoss Pistorius im Testosteron-Wahn?*>> Zu diesem Zeitpunkt wusste man doch noch gar nicht, welchen Inhalt die Ampullen enthielten, die man bei Pistorius fand. Es gibt ein sogenanntes <<*Handbook of Crime Correlates*>>. Es untersucht, ob Testosteron und Kriminalität zusammenhängen. Es wird also tatsächlich vermutet, dass die Zudringlichkeit der Männer durch ein Hormon gesteuert wird", schlussfolgert Konrad.

"Herr Dinkel, Sie und ich wissen doch, was in der Tiermedizin üblich ist. Man redet von Hengstmanieren und kastriert Pferde, um sie umgänglicher zu machen. Oft nimmt man dafür in Kauf, wertvolles

Genmaterial zu verlieren. Besonders erfolgreiche Pferde werden deshalb für Unmengen von Geld geklont.

Männliche Vögel werden während der Paarungszeit aggressiver. Verhaltensforscher bezeichnen das als <<Challenge-Hypothese>>.

Wissenschaftler meinen, Männer werden zunehmend aggressiver, wenn ihre Testosteronwerte signifikant erhöht sind. US-Verteidiger plädieren bei sexuellen Gewalttätern mit hohen Testosteronwerten auf mildernde Umstände."

"Donnerwetter, Herr Leonhard, Sie kennen sich ja wirklich aus."

"Neulich las ich ein Buch von Karin Kneissel, einer führenden Nahostexpertin. Der Titel des Buches war: <<*Testosteron macht Politik*>>.

Die Autorin beobachtete, dass sexueller Frust Männer in den Aufstand treibt. Als Beispiel gibt sie den Arabischen Frühling an. Bei der Revolution auf dem Tahrir-Platz in Kairo waren auffällig wenig Frauen anwesend.

Kneissel ist der Meinung dieses hätte mit sexuellem Frust zu tun. Strengere Moralvorschriften als noch vor 30 Jahren verwehren unverheirateten jungen Menschen in Ägypten jeglichen sexuellen Kontakt. Die sexuelle Frustration bei jungen Männern treibt den Umsturz voran, schreibt sie.

Kneissel beobachtet mit Besorgnis die Zunahme von Männern in China. <<Männer weisen fast zehnmal soviel Testosteron auf als Frauen, und das führt zu einer größeren Risiko - und Aggressionsbereitschaft>>, erklärt sie in ihrem Buch.

Es geht sogar soweit, dass Wissenschaftler darüber streiten, ob diese These wahr oder falsch ist. Dr. Matthias Wibral vom Zentrum für Neurowissenschaften der Universität Bonn sieht einen Nachteil in vielen Studien, weil sie lediglich den Testosteronspiegel der Probanden mit deren Verhalten vergleichen. Denn Testosteron beinflusst nicht nur das Verhalten, sondern auch den Hormonspiegel.

Eine interessante Frage stellt auch Michael van den Heuvel in einem Artikel: <<Testosteron: Der Aggro-Mythos. Können Hormone

zum Mörder machen? Wir assoziieren Oscar Pistorius mit Spitzensport, Mord und Doping>>.

Kann der durch Testosteron-Einnahme auftretende Hemmschwellverlust toleriert werden?", schlussfolgert Leonhard. Er wartet gar keine Antwort von Herrn Dinkel ab. Er scheint laut weiterzudenken.

"Fallen nicht auch Hemmschwellen, wenn durch die Einnahme der Pille-danach keine weiteren Folgen für einen Vergewaltiger bestehen? Jeder Samenspender muss fürchten, herangezogen zu werden, Alimente zu zahlen[194]."

"Wir sind schon wieder am Anfangspunkt, ohne es bemerkt zu haben", sagt Herr Dinkel.

"Kontrazeptiva, eigentlich ist das Wort ja schon falsch, weil diese Mittel oft erst nach der Befruchtung wirken. Seit 50 Jahren verbindet man mit ihnen auch horrende Umweltveränderungen. Sie bleiben unbeachtet. Es scheint fast, dass man als Buhmann bezeichnet wird, wenn man darüber berichtet."

3.2 DIE CHEMISCHE BEFREIUNG DER FRAU

"Kennen sie die Geschichte, die sich um die Pille rankt?", fragt Herr Dinkel. "Bis jetzt haben wir ja nur über chemische Substanzen geredet, welche unseren Hormonhaushalt durcheinander bringen.

Es ging zunächst gar nicht um die Pille. Bei ihr handelt es sich um ein Nebenprodukt eines sehr intelligenten Mannes, der sehr um seine Anerkennung als US-Akademiker zu kämpfen hatte und dem am Ende nichts anderes übrig blieb, als nach Mexiko zu gehen, um dort zu arbeiten.

Russell E. Marker ist der eigentliche Vater der Pille. Selbst das wird oft vertuscht. Er wollte nie ein Verhütungsmittel auf den Markt bringen, vielleicht war auch nur alles Zufall? In seiner Forschung ging es ihm nicht um die chemische Befreiung der Frau, eine soziale Revolution oder die reproduktive Freiheit.

Russell hatte nicht einmal promoviert. Seine wissenschaftliche Karriere begann er bei einer Öl-Firma, wo er die chemische Struktur des Oktanringes entdeckte. Nach ihm ist die Marker Degradation benannt, welche man benutzt, um Cortison-Steroide herzustellen, die eine entzündungshemmende Wirkung haben. 1942 entdeckte er eine Pflanze, aus der er Cortison und die Sexualhormone der Säugetiere, das Progesteron und Östrogen, extrahieren konnte. Die damals übliche Gewinnung derartiger Substanzen war teuer und die Ausbeute gering.

Seit den 20iger Jahren extrahierte man Sexualhormone aus Tieren. Hormone waren noch ein unergründetes Feld. Ludwig Haberland, ein

Österreicher, konnte Kaninchen unfruchtbar machen, indem er die Hormone der Eierstöcke von tragenden Tieren extrahierte und auf nicht tragende Tiere übertrug. Ein Experiment, welches verständlicherweise nur bei Tieren durchgeführt werden konnte. Zudem war die Idee einer Verhütung den damaligen Moralvorstellungen, der Ethik, Religion und den politischen Anschauungen vollkommen fremd.

Professor Butenandt, ein anderer Forscher aus Göttingen, erklärte, Menstruationsbeschwerden zu behandeln, um mit seiner Forschung nicht anzuecken. 1939 erhielt er den Nobelpreis für Medizin. Er konnte das weibliche Sexualhormon Progesteron von Schweinen extrahieren.

Russell fand in der Mexikanischen Yamwurzel einen Wirkstoff, der oral verabreicht eine hormonähnliche Substanz enthielt. Azteken und Mayas nannten diese Pflanze bereits einen Jungbrunnen. Auch heute können wir vielversprechende Werbespots über Wild Yam und seine Wirkung finden.

Die Pflanze wurde von Urvölkern als Mittelchen gegen Verstopfung, Gallenblasen-Beschwerden, Nerven-, Gelenk-Schmerzen, Schwangerschaftsübelkeit, Menstruationskrämpfe eingesetzt. Sogar eine verhütende Wirkung wird der Pflanze zugesprochen. Seit sechs/siebentausend Jahren wird sie in Afrika und Asien als Naturheilmittel angewendet.

Als Marker in den USA von seiner neuen Pflanze berichtete, interessierte das keinen. Alle dachten, es handle sich nur um einen verrückten Wissenschaftler. Keine einzige pharmazeutische Firma wollte in Wild Yam investieren. Marker ging schließlich nach Mexiko, weil es billiger schien, dort zu arbeiten, wo es das Rohmaterial gab. Er gründete seine eigene Firma, die er Syntex nannte. 1943 konnte Marker aus zehn Tonnen Yam drei Kilogramm Progesteron herstellen. Das war die größte Menge, die zu diesem Zeitpunkt jemals hergestellt wurde. Nach zehn Jahren war Syntex einer der größten Hormon-Lieferanten, wodurch die chemische Industrie und Ausbildung in Mexiko vorangebracht wurde.

1945 trennte sich Marker wegen finanzieller Streitereien von Syntex, um eine andere Firma zu gründen. Er nahm alle seine Unterlagen mit. Man stelle sich das vor. In Mexiko gab es damals keine ausgebildeten Chemiker.

So bot Syntex George Rosenkranz, einem ungarischen Chemiker, eine Stelle als Nachfolger von Marker an. Seine Aufgabe war es, den Prozess der Progesteron-Herstellung aus Diosgenin, welches die Yam Wurzel enthielt, herauszufinden. Man kann fast sagen, in seiner Not kontaktierte Rosenkranz den jungen Carl Djerassi. Einen Österreicher, der bei Ausbruch des Zweiten Weltkrieges an die Universität von Madison, Wisconsin, ging, um dort seinen Doktor auf dem Gebiet der Steroide zu machen. Djerassi hatte schon lange eine Stelle gesucht und war sehr an dieser neuen Herausforderung interessiert.

1951 synthetisierte sein Team Cortison und später Norethisteron aus der wilden Yam-Pflanze. Man wollte mit dem Cortison ein relativ günstiges Mittel gegen Arthritis herstellen. Weniger interessierte das Norethisteron, welches später die Haupt-Substanz der oralen Anti-Baby Pille werden sollte. Syntex ließ trotzdem pharmakologische und pharmakokinetische Untersuchungen über Norethisteron an der Universität von Wisconsin in Madison durchführen.

Syntex zerstörte das europäische Marktmonopol für Steroid-Hormone[195].

George Rosenkranz und Carl Djerassi stellten reines Gestagen her, welches das Potential für eine chemische Sterilisierung besaß. Gestagene ähneln dem Schwangerschaftshormon Progesteron. Als Gestagene bezeichnet man demzufolge die Hormone, die nicht mit dem körpereigenen Progesteron identisch sind, aber einen verwandten Aufbau haben. Gestagene werden synthetisch hergestellt.

Progesteron wird vom Gelbkörper produziert. Der Gelbkörper bildet sich nach dem Eisprung. Die Progesteron-Produktion wird durch das Luteinisierende Hormon (LH) aus der Hirnanhangdrüse gesteuert. Auch die Nebennierenrinde und die Plazenta bilden dieses schwangerschaftserhaltende Hormon. Im Alter nimmt das Progesteron ab.

Bleiben wir jedoch vorerst beim Eisprung. Progesteron hat die Aufgabe, die Gebärmutter auf eine eventuelle Schwangerschaft vorzubereiten. Unter seiner Regie verdickt sich die Gebärmutterschleimhaut und es schließt sich der Muttermund. Die Anzahl der Blutgefäße nimmt zu, um recht viele Nährstoffe für den Embryo bereitzustellen. Der Embryo muss, sobald er implantiert ist, wachsen. Die Dicke der Schleimhaut spielt eine besondere Rolle bei der künstlichen Befruchtung. Das weiß man aus den vielen Artikeln, in denen man mit Hilfe von Ultraschalluntersuchungen zeigen konnte, wie nur wenige, ja minimal kleinste Unterschiede in der Wandstruktur bestimmend dafür sind, ob sich ein Embryo einnisten kann[196].

Die Inhaltsstoffe von Wild Yam ähneln dem Hormon Gestagen. Allerdings ist diese Aussage unter Fachleuten umstritten, weil sie meinen, es bedarf der Marker-Degradation, um diese Substanzen zu entfalten. Genau weiß man es nicht. Die Weltgesundheitsorganisation sieht einen Zusammenhang zwischen der Einnahme von Östrogenen und Gewichtszunahme, Kopfschmerzen, psychischen Beschwerden, Herz-Kreislau-Krankheiten, einem höheren Verbrauch an den Vitaminen B und C, Mangan und Zink und bösartigen Tumoren der Brust und des Gebärmutterhalses.

Bei den Ureinwohnern Nordamerikas, die Wild Yam Pflanzen verwendeten, zeigten sich die oben beschriebenen Beschwerden nicht. Auch heute verwendet man Wild Yam als eine Alternative zu künstlichen Hormonen. Bei Anwendung in der Menopause werden keine schädlichen Nebeneffekte verursacht."

"Und wie wirkt Östrogen?", will Leonhard wissen.

"Auch das Steroidhormon Östrogen nimmt im Alter, nach der Menopause, stark ab. Seine Produktion wird in der Hypophyse über die Gonadotropine FSH und LH gesteuert. Es fördert die Reifung einer befruchtungsfähigen Eizelle im Eierstock und den Eisprung. Kommt es zur Befruchtung, nistet sich der Embryo, nach erfolgter Tubenwanderung, die etwa fünf Tage dauert, in der Uterusschleimhaut ein.

Der Embryo befindet sich bei der Implantation im Blastozysten-Stadium[197].

Die Blastozyste sondert das humane Choriongonadotropin (hCG) ab[198], welches wiederum den Gelbkörper veranlasst, weiterhin Progesteron zu bilden. Damit wird auch eine weitere Eizellreifung unterbunden und der Embryo kann heranwachsen.

Der Sexualzyklus wird durch sich wechselseitig beeinflussende Regelkreise gesteuert. Das Zentralnervensystem, insbesondere der Hypothalamus, die Hypophyse sowie auch die Hirnanhangsdrüse, die Eierstöcke und die Gebärmutter sind daran beteiligt. Kurz gesagt, Östrogen und Progesteron regeln den normalen Zyklus bei allen weiblichen Wesen. Es handelt sich um ein diffiziles, fein abgestimmtes System von Hormonen, die über ein negatives und ein positives Feedback zwischen Hirnanhangsdrüse und Eierstöcken jonglieren."

"Und die Pille?", fragt Leonhard.

"Die Einnistung des Embryos wird durch die Pille verhindert. Die frühabtreibende Wirkung der Pille wurde bei einem Gerichtsverfahren vor dem Bundesgerichtshof der USA 1989 zugegeben. Herr Frank Susman, der für die Abtreibungslobby arbeitet, erklärte dem Richter Anthony Scalia: <<Empfängnisverhütungsmittel agieren frühabtreibend und sind auch als solche ausgezeichnet[199]>>.

Die Hormone Östrogen und Gestagen in der Pille beeinflussen den weiblichen Zyklus so, dass das System letztendlich seiner Funktion beraubt wird. Ein starkes Eingreifen in den Hormonhaushalt hat massive Nebenwirkungen zur Folge. Thromboembolische Ereignisse wie Lungenembolien, Schlaganfälle und Herzinfarkte, Gebärmutterhalskrebs, mutierte harmlose Hautkeime, die Sterilität hervorrufen, sexuell übertragbare Krankheiten, Depressionen, endokrines Psychosyndrom, fast alles kann man in der langen Liste der Nebenwirkungen finden. Eine langjährige Pilleneinnahme mindert die Wahrscheinlichkeit, jemals noch einmal Kinder zu bekommen. Selbst dann nicht, wenn man sich eventuell im fortgeschrittenen Alter dazu entscheiden sollte.

Eine Befruchtung der Eizelle wird mit der Einnahme der Pille nicht immer verhindert. Die Pille der ersten Generation konnte mit sieben Prozent Wahrscheinlichkeit den Eisprung nicht verhindern. Mit der neuen Mikropille kommt es in 30% bis 50% zu Befruchtungen, weil sie niedriger dosiert ist als die allerersten Pillen. Es kommt in diesen Fällen zu einer Durchbruchsovulation und damit zur Befruchtung[200]."

"Warum hat man dann so ein total schädliches Mittel überhaupt auf den Markt gebracht?", fragt Leonhard.

"Lieber Leonhard, ich sage Ihnen jetzt meine Meinung dazu, ganz gerade heraus, auch wenn viele anders darüber denken. Kaum einer macht auf diese Zusammenhänge aufmerksam, denn es interessiert nicht. Die meisten Menschen haben keine Ahnung von Naturwissenschaften.

Angesprochen wird nur die hormonelle Seite der Pille. Reproduktionsmediziner sprechen von einem hochpotenten Pharmakon mit vielen unbekannten Nebenwirkungen, welches ohne medizinische Indikation gesunden Menschen verabreicht wird[201]. Die schwerwiegenden Nebenwirkungen veranlassen die Pharmaindustrie nicht, den Ovulationshemmer vom Markt zu nehmen."

"Darf ich Sie unterbrechen, Herr Dinkel? Neulich sah ich in einer US-Fernsehsendung eine gesundheitsbewusste Ärztin. Sie war gegen die Pille. Auch die Spirale lehnte sie ab. Sie wollte ihren Patientinnen die Nebenwirkungen ersparen. Sie empfahl die Natürliche Familienplanung.

Die Deutsche Bundeszentrale für Gesundheitliche Aufklärung befragte Frauen im Alter von 18-49 Jahren nach ihrer Verhütungsmethode. 53 Prozent von ihnen nehmen die Pille, 37 Prozent verlassen sich auf Kondome und zehn Prozent haben eine Spirale. Keiner kennt die Natürliche Familienplanung. Hierbei gibt es keine Nebenwirkungen. Man muss nur seinen Körper beobachten. Sie ist so sicher wie die Pille. Das Einzige, was man fordert, ist die Enthaltsamkeit während der fruchtbaren Tage[202]."

Herr Dinkel erwidert: "110 Millionen Menschen leiden in den USA unter Sexualkrankheiten wie Chlamydien, Genitalherpes, genitale Warzen, Syphilis und anderen stillen, manchmal schmerzhaften Abnormalien. Gesundheitsbeamte weisen darauf hin, dass diese Erkrankungen vermieden werden könnten. Enthaltsamkeit fehlt jedoch auf der Liste, um derartigen Massenerkrankungen entgegen zu wirken. Die letzten Daten des US-Zentrums für Seuchenbekämpfung vom Februar 2013 sprechen von jährlich 19,7 Millionen Sexual-Neuerkrankungen. Die Hälfte der Betroffenen befindet sich im Alter von 15 bis 24 Jahren. Die Behandlungskosten dieser Epidemie betragen 16 Milliarden Dollars im Jahr.

Die Folgeerscheinungen wie Schmerz, Verdemütigungen, schulisches Versagen, Verarmung, Unfruchtbarkeit, Risikoschwangerschaften, genitale und zervikale Krebserkrankungen, Mutter/Kind Übertragungen, können nicht ermessen werden.

Gail Bolan, Direktorin des Zentrums für Seuchenbekämpfung und sexuell übertragbare Erkrankungen, berichtete gegenüber dem Fernsehkanal CNN im April 2013, wie sich sexuell aktive junge Leute absichern können. Bolan meinte, mit zunehmender Bewußtseinsbildung, einer guten Vorsorge, entsprechenden Tests, Impfungen und einer Behandlung könnte die verborgene Epidemie in das Rampenlicht gestellt werden. Damit werde die Gesundheit der Jugend geschützt. Zudem würden erhebliche Kosten gespart werden.

Enthaltsamkeit und ein Warten mit dem Geschlechtsverkehr bis zur Ehe sowie treue Monogamie werden nicht erwähnt, um sexuell übertragbare Krankheiten einzudämmen, sagte übrigens auch Valerie Huber, Präsidentin der US-Nationalen Abstinenz-Ausbildungs-Gesellschaft gegenüber einer News-Zeitung[203].

<<Im Gegenteil, die jetzige US-Regierung hatte veranlasst, dass dem Abstinenz-Programm 50 Millionen Dollars entzogen werden, um sie für die kostenfreie Vergabe von Kontrazeptiva einzusetzen>>, erläuterte Huber. Die Verhütung einer Schwangerschaft soll durch Kondome erzielt werden. Das ist die Hautpaussage. Kondome verhindern jedoch nicht mal die Übertragung von

Geschlechtskrankheiten wie Chlamydien oder die genitalen Herpes-Viren.

Bolan spricht nur über Stigmata und Scham, die bereits infizierte Jugendliche empfinden und über die sie offen und ehrlich diskutieren sollten. Das hat nichts mit Vorsorge zu tun, meinte Bonacci. <<Um die in den USA weitverbreitete Epidemie von Sexualerkrankungen zu verhindern, ist die von der katholischen Kirche geforderte Abstinenz die einzige wirkungsvolle Methode>>.

Zur Zeit gibt es mehr als 25 infektiöse Geschlechtskrankheiten. Wissenschaftler warnten im April 2013 davor, dass neu auftretende Antibiotika-Resistenzen derartige Erkrankungen bis 2015 unbehandelbar machen könnten[204].

Nach einer Impfung gegen das Humane Papilloma Virus HPV zeigten sich bei 22.000 Patientinnen unerwünschte Reaktionen, wie epileptische Anfälle, Krämpfe, Schlaganfälle, fatale allergische Reaktionen, Lähmungen, Unfruchtbarkeit.

Zwei Schwestern aus Mount Horeb im Bundestaat Wisconsin, USA, wurden im Alter von 12 Jahren gegen HPV geimpft, um Krebserkrankungen zu verhindern. Sie wurden unfruchtbar und klagten im November 2013 vor dem Bundesgerichtshof in Washington[205]."

Leonhard gibt zu bedenken: "Auf einem Keilschrifttext aus <<*Ur of the Chaldeans*>> um 2000 vor Christus kann man lesen: <<Unsere Jugend ist heruntergekommen und zuchtlos... das Ende der Welt ist nahe>>. Historiker sind nach wie vor der Meinung, dass der Untergang des Römischen Imperiums seinem Werteverlust und Sittenverfall zuzuschreiben ist[206].

Herr Dinkel, ich habe am 12. Juli 2013 in der New York Times einen sechsseitigen Bericht gelesen.

Es hieß, Eltern, die ihre Töchter auf Elite-Universitäten der Ostküste der USA schicken, waren entsetzt, als sie von Hookup-Sex hörten. Es gibt kein Dating mehr, so wie die US-Amerikaner es verstehen. Die vielbeschäftigten Studenten haben dafür keine Zeit mehr.

Heute bezeichnet man es als <<Hookup>>, wenn man sich für eine Nacht sexuell ausleben will. Dabei sind keine Gefühle im Spiel. Man kennt den anderen kaum und kann sich nicht mal vorstellen, mit ihm eine Tasse Kaffee zu trinken. So beschreibt es Kate Taylor in ihrem Artikel <<*Sex on Campus. She can play the game, too*>>.

<<An einem Wochentag im Frühjahr 2013 greift eine junge hübsche Studentin um 22 Uhr abends, nachdem sie mit ihrem Pensum fertig ist, nach ihrem Mobil-Telefon. Sie hat ein bisschen Zeit, um sich zu erholen und so textet sie ihrem <<Hookup>>, jenem Jungen, mit dem sie ein sexuelles Verhältnis hat, auch wenn er nicht ihr Freund ist.

Er schreibt zurück, sie solle vorbeikommen. Sie schauen für kurze Zeit TV, haben Geschlechtsverkehr, um danach schlafen zu gehen. Ihre Beziehung baut nicht auf einer Seelenverwandtschaft auf. Sie können sich nicht einmal leiden>>, heißt es in dem Artikel.

Die Studentin findet, dass die romantischen Beziehungen, wie man sie von früher kennt, heutzutage keinen Platz mehr haben. Sie gibt sich statt dessen mit ihrem <<hooking up>> zufrieden, weil dieses Verhalten mit nur geringen Kosten und Risiken verbunden ist.

<<Ich kann keine romantische Beziehung aufbauen>>, sagt die Studentin, die anonym bleiben will: <<Ich bin immer beschäftigt, ganz so wie die jungen Herren, an denen ich interessiert wäre. Jeder sagt, man sollte sich Zeit nehmen, nur sind da so viele andere Dinge in meinem Leben, an denen ich interessiert bin und die ich wichtiger finde. So kann und will ich mir keine Zeit nehmen. Hooking-up ersetzt heutzutage das traditionelle Dating>>, heißt es. Es bezieht alle Praktiken mit ein; nur dass sie ohne Emotionen vollzogen werden.

Personen, welche sich näher mit der sogenannte <<Hookup-Kultur>> befassten, haben zunächst vermutet, es seien Männer, welche diese Art der *Beziehung* aufbauen. Frauen wären eher an romantischen Verbindungen interessiert, glaubte man. Doch erst jetzt realisiert man, dass es genau umgekehrt ist:

Hanna Rosin schreibt in ihrem Buch <<*The End of Men*>> über die Strategien des <<Hooking Up>>. Hartarbeitenden, ehrgeizigen jungen Frauen bietet es die Gelegenheit, ihre Sexwünsche auszuleben, währenddessen sie sich hauptsächlich auf ihre Karriere konzentrieren können.

Susan Patton, Mutter und Absolventin der Princeton-Universität, schrieb einen Brief an junge Studentinnen ihrer Universität. Sie fordert Studentinnen auf, ihre Zeit an der Universität dazu zu nutzen, um ihren späteren Mann zu finden. <<Für viele von euch liegt der Eckstein zu einer glücklichen Zukunft in dem Mann, den ihr heiratet. Niemals wieder werdet ihr so viele junge Männer an einem Ort haben, die euer wert sind>>, rät sie.

Sie schrieb diesen Brief, nachdem sie an einer Konferenz in Princeton teilgenommen hatte. Dort fragte sie junge Studentinnen, ob sie später heiraten und Kinder bekommen wollen. Die Studentinnen schienen schockiert über ihre Frage.

<<Ich dachte>>, fuhr Frau Patton in dem Artikel fort: <<Meine Güte, wohin sind wir gekommen, dass solche brilliante junge Frauen Angst davor haben, eine

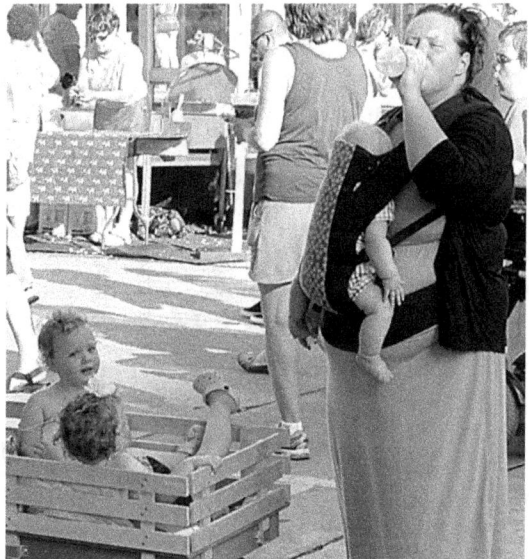

Ehe und Kinder als das Wesentlichste und Glücklichste in ihrem Leben zu sehen. Ist es die Botschaft der extremen Feministinnen, die sie erreichte, die ihnen sagt: du kannst das alleine, du brauchst keinen Mann>>.

Wie nicht anders zu erwarten, wurde Frau Patton für ihren Brief von vielen verspottet, sie würde sich in die alten Tage der <<Mrs. Degree>> zurücksehnen. Ganz nach dem Motto: *Entweder macht man seinen Doktor oder heiratet ihn.* Einige gaben Frau Patton in dem Punkt recht, dass es schwer sei, einen Mann nach der Ausbildung zu finden, wenn man bereits 30 Jahre alt sei.

Interviews mit 60 Penn-State-University-Studentinnen verdeutlichten, wie bessere Ausbildungsmöglichkeiten der Frauen, welche mit einem größeren Leistungsdruck verbunden sind, die Ansichten über Beziehungen und Sex prägen.

Die typischen US-Elite-Universitäts-Studentinnen streben die TOP-Karriere an. Sie wollen für ein paar Jahre ins Ausland – und da ist eine Ehe vor ihrem 20. und frühen 30. Lebensjahr nicht vorstellbar.

In diesem Zusammenhang möchten sie jedoch nicht auf Sex verzichten - und so ist eine regelmäßige Beziehung mit ihren <<hookup buddies>> ohne Verpflichtung und tiefere Bindung aus ihrer Sicht ideal. Sie sind der Meinung, eine längere Partnerschaft sei zu anspruchsvoll und würde ihrer Ausbildung schaden.

Meist trifft man sich nach ein paar Drinks, spät in der Nacht, berichten die Studentinnen, die unter keinen Umständen ihre Namen preisgeben wollen, aus Furcht vor ihrer Familie oder Repressalien von Seiten der Uni. Sie fühlen sich als wahre Feministinnen; als starke Frauen, die wissen, was sie wollen und die gegenüber ihrer Sexualität verantwortlich sind. Die Studentin, die sich mit A. anreden ließ, bemerkt, dass sie keinen einzigen <<*One-Night-Stand*>> bedauert. <<In zehn Jahren wird sowieso keiner mehr daran denken. Ich werde mich nur an meine akademischen Leistungen erinnern>>, betonte sie.

Viele von ihnen behaupten, sich nicht vom Feminismus leiten zu lassen. Statt dessen würden sie die Warnung der Eltern befolgen sich nicht zu sehr in eine Beziehung einzulassen, um unabhängig zu bleiben.

<<Meine Mutter flößte mir immer ein, meine Entscheidungen selber zu treffen - und nicht mit einem Mann>>, teilt eine Studentin mit. Ihre Freundin hat eine feste Beziehung, fühlt sich damit jedoch so, als ob sie ein Tabu gebrochen hätte. <<Bin ich in der Lage und darf ich überhaupt mit 19 Jahren den Mann finden, mit dem ich den Rest meines Lebens verbringen will?>>, fragte sie sich. Sie fühlte sich damit überfordert.

Selbst wenn sie jemanden finden würden, die Logistik einer festen Beziehung gestaltet sich als zu schwierig, geben die interviewten jungen Frauen zu bedenken. Sie sind zu sehr mit ihrem Studium und einem guten Abschluss beschäftigt, da bleibt keine Zeit für <<Dating>>.

Viele geben die Suche nach dem Traumpartner auf. Statt dessen begnügen sie sich mit <<Hookup-buddies>>. Diese Praktiken sind bei den Bruderschafts-Partys während der Einführungskurse für Erstsemester initiiert worden.

<<Man muss betrunken sein sonst kann man diese Art des Kontaktes nicht genießen>>, meinte eine Studentin. Die Gefahr, vergewaltigt zu werden, besteht so jedoch noch mehr. So gibt es an den Universitäten Umfragen und Kommissionen, die untersuchen, inwiefern Alkohol und Drogen am Uni-Gelände mit sexueller Gewalt verbunden sind.

Wenn sie betrunken sind, meinten die Jungs, würden sie dem sexuellen Kontakt zustimmen. Viele denken sich: <<Okay, das Mädchen kommt zu dieser Party, sie trinkt und sie ist so angezogen, als wolle sie ein Hookup mit jemandem>>, berichtet eine andere Studentin, die sich mit Haley anreden ließ.

Paula England, eine Soziologin der New York Universität, leitete eine Umfrage mit 24.000 Studentinnen, die sie an 21 Universitäten durchführte. Sie kam zu dem Schluss: Frauen ergeht es besser in einer Beziehung als in sexuellen Hookups. Jungs sind mehr über das Wohlergehen der Frauen in einer festen Beziehung besorgt. Mehr noch, Jungen verachten meist Frauen, die ein Hookup-Treffen bevorzugen."

"Donnerwetter Leonhard, das haben sie gut wiedergegeben. Ich meine, es sind Frauen, die einen Vorteil aus Hookups ziehen."

"Absolut", kontert Leonhard. "Zu dem Artikel gab es einen Kommentar im Radio, den ich online mitverfolgt habe. Rush Limbaugh erklärte in seiner Show am 17.7.2013: Frauen sind heutzutage die Alpha-Tiere. Modernistischer Feminismus bezog sich darauf Männer zu zivilisieren, sie den Frauen anzugleichen. Aber was passierte? Frauen dachten, sie müßten mehr wie Männer werden. Sie wollen das tun, was Männer tun. Genau das beschrieb Kate Taylor in ihrem Artikel in der <<*New York Times*>>. Die Elite-Studentinnen initiieren derartige Hookups, nicht die Männer. Durch den Artikel wird diese Kultur, die eigentlich schon lange bekannt ist, den Eltern vorgestellt. Und diese sind entsetzt, dass ihre kleinen lieben Töchter solche Dinge tun[207]>>", hebt Rush hervor.

Das alles ist sehr verwirrend. Wie neueste Daten zeigen, spielt das Hormon Oxytocin, das im Gehirn ausgeschüttet wird, bei der Partnerbindung eine wichtige Rolle. Das Bindungshormon Oxytocin fördert die Monogamie. Dadurch wächst die Stabilität des Ernährers und die Überlebenschance des Nachwuchses.

Nach einer Trennung von ihrem Partner fallen viele Menschen in eine tiefe Depression[208]. Hookups entsprechen somit gar nicht unserer Natur. Margaret Sanger", zu mehr kam Leonhard nicht.

Herr Dinkel hat einen Anlass erhalten, um weiter zu reden.

"Ja", sagte er. "Sie haben recht, Leonhard, mit dieser Dame fing eigentlich alles an. Sie war die erste Feministin. Ihr Ziel war die Geburtenkontrolle durch ein Medikament. Etwas, was ganz einfach verabreicht werden konnte und jeder Frau zu Verfügung stehen sollte.

Wissen Sie, die Geburt der Pille fing mit einem New Yorker Abendessen an. Margaret war eine Krankenschwester und Frauenrechtlerin. Sie lebte von 1879 bis 1966 in den USA. Eine Aktivistin. Geburtenkontrolle durch Empfängnisverhütung war ihr Thema. Sie gründete 1921 die <<Amerikanische Geburtenkontroll-

Liga>>, aus der 1942 <<Planned Parenthood>> hervorging, was so viel wie <<geplante Elternschaft>> bedeutet. Ihre Mutter hatte 18 Kinder, von denen 11 überlebten. Ihre Schwestern finanzierten ihr die Ausbildung zur Krankenschwester, die sie nur wenige Monate vor Abschluss beendete, weil sie an Tuberkulose erkrankte und schwanger war. Auch ihre Mutter hatte Tuberkulose und Gebärmutterkrebs, woran sie starb.

1912 zog Margaret mit ihrem Mann, einem Architekten, nach New York. Dort arbeitete sie in den Slums als Geburtshelferin. Sie erlebte viel Elend, was sie an ihre Mutter erinnerte. Daher kam ihr Wunsch, Frauen aufzuklären. Ihr eigener Lebenswandel war ungewöhnlich und eher skandalös für die damalige Zeit. Margret hatte viele Affären, darunter auch lesbische. Sie ließ sich scheiden und heiratete erneut. Ich beziehe mich auf den bekannten Sexologen Dr. Havelock Eillis, der seine Frau ermutigte, häufigen Kontakt mit Margaret Sanger zu haben. Dr. Eillis, den sie nach ihrer Scheidung in England kennen lernte, gab Sanger die halluzinative Droge Mescaline, um danach freien Sex mit einflußreichen Leuten zu haben. Er überzeugte Sanger von der Notwendigkeit der Eugenik und lehrte sie, alle Formen sexueller Perversion als normal zu betrachten, wenn dadurch niemand zu Schaden kommt[209].

Ihre Idee, ein Mittel zu haben, das man nur schlucken muss, um eine Schwangerschaft zu unterbinden, war in vielen Augen unmoralisch. Weiterhin forderte Margaret Sanger die Begrenzung der Kinderzahlen in den unteren Gesellschaftsschichten. Sie meinte, die Welt könne nur dann überleben, wenn das genetische Potential verbessert wird. Erfolgreiche Menschen sollten ermuntert werden, Kinder zu bekommen, viele Kinder, die eine neue Welt ohne Verbrechen und Armut schaffen würden. Sie wollte, dass die arme Bevölkerung sterilisiert wird bzw. Geburtenlizenzen erhält, damit die Anzahl ihrer Kinder herabgesetzt wird[210].

In ihren Augen besitzen Arme ein minderwertiges genetisches Material, welches nur Verbrecher hervorbringt. Die armen Leute sollten nicht mit Gewalt zur Sterilisation gezwungen werden, sondern mit Geschenken dazu überredet werden[211]."

Leonhard ruft ganz entrüstet: "Das ist doch fast so wie in Indien. Ich las einen Bericht darüber. Nein, ich sah es auch im Fernsehen. Wie man weiß, ist die Bevölkerung in Indien arm, sehr arm. Und man will der Überbevölkerung Herr werden. So hat die Regierung des Wüstenstaates Rajasthan im Nordwesten Indiens, wo es durchschnittlich drei Kinder pro Familie gibt, den Männern und Frauen alles Mögliche versprochen, wenn sie sich sterilisieren lassen. Autos, Motorräder, Fernseher bzw. Küchenmixer standen zur Auswahl. Auch wenn es im Distrikt Jhunjhunu gar keine Strassen gibt und keiner weiß, wie man ein Auto fahren soll."

"Wie sie sehen, Leonhard, ist die Idee nicht neu. Männer im Distrikt Madhya Pradesh, einem Bezirk, wo es viele Verbrechen gibt, bekommen eine Waffenlizenz, wenn sie sich freiwillig sterilisieren lassen. Allerdings lassen sich Männer nicht sterilisieren. Nichts scheint sie vom Gegenteil zu überzeugen. Es sind also hauptsächlich Frauen, die diesen Eingriff durchführen lassen.

Analphabetinnen haben doppelt so viele Kinder wie Frauen, die zehn oder mehr Jahre zur Schule gingen, sagt Sona Sharma, von der <<*Population Foundation of India*>>. Ihrer Ansicht nach ist die Sterilisation für Ungebildete die beste Methode, um die Kinderzahl zu begrenzen. Man bekommt in Indien umsonst Verhütungsmittel. Sie werden überall angeboten, nur die Armen kennen sich damit nicht aus. Wer mehr als zwei Kinder hat, wird vom Staat diskriminiert, bekommt keine Jobs und kann nicht für Lokalwahlen kandidieren[212].

Damit sind wir wieder bei Margaret Sanger. Sie sagte schon damals, die Familien sollten das begreifen und einen höheren Lebensstandard ohne Kinder genießen. Sex ohne Reue, ohne Angst vor Schwangerschaften und einem Kind. <<Das intimste und wesentlichste Fundament der Zivilisation sollte also nicht mehr auf moralischer, sondern auf unmoralischer Basis ruhen>>, so interpretierte Elasah Drogin die Vorstellungen von Margaret Sanger[213].

Als es dann die Pille wirklich gab, erklärte man der Öffentlichkeit, ein Mittel gegen Zyklusstörungen zu haben. Man wollte nicht anecken. Margaret Sanger und ihr erster Mann waren ohnehin schon zu Haftstrafen verurteilt worden, weil sie sich mit der Verbreitung einer Broschüre über die Verhütung unerwünschter Schwangerschaften strafbar machten.

1951 fand in New York ein Abendessen mit Dr. Gregory Pincus statt. Seit 1920 setzte sich Dr. Pincus für eine Geburtenkontrolle ein. Er behauptete sogar, Kanincheneier in einer Petrischale befruchtet zu haben. Es konnte jedoch keiner diese Versuche nachmachen. Daraufhin nannte man den Arzt <<Amerikas Graf Frankenstein>>. Dr. Pincus hatte Schwierigkeiten, sein Labor <<*Worcester Foundation for Experimental Biology*>> zu finanzieren. Margaret Sanger konnte eine sehr wohlhabende Witwe, Katharine McCormick, für das Projekt gewinnen. Katharine hatte bereits Kirchen, Schlafsäle und Krankenhäuser gebaut. Sie wollte sich für Geburtenkontrolle und die Selbstbestimmung der Frau engagieren.

Frau McCormick war Biologin. Sie hatte als zweite Frau der USA am berühmten <<Massachusetts Institute of Technology>> ihren Abschluss gemacht. Sie bot Dr. Pincus 40.000 Dollars an damit dieser eine physiologisch perfekte Pille entwickelt. Schließlich waren es zwei Millionen Dollars, die sie Dr. Pincus bewilligte[214].

1956 konnte das Forschungsteam von Gregory Goodwin Pincus, John Rock und Celso-Ramon Gracia über einen erfolgreichen Einsatz einer Östrogen-Gestagen-Kombinationspille, die drei Jahre in den Slums von San Juan in Puerto Rico getestet wurde, berichten[215].

Die Schering AG brachte 1961 das erste Verhütungsmittel, das eine Dosis von 85 mg Östrogen pro Pille aufwies, auf den europäischen Markt. Mit dieser Wirkdosis durfte das neue Medikament nur unter strenger medizinischer Beobachtung eingenommen werden und nicht länger als zwei Jahre[216]. In Nachkriegsdeutschland war die Antibabypille umstritten, weil sie mit den allgemeinen Moralvorstellungen kollidierte. Schering widmete das Präparat um. Es wurde als Mittel zur Behebung von Menstruationsstörungen eingesetzt und nur an verheiratete Frauen abgegeben. Eigentlich setzte sich die Pille erst 1968 durch, als die Frauen anfingen, sich energisch für Selbstbestimmung und Gleichberechtigung einzusetzen. Ihr Ziel war die Trennung zwischen Sexualität und Fortpflanzung[217].

Reproduktive Freiheit ist ein vielbenutztes Wort in unserer Zeit. Man spricht von religiöser Freiheit, politischer Freiheit, ökonomischer Freiheit und reproduktiver Freiheit. Aus unserer Geschichte wissen wir, dass Kriege geführt wurden, um Freiheiten zu erlangen oder zurückzuerhalten. Freiheiten, die durch Ungerechtigkeiten verloren gegangen sind. Man spricht im Zusammenhang mit reproduktiver Freiheit auch von der <<reproduktiven Ungerechtigkeit>>, als ob die Biologie zwischen den Geschlechtern unausgewogen wäre und weibliche Wesen ihr Leben nicht genießen können, weil sie zu sehr die Bürde tragen müssen, Kinder in die Welt zu setzen.

Unter <<reproduktiver Freiheit>> versteht die Moderne nichts anderes als <<Unfruchtbarkeit>>. Man könnte auch sagen, es handelt sich um die chemische Liberalisierung der Frau. Merkwürdigerweise existierte noch nie in der Geschichte eine <<reproduktive Freiheit>>, das ist kein biologischer oder natürlicher Zustand. Es handelt sich also nicht um eine uns von Gott gegebene Freiheit, sondern um ein selbstgebasteltes Wortkonstrukt. Das schrieb Mary Rose Somarriba am 30. April 2012 in <<*ThePublicDiscourse.com*>>."

"Was versteht man eigentlich unter dem <<reproduktiven Recht>>, auf welches sich die Jura-Studentin der Georgetown-Universität Sandra Fluke in ihrer fingierten Kongress-Anhörung Anfang 2012 berief?", will Leonhard wissen.

"Das ist eine einfache Frage, Leonhard. Die junge Frau fühlte sich benachteiligt, weil ihr die Jesuiten-Universität den kostenfreien Zugang zu Verhütungsmitteln verweigerte. Allerdings hätte die Studentin derartige Mittel sofort in einer sehr naheliegenden Planned-Parenthood-Klinik bekommen."

"Wer ist also verantwortlich für die Ungerechtigkeit, die Sandra Fluke angeblich erfahren hat? Die Georgetown-University oder die Natur selbst?"

"Leonhard, jeder ist letztendlich für sich selbst verantwortlich. Man kann nicht behaupten, dass Frauen benachteiligt werden, wenn eine Institution nicht die Kosten für spezielle, unfruchtbar machende Produkte übernimmt. Viele sagen, man kann so etwas nicht als <<Krieg gegen die Frau>> bezeichnen[218]."

"Ich beschäftige mich sehr mit dem Thema", sagt Leonhard. "Unter anderem war da eine Kolumne von Chris Rickert aus Madison, Wisconsin, USA. Er fragt im <<*Wisconsin State Journal*>> vom 3. Mai 2012: <<Als ob der Krieg gegen den Terror, gegen Drogen, Armut und Verbrechen nicht genug wäre, nun befinden wir uns auch noch in einem Krieg gegen die Frauen. Frauen werden in Wisconsin diskriminiert, weil ihnen die republikanisch kontrollierte Staatsregierung den Zugang zu Abtreibungskliniken verweigert, weil die Finanzierungen für Planned Parenthood (Familienplanung) von Gouverneur Scott Walker gestrichen wurde. Auch wird in den Schulen von Wisconsin sexuelle Abstinenz gepredigt. Die Demokraten werden diesen Machenschaften entgegenwirken, denn Frauen haben ihre Rechte, die es zu verteidigen gilt>>.

Im Mai 2012 wurde vom Obersten Gerichtshof der USA beschlossen, dass Krankenversicherungen die Kosten für Verhütungsmittel, Abtreibungen und Sterilisation übernehmen sollen. Es gibt lebensrettende Mittel, die hervorragend Diabetes, Krebs- und Herzkrankheiten verhindern und man fragt sich, warum diese nicht kostenfrei sind. Stellen Sie sich vor, die Antwort der Befürworter des neuen amerikanischen Gesundheitsgesetzes war: <<Verhütungsmittel dienen der reproduktiven Gerechtigkeit. Sie ermächtigen Frauen, die Natur auszutricksen und die patriarchalen Traditionen der Ehe oder die Prinzipien der Sexualethik über Bord zu werfen[219]>>.

Merle Hoffman, die langjährige Leiterin einer Abtreibungsklink in den USA, schreibt in ihren Memoiren: <<*Intimate Wars: The Life and Times of the Woman Who Brought Abortion from the Back Alley to the Board*

Room: Abtreibung tötet Kinder. Dieses ist der ultimative Preis, um die wahre reproduktive Freiheit zu erlangen. Abtreibungsgegner behaupten zwar immer, wenn Frauen wüssten, was sie wirklich tun, würden sie niemals abtreiben. Im Grunde stimmt das, Frauen erlauben sich selbst aber nicht, diese Wahrheit zu realisieren. Mütter, die Ultraschallaufnahmen ihrer ungeborenen Babys sehen, wissen intuitiv, dass sie ein schlagendes Herz stoppen. Ich war selber nicht immun dagegen, zu sehen, was vor sich ging. Ich begriff, dass wir, die wir Abtreibungen durchführten, die Macht hatten, den Frauen die Kontrolle über ihren Körper und ihr Leben zu geben. Aber wir gaben ihnen auch die Verantwortung, das Leben ihrer Kinder zu nehmen. Die Geschichte der Abtreibung beschreibt die Beziehung der Macht, die ein Staat zu seiner weiblichen Bevölkerung hat. Das Schlachtfeld ist anders, aber der Krieg ist der gleiche. Die wahre reproduktive Freiheit der Frau steht niemals zur Debatte>>.

Hoffman beschreibt ihre eigene Abtreibung als eine normale sexuelle Erfahrung, die sie mit anderen Frauen teile. <<Abtreibung ist niemals ein gewöhnliches Erlebnis, das grundlegend zur Fraulichkeit dazugehöre, sondern die Geburt eines Kindes>>, schlussfolgert die Autorin R. Somarriba."

Konrad überlegt, dann sagt er: "Entsprechend dieser Sichtweise gehört auch die künstliche Befruchtung zu den reproduktiven Freiheiten und Rechten einer Frau. Viele junge Frauen lassen ihre Eizellen einfrieren, um den Nachwuchs auf später zu vertagen, dann wann es eben passt. Und diejenigen, die ihre Eizellen nicht eingefroren haben und sich erst im reiferen Alter entscheiden, Kinder zu bekommen, müssen oft horrende Kosten tragen, um eine In-Vitro-Fertilisation zu bezahlen."

"Das ist leider allzu wahr", fiel Leonhard ins Wort. "Die Kosten für In-Vitro-Fertilisationen werden in den USA nicht von Krankenkassen übernommen. Wie teuer so ein Unterfangen ist, weiß man aus Deutschland und das ist in den USA nicht anders. Außerdem zerstören die Techniken, die zur <<reproduktiven Freiheit und

Gerechtigkeit>> gehören, Embryos - also Kinder -, egal ob es sich um In-Vitro-Fertilisation handelt, um Abtreibung oder um Kontrazeptiva[220].

Über moralische Bedenken, die die In-Vitro-Fertilisation beinhaltet, schweigt man sich aus, schrieb Francis Phillips in einem Artikel: <<*No one wants to talk about the morality of IVF*>>, im *Catholic Herald*, vom 13. Juni 2012. Es geht nicht nur um Designer-Babys, die im Labor mit Hilfe der In-Vitro-Befruchtung erzeugt werden und keine Erbkrankheiten haben. Gleichgeschlechtliche Partner sehen in der IVF den einzigen Weg, um Kinder zu bekommen. Ohne In-Vitro-Fertilisation gäbe es keine Leihmütter-Schwangerschaften, tiefgefrorene Embryos, Donorkinder mit unzähligen Halbgeschwistern, Stammzellforschung und Pränataldiagnostik (PID). Bei der PID-Verordnung, die 2011 vom Deutschen Bundestag eingeschränkt erlaubt wurde und am 1. Februar 2014 in Kraft trat, werden künstlich befruchtete Embryos <<qualitätsgeprüft>>. Für einen Transfer in die Gebärmutter der Frau werden nur Embryos ausgewählt, die keine unerwünschten Gene tragen. Selbst der berühmte Bioethiker Michael Handby warnt vor der mit der Reproduktionsmedizin verbundenen Gewalt, die den Eltern und dem Kind schadet.

Die Gemeinsamkeiten, die künstliche Befruchtung und Benutzung von Kontrazeptiva aufweisen, bestehen darin, dass hierbei die Prokreation von der Sexualität abgekoppelt wird.

Karl Djerassi, der Miterfinder der Pille, sagte in einem Interview in der *Welt* vom 29.10.2013, dass es den meisten Europäern um Reproduktion im Schnitt nur ein- bis zweimal im Leben geht. Sex hat man aus ganz anderen Gründen: << Es wird bald gang und gäbe sein, dass Männer und Frauen ihre Spermien und Eizellen in jungen Jahren einfrieren und sich danach sterilisieren lassen. Ihre ein bis zwei Kinder würden sie einfach später, mit Hilfe von künstlicher Befruchtung bekommen. Nicht nur Verhütungsmittel, sondern auch Abtreibungen würden überflüssig werden und die biologische Uhr wird gebremst[221]>>.

Sigmund Freud sagte einmal in einem Vortrag über das menschliche Sexualleben: <<Die Abkehr von der reproduktiven Funktion ist das gemeinsame Merkmal aller Perversion[222]>>. Bereits Margaret Sanger und Mahatma Gandhi weisen darauf hin, dass Leute, die Verhütungsmittel benutzen, einem unausweichlich verderblichen Werdegang unterliegen. Mit der Zeit werden sie rücksichtslos und rachsüchtig[223].

Ziel der künstlichen Befruchtung ist es, mit der Verschmelzung von Ei- und Samenzelle <<neues Leben zu erzeugen>>. Konträr dazu steht die Kontrazeption. Hierbei soll die Vereinigung von Samen- und Eizelle verhindert werden. Mittlerweile geht man davon aus, dass eine Frau nach zehn Jahren Pillen-Einnahme zehn bis 20 Embryos <<abgetrieben>> hat. Man spricht auch von einer <<Stillen Abtreibung>>, erläutert die Amerikanische Life League im 97. Kapitel der <<*Pro-Life Activist's Encyclopedia*>>. Viele schlussfolgern, dass mit der Verhütungs-Mentalität Abtreibung und Euthanasie gefördert werden, weil man dadurch den Respekt vor dem Leben verliert.

Das <<*Journal of American Medical Association*>> berichtet von einer neuen schwedischen Studie, wonach 51 Prozent der Kinder, die durch künstliche Befruchtung entstanden sind, nur einen IQ von 70 haben. Bei Zwillingen oder Drillingen kann Autismus auftreten. Es kommt zu Frühgeburten und sogar zu Todesfällen nach der Geburt. Kongenitale Abnormalitäten werden auch beobachtet.

Im Oktober 2012 fanden Wissenschaftler aus Kalifornien, dass Kinder, die durch In-Vitro-Fertilisation empfangen wurden, eine höhere Wahrscheinlichkeit haben, an einer genetischen Anomalie zu leiden, als Kinder, die auf natürliche Weise empfangen wurden[224].

Im <<*Natural Health and Longevity Resources Center*>> ist eine ergreifende Reportage über eine Schwangerschaft unter Hormoneinfluss veröffentlicht: Beth Ellen Rosenthal stand schon vor ihrer Geburt unter dem Einfluss von Hormonen. Eigentlich seit dem Zeitpunkt ihrer Empfängnis. Ihre Mutter versuchte, ein Kind zu bekommen. Sie hatte bereits zwei Fehlgeburten. Schließlich entschied sie sich, an einer Studie der Universität von Chicago teilzunehmen. Es handelte sich um ein neues Präparat, welches sehr erfolgsversprechend war zur damaligen Zeit. Durch 52 Injektionen des synthetischen Östrogens Diethylstilbestrol, kurz DES, verabreicht während der Schwangerschaft, sollte ein Baby nach neun Monaten das Licht der Welt erblicken lassen. Man erhoffte so, eine Fehlgeburt zu verhindern. Viel später fand man heraus, dass synthetische Östrogene die embryonale Entwicklung massiv fehlleiten. Man beobachtete Deformationen der weiblichen wie auch der männlichen Sexualorgane. Beth hat endgültig genug von der Wunderdroge, die ihren Zyklus zum Albtraum machten. Nicht mehr als unbedingt nötig möchte sie mit Östrogenen konfrontiert werden. Sie spricht von dem verborgenen Östrogen in Milch, Wasser und Rindfleisch, das kommerziell produziert wird. Beth kauft nur noch grasgefüttertes Rindfleisch. Sie schwärmt von Firmen, deren Wissenschaftler die Biochemie des eigenen Körpers testen, und einem genau sagen, was man essen darf, um gesund zu bleiben oder zu werden. Jeder US-Whole-Foods-Market empfiehlt eine kupferfreie Diät, um Kopfschmerzen, Depressionen, Müdigkeit, emotionale Unbeständigkeit, Gewichtszunahme, Heißhunger oder Versstopfung zu verhindern. Kupfer bewirkt einen hohen Östrogen-Spiegel und ist ein Bestandteil der Pille. Wir sind immer mehr durch Schwermetalle belastet, erklärt Beth. Sie will nicht wissen was Wissenschaftler in den nächsten 20 Jahren noch alles über die Pille enthüllen[225]."

3.3 UMWELTCHEMIKALIEN VERSUS HORMONE

"So falsch liegt die Dame da gar nicht, Leonhard. Im September 2009 publizierte das <<*Journal of Toxicological Sciences*>> einen Bericht über männliche Jungratten mit fehlentwickelten Sexualorganen, nachdem die Muttertiere während der Trächtigkeit unter dem Einfluss von Östrogen standen. Der Östrogengehalt, dem die Tiere ausgesetzt waren, entsprach dem Gehalt des Wirkstoffes in der Pille. Einem Teil der Ratten verabreichte man Diethylstilbestrol (DES). Man wollte damit das synthetische Östrogen der Pille mit DES vergleichen. Früher hat man Schwangeren DES verabreicht, um Schwangerschaftsübelkeit zu behandeln. Was man nicht wusste: Das künstliche Östrogen hatte bei den Ratten die gleichen Wirkungen wie das DES."

"Es zerstört also auch die Sexualorgane der männlichen Ratten-Babys?"

"Exakt, Leonhard. In den 70er Jahren hatte man DES verboten, weil man damals schon eine Deformation der Sexualorgane beobachtete[226].

Michele a La Merrill berichtet im <<*Environmental Health New Journal*>>, dass drei bis vier Prozent der Frauen die Pille bis in das zweite Semester der Schwangerschaft hinein nehmen[227]."

"Der Freund meiner Tochter hat eine Doktorarbeit über Chemikalien mit hormonartigen Wirkungen geschrieben, die das Hormonsystem bei Mensch und Tier beeinflussen. Die Diskussion um Umweltchemikalien mit endokriner Wirkung, vor allem mit östrogenen und antiandrogenen Eigenschaften, wird schon lange geführt. Experten sind sich darüber einig, dass Industriechemikalien in hormonell gesteuerte Prozesse eingreifen und letztendlich die Entwicklung der Reproduktion stören und Krebs hervorrufen. Eine Studie untersuchte die Spermienanzahl zwischen 1938 bis 1990. Von 113 Millionen Spermien pro Milliliter Samenflüssigkeit sank sie auf 66 Millionen. Der Rückgang der Spermienanzahl wird durch freigesetzte Chemikalien mit hormonähnlicher Wirkung verursacht[228].

Phytoöstrogene, aber auch östrogenaktive Substanzen, sind in der Futtermischung von Schweinen enthalten und diese beeinflussen die Fruchtbarkeit der Tiere[229].

Die Reproduktion wird durch viele Faktoren beeinflusst. Chemikalien und Stoffe, die der Mensch oder Nutztiere mit der Nahrung oder dem Futter aufnehmen, beeinflussen das Gleichgewicht, die Balance des Hormonhaushaltes.

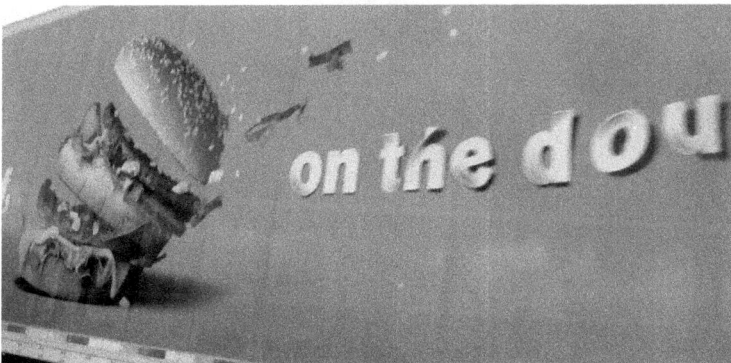

D. h. der Körper muss sich ständig anpassen, um wichtige Lebensfunktionen aufrecht zu erhalten.

Östrogenähnliche Wirkungen haben: Herbizide, Fungizide, Organchlor-Insektizide, Nematozide, Schwermetalle, polychlorierte Biphenyle und Phtalate[230].

Schweine sind besonders empfindlich gegenüber Phytoöstrogenen. Vor allem in Sojabohnen sind sehr viele Phytoöstrogene enthalten. Auch wenn die zugeführten pflanzlichen Hormone eine 100- bis 1000-fach geringere Wirkung als das körpereigene Östradiol aufweisen, beobachtet man doch eine Störung im Hormonhausalt. Selbst Ferkel, die noch vom Muttertier gesäugt wurden, nahmen so indirekt Hormonanaloga auf und zeigten Abnormalitäten ihrer Geschlechtsorgane[231]. Vor allem die Wirkungen der Isoflavone in der Soja-Bohne sind unklar. Isoflavone ähneln dem weiblichen Hormon Östrogen.

Schafe, die Phytoöstrogene mit Klee aufgenommen hatten, kumulierten diese in ihrem Fettgewebe. Ihr Organismus reagierte auf die Hormone mit einer subklinischen Unfruchtbarkeit[232]."

"Das bedeutet, wir sollten wieder zurück zu den grasfressenden Rindern?", fragt Leonhard.

"Viele Tierschützer sehen in der Sojabohne eine bessere Alternative zu Milchprodukten, weil Milchkonsum die qualvolle Massentierhaltung fördert. Dabei wird übersehen, dass bei immer mehr Sojakonsumenten heftige Unverträglichkeits-Reaktionen wie Gesichtsschwellungen, Nesselfieber, Hautreaktionen und sogar anaphylaktischer Schock auftreten können. Warnhinweise für Sojaprodukte werden nicht auf Verpackungen von Puddings, Joghurts und Getränke gedruckt[233].

Selbst Kaugummi enthält Soja-Lecithin. Trotzdem glauben viele Leute, Soja-Produkte seien das Nonplusultra. Andere meinen, sie irren sich in diesem Punkt. Sie behaupten, Soja mache sogar dick[234]. Japaner essen traditionell kleine Mengen Tofu und danach Fleisch oder Fisch. Der Grund ist, man möchte nicht so viel Soja zu sich nehmen. Soja fehlen die lebensnotwendigen, essentiellen Aminosäuren Methionin und Zystin.

Die in Sojaprodukten enthaltenen Enzym-Hemmer wie Proteasen und Trypsin-Inhibitoren bewirken eine schwere Verdaulichkeit. Trypsin ist ein Bauchspeicheldrüsen-Enzym. Ohne das Enzym findet eine verringerte Eiweißverdauung statt. Bei Versuchstieren führte das zu einer Vergrößerung der Bauchspeicheldrüse und zu Krebs. Krebszellen schützen sich durch eine Protein-Hülle, um so nicht vom Immun-System erkannt zu werden. Da Trypsin fehlt, kann diese Hülle nicht angegriffen und aufgelöst werden[235].

Auch enthalten Sojaproduckte Hämagglutinin. Dadurch verklumpen die Blutzellen im Körper. Hämagglutinin und Trypsin-Hemmer beeinflussen das Wachstum von Ratten, die mit Soja gefüttert wurden.

Soja ist stark mit Pestiziden belastet. Auch Phytinsäure, welche die Aufnahme von Kalzium, Magnesium, Kupfer, Eisen und Zink im Verdauungstrakt blockiert, findet man in Sojabohnen. Wenn Soja zusammen mit Fleisch oder Fisch verzehrt wird, vermindert sich der Phytatgehalt[236].

Das würde bedeuten, Vegetarier setzen sich unweigerlich einem Mineralstoffverlust aus. Über die Wirkung von Zinkmangel ist noch nicht viel bekannt. Man sagt, Zink ist essentiell für eine optimale Entwicklung des Gehirns. Es kontrolliert den Blutzuckermechanismus und soll damit vor Diabetes schützen. Auch spielt es bei der Bildung von Kollagen, dem Stützgewebe unserer Gelenke, eine Rolle. Das Wichtigste ist: Zink wird für eine gesunde Reproduktion benötigt[237].

Man kann beobachten, dass Medien auf die schädliche Wirkung von Soja aufmerksam machen. In Israel wurden Sojaprodukte für Kleinkinder verboten.

Soja wird zunehmend mit einem erhöhten Brustkrebsrisiko und dem negativen Effekt auf die Fruchtbarkeit in Verbindung gebracht[238].

Charlotte Gerson konnte nachweisen, dass das im Soja enthaltene Phytoöstrogen Genistein um einen viel höheren Wert krebserregend ist, als das vorhin erwähnte Diethylstilbestrol (DES)[239].

Gentechnisch veränderte Sojabohnen werden auch in Indien angebaut. Soja wird zuweilen als giftige Saat und als Sondermüll im menschlichen Organismus bezeichnet[240].

Viele behaupten jedoch, Soja sei gesund. Das Internet enthält viele Gegendarstellungen. Ernährungswissenschaftler sprechen von einem hochwertigen Nahrungsmittel, welches zur Prävention verschiedener Erkrankungen eingesetzt werden kann. Potentielle Schadstoffe würden keine Rolle spielen. So müsse es nicht vom Speiseplan der Vegetarier genommen werden. Es mehren sich Hinweise, dass Soja-Phytinsäuren regulierend auf den Blutzuckerspiegel einwirken. Selbst die

Krebsentstehung wird durch Soja verhindert, schreiben Annika Waldmann und Andreas Hahn 2002 in der Zeitschrift des Vegetarierbundes[241].

Das aus nicht genetisch modifizierten Sojabohnen hergestellte Original-Tofu wird durch monate- bis jahrelange Fermentation in Orten wie Miso, Natto, Tamari und Tempeh hergestellt. Tofu wurde in der traditionellen Chinesischen Medizin zur Dämpfung des Sexualtriebes von tibetischen Mönchen eingenommen[242].

Dr. Irina Ermakowa aus Rußland beschäftigt sich seit 2005 mit Gen-Soja. Hamster wurden selbst in der dritten Generation noch unfruchtbar. 50% der Versuchstiere sind innerhalb drei Wochen nach der Geburt gestorben. Als sie ihre Studie vorstellen wollte, brannte es in ihrem Labor und alle ihre Unterlagen wurden vernichtet[243].

Ich persönlich finde das sehr dubios. Vielleicht bekommen wir nie heraus, inwieweit Soja schädlich oder vorteilhaft für uns ist. Wie gesagt, man kann zu jeder Darstellung eine Gegendarstellung finden.

Dr. John McDougall, ein Arzt und Ernährungsberater, rät strikt dazu, nur traditionelle Soja-Produkte zu konsumieren. Adipöse Kinder zeigen durch ein Zuviel an Östrogen in Sojaprodukten eine frühere Geschlechtsreife. Frauen erreichen später die Menopause und zu all dem gesellt sich ein Ansteigen der Krebsgefahr. Normalerweise wird im Blut zirkulierendes Östrogen in der Leber an eine nicht absorbierbare Substanz gekoppelt. Eine fettreiche Diät lässt im Darm Bakterien wachsen, welche Enzyme bilden, die diesen Komplex wieder auflösen. Das Östrogen wird recycelt. Womit der Östrogenspiegel höher wird. Besonders tierische Fette sind für dieses Verhalten verantwortlich. Vegetarierinnen scheiden zwei bis dreimal mehr Östrogen aus. Ihr Blutöstrogen-Spiegel ist 50% geringer als bei Frauen, die Fleisch essen. Reichhaltiges amerikanisches Essen führt bei Männern und Frauen zum Ansteigen des Östrogengehaltes und letztendlich zu Fettleibigkeit.

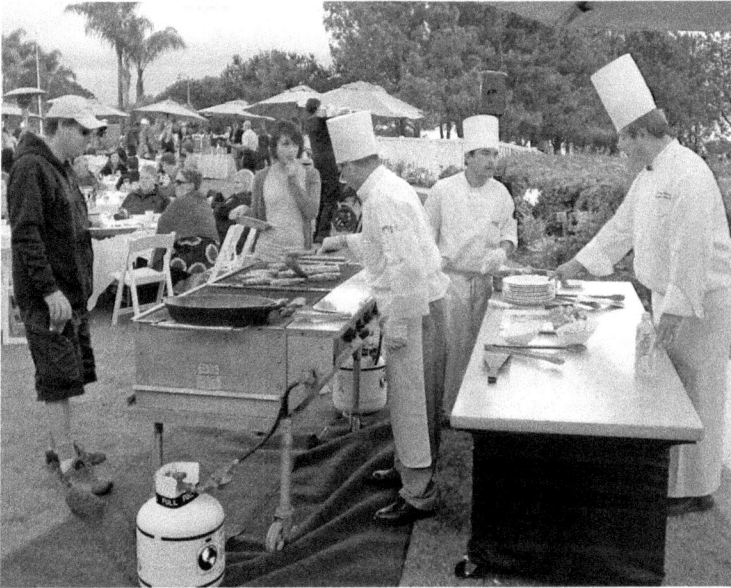

Die Alternative ist ganz einfach. Eine low-fat Diät mit herkömmlichen, traditionellen, fermentierten Sojaprodukten[244]."

"Ach hier sind Sie, mein lieber Herr Leonhard." Die Männer drehen sich um. Professor Anderson nähert sich dem Stand. Noch bevor er da ist, redet er weiter.

"Da haben Sie sich in Dr. Dinkel wirklich einen guten Gesprächspartner ausgesucht. Der Mann weiß alles. Er hat jahrelang im Umwelt-Dezernat gearbeitet. Sein Steckenpferd war das Wasser."

Leonhard war erstaunt. Prof. Anderson kannte wohl auch jeden. Jetzt verstand er, warum Dr. Dinkel so genau Bescheid wusste. "Leonhard, kommen Sie. Den Vortrag über Rinderwahn müssen Sie unbedingt hören." Herr Dinkel nickt ihnen zu. "Unbedingt," sagt er. Es hat natürlich ein ganz kleines bisschen mit Soja zu tun.

VIERTER TEIL

4 RISIKEN UND NEBENWIRKUNGEN

4.1 VORBEUGEN IST BESSER ALS HEILEN

Leonhard konnte gar nichts antworten, zu gespannt war er auf den Vortrag. Viel hatte er schon von Rinderwahn gehört. So richtig kniete er sich jedoch nie in das Thema hinein. Er war wirklich sehr neugierig. Der Professor und er liefen schnurstracks auf den Vorlesungsraum zu, als plötzlich ein mobiles Telephon klingelte.

"Oh, das ist meines," sagte der Professor. Seine Stimme klang fast besorgt. Ganz so, als ob er etwas Unangenehmes ahnte. "Nur im Notfall sollte mich meine Sekretärin anrufen. Das bedeutet nichts Gutes.

Ja, hier Anderson, Frau Holperding, ist etwas passiert? Nein, nein das gibt es doch nicht. Bitte sagen Sie, dass das nicht wahr ist. Worauf Sie sich verlassen können. Wir kommen sofort zurück. Können Sie mir ansonsten etwas Näheres sagen? Ist die Polizei schon da? Wie bitte, die Presse? Nein, wimmeln Sie die ab. Ich werde ein Statement abgeben, sobald ich genau weiß, wie groß der Schaden ist. Ja, gehen Sie nach Hause. Ich werde mir den Schaden ansehen, sobald ich da bin. Die Spurensicherung war ja schon da wie Sie sagten. Danke. Auf Wiederhören, Frau Holperding. Ihnen auch. So gut es eben geht."

Der Professor lässt sein Handy in die Anzugjacke gleiten. Er zittert etwas. Während des Gespräches war er sehr rot im Gesicht geworden. Nun schüttelt er den Kopf. Er schaut hilflos und doch auch sehr erschüttert auf Leonhard. Noch einmal schüttelt er sein Haupt.

Der junge Journalist weiß, es musste etwas Schreckliches passiert sein. Etwa ein Mord, weil der Professor von der Polizei redete? Ein Mord in seinem Institut? Wollte man am Ende ihn treffen? Leute, welche die Wahrheit sagen, leben gefährlich. Aber hier bei uns in Deutschland. Verlegen schaut Leonhard auf den Professor. Es schien eine Ewigkeit, bis sich dieser gefasst hat.

"Es tut mir leid, Leonhard. Aus dem Vortrag wird nichts. Zumindest nicht für mich. Wären Sie in der Lage, mich jetzt noch heim zu fahren? Wenn nicht, nehme ich den Zug. Dann kommen Sie einfach nach, wenn sie ausgeschlafen haben. Ein Hotelzimmer kann ich Ihnen noch besorgen."

Dem jungen Herrn tut der Professor sehr leid. Er steckt mitten in großen Schwierigkeiten und doch kümmert er sich erst um das Wohl seines Chauffeurs.

"Nein", sagt Leonhard, "ich meine Ja." Etwas unsicher schaut er auf sein Gegenüber. Dieser muss plötzlich lachen.

"Schauen Sie, ich bin so durcheinander, ich kann Ihnen nicht mal mehr eine klare Frage stellen. Die ganze Sache ist eigentlich zum Heulen. Ich muss mich jetzt erst mal setzen." Mit diesen Worten steuert er ein Sofa an. Laut aufschnaufend lässt er sich hineinfallen. Leonhard folgt ihm wortlos. Er nimmt schüchtern auf einem der Sessel Platz und schaut Anderson fragend an.

"Stellen Sie sich vor, Leonhard. Meine ganze Arbeit ist umsonst. Man ist in mein Labor eingebrochen und hat die Versuchspflanzen zerstört. Wirklich grundlegend vernichtet. Man verbrannte sie im Abzug. Irgendwie ging der Feuermelder trotzdem an. Die Typen sind entkommen. Die Versuchsunterlagen und meinen PC haben sie auch gleich mitgenommen. Keiner hat sie gesehen. Sicher, ich habe eine Kopie der Versuchsunterlagen zuhause. In all dem stecken sehr viel Zeit, viele Gelder und einige Doktorarbeiten. Ohne Ergebnis sind die auch hinüber. Wir waren so kurz vor dem Ziel. Die Fütterungsversuche sollten nächste Woche anfangen. Alles war streng geheim. Und gut gesichert. Es war schon schwer, eine Versuchsgenehmigung zu bekommen. Wir wollten doch nur den Menschen helfen.

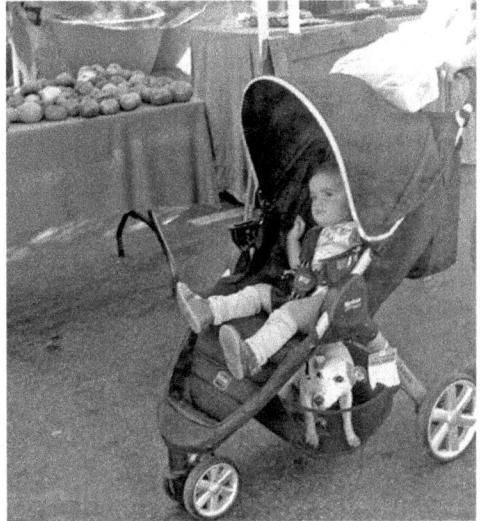

Eine Gruppe von der Universität in Wisconsin arbeitet mit uns. Wir lieferten ihnen unter anderem Tomaten, Mais und Luzerne. Kurz gesagt, wir fanden heraus, dass die Pflanzen Prionen enthalten. Prionen, Sie wissen schon, die Überträger des Rinderwahns. Vereinfacht gesagt.

Ich erzähle Ihnen gleich mehr. Kommen Sie, wir gehen zum Auto. Wir müssen dringend nach Hause. Ich bin ganz froh, jetzt jemanden zu haben, den ich von der enormen Wichtigkeit dieses Projektes überzeugen kann."

Dann strahlt er plötzlich. "Wissen Sie was, Leonhard? Ich helfe ihnen einen Bericht über all das zu schreiben. Sie sind doch Journalist. Ich habe gute Freunde bei der Zeitung. Es ist kein Problem, Sie da ganz groß heraus zu bringen. Die meisten Reporter verdrehen ja leider alles und haben keine Ahnung. Aber wir zwei, wir bekommen das schon hin. Es wäre mir eine kleine Genugtuung, wenn viele Leute erfahren könnten, wie enorm wichtig unsere Versuche sind. Auch in Bezug auf ihre Gesundheit."

Mit diesen Worten erreichen sie den Wagen. Leonhard will zur Fahrertür. Der Professor verweist ihn auf den Beifahrersitz. "Den ersten Teil der Strecke übernehme ich. Dann können Sie sich gleich Notizen machen. Das Auto zu fahren lenkt mich ab von all dem Schrecklichen, was passiert ist."

Leonhard ist froh, sich damit ganz auf seinen ersten Artikel konzentrieren zu können.

"Fangen wir ganz von Anfang an. Im Jahr 1985/86 kam es zum ersten registrierten Ausbruch des Rinderwahns. Im Fachjargon nannte man die Tierseuche <<*Bovine spongiform encephalopathy*>>, kurz BSE. Rinder erkranken in der Regel im Alter von vier bis fünf Jahren an BSE und verenden innerhalb weniger Monate. Die immer noch am meisten favorisierte Lehrmeinung zur Ursache dieser Erkrankung ist, dass man Schafe, die an Scrapie erkrankt waren, zu Fleischmehl verarbeitet und dieses dann an Pflanzenfresser wie Rinder verfüttert hatte.

Es konnte nachgewiesen werden, dass der Zeitpunkt des ersten BSE-Ausbruchs mit einer Umstellung des Herstellungsverfahrens für Tierkörpermehl in England und Wales korrelierte[245]. Die bei der Herstellung angewendeten Temperaturen und Drücke wurden reduziert. Auch wurde auf das sonst gebräuchliche Lösungsmittel verzichtet. Der BSE-Erreger wurde durch den neuen Herstellungsprozess nicht vollständig inaktiviert und gelangte in die Futtermittelkette[246]. Eine Maßnahme zur Kosteneindämmung hatte also zu dieser verheerenden Wirkung geführt.

Als es zum Ausbruch der BSE-Epidemie kam, wurde die Tiermehlfütterung europaweit sukzessive verboten. Man musste nun wieder auf andere Eiweißbestandteile zurückgreifen, welche man dem Tierfutter zusetzte.

Das Klima bei uns lässt keine Sojabohnen reifen. Das war im Grunde der Auslöser, Fleischmehl zu nehmen. Eigentlich führt man BSE auf eine Prionenerkrankung zurück, die bei Schafen ausbricht. Man nannte sie, wie ich schon kurz erwähnte, Scrapie. Sie wird auf deutsch auch als «Traberkrankheit» bezeichnet, da der Gang der erkrankten Tiere schwankend, trabend wirkt[247]. Scrapie ist eine seit 1732 bekannte Schafs- oder Ziegenkrankheit, die durch Prionen verursacht wird. Die Tiere leiden unter einem starken Juckreiz, der bewirkt, dass sie sich so stark kratzen, dass ihre Haut verletzt wird (engl. «to scrape»: schaben, verkratzen).

Wissen Sie, was Prionen sind? Nun, lassen Sie es mich erklären, obwohl ich vermute, Ihnen damit nichts Neues zu sagen. Krankheiten, die durch Prionen hervorgerufen werden, gehören zum Formenkreis der Spongiformen Enzephalopathien TSE (transmissible spongiform encephalopathies). Eine schwammartigen Hirnerkrankung, die mit zentralnervösen Störungen einhergeht und tödlich endet.

Prionen sind Proteinpartikel (Eiweißteilchen), die noch kleiner sind als Viren. Prionen findet man hauptsächlich im Gehirn und Nervengewebe. Auch der gesunde Organismus besitzt Prionen, die nach neuesten Erkenntnissen eine wichtige Schutzfunktion für die Nervenzellen ausüben. Infektiöse Prionen sind anders gefaltet. Die Ansammlung von falsch gefalteten Prionen-Proteinen im Hirngewebe wird für die langsame Zerstörung von Nervenzellen verantwortlich gemacht. Durch die Verformung werden Prionen hochansteckend und offensichtlich giftig für die Nervenzellen.

Diese Degenerationskrankheit des Gehirns, deren Inkubationszeit Jahre bis Jahrzehnte chronisch progressiv verläuft und damit einhergehende schwere histopathologische Veränderungen des Gehirns aufweist, führt unweigerlich zum Tod. Sie tritt beim Menschen sowie bei einer Vielzahl von Säugetieren auf[248].

<<*Kuru*>> ist zum Beispiel eine epidemisch übertragbare Prionenerkrankung des Menschen. Es handelt sich um eine 1957 in Papua Neuguinea entdeckte TSE-Erkrankung, verursacht durch rituelle kannibalistische Praktiken[249]. Auch bei einer bislang unbekannten tödlichen Hirnkrankheit, die kürzlich von US-Forschern entdeckt wurde, handelt es sich um ein degeneratives Nervenleiden, bei dem Prionen eine Rolle spielen. Zehn Leute starben 2008 an dieser neuen

Form der tödlichen Demenz, welche der Creutzfeld-Jakob Disease ähnlich ist[250].

2012 fanden Wissenschaftler heraus, dass Rinderwahn-, Alzheimer-, Parkinson- und Lou Gehrigs-Erkrankungen die gleichen Ursachen haben. Bisher dachte man, neurologische Krankheiten mit humanen embryonalen Stammzellen heilen zu können. Nicht sofort, aber in weiter, ferner Zukunft.

Wissenschaftler versuchen jetzt, einen ganz anderen Weg einzuschlagen, um neurodegenerative Erkrankungen zu heilen. Forscher glauben, Ansätze gefunden zu haben, Krankheiten wie Alzheimer, Parkinson und Lou-Gehrigs-Disease therapieren zu können. Hinweise dazu erhoffen sie sich von einer anderen neurologischen Erkrankung, dem Rinderwahn. Man schaute sich ihre Verursacher, die Prionen, genauer an. Infektiöse Prionen sind anders gefaltet. Sie verbreiten sich aggressiv von erkrankten Nervenzellen zu gesunden und bewirken, dass diese auch erkranken. Normalerweise besteht keine Verbindung zwischen der menschlichen Variante, der Creutzfeld-Jakob-Disease, und anderen neurodegenerativen Krankheiten wie Alzheimer, Parkinson und Lou-Gehrig's-Disease.

Weltweit leiden hauptsächlich ältere Leute unter diesen Erkrankungen, die vornehmlich den ganzen Körper in Mitleidenschaft ziehen. Auch gibt es keine Hinweise darauf, dass Alzheimer, Parkinson oder Lou-Gehrig's-Erkrankung ansteckende Krankheiten sind, die man auf Gesunde übertragen kann.

Wissenschaftler fanden jedoch heraus, dass die drei genannten Krankheiten sowie Diabetes Typ-2 zu einer ähnlichen Struktur-Deformation spezifischer Proteine führen. Das Prinzip, welchem erkrankte Prionen folgen, um gesunde Nachbarzellen zu infizieren, scheint auch in anderen neurodegenerativen Erkrankungen vorzuliegen.

Forscher der Universität von Pennsylvania in Philadelphia injizierten die giftige Variante eines Proteins, welches man mit Parkinson assoziiert, in das Gehirn einer gesunden Maus.

Wie in einem im November 2012 in der Zeitschrift *Science* publizierten Artikel beschrieben wird, wurden kurz nach der Injektion toxische Proteine in den Gehirnarealen gefunden, die normalerweise Dopamin produzieren. Diese Zellen starben alle ab. Somit wurde die Verbreitung von Zelle zu Zelle offensichtlich, die sich ganz so verhielt wie der Übertragungsmechanismus von Prionen. Die Versuchstiere zeigten die gleichen Symptome, die auch Parkinsonpatienten haben.

Nachdem sich Proteine dreidimensional geformt haben, können sie ganz bestimmte Prozesse im Körper regulieren. Falten sich die Proteine jedoch falsch, kann der Körper diese missgefalteten Proteine immer noch abstoßen. Das Alter und andere Faktoren hindern jedoch den Abbau fehlgefalteter Proteine. Zudem verbreiten sich diese toxischen Proteine von Zelle zu Zelle und veranlassen die Fehlfaltung von Nachbarzellen.

Virginia Lee, Leiterin des Forschungsteams und Direktorin des Zentrums für neurodegenerative Erkrankungen an der Pennsylvania-Universität, erklärte, dass ihr Institut bei Mäusen eine Antikörper-Therapie testet, welche die Übertragung des giftigen fehlgebildeten Proteins verhindert.

Wenn sie Erfolg hat, könnte eine Therapie angeboten werden, die Parkinson stoppt.

Todd Sherer, Direktor der Michael J. Fox Foundation for Parkinson's Research, sammelte Wissenschaftler um sich, welche die Fehlfaltung von Proteinen bei neurodegenerativen Krankheiten erforschen.

Ihr Ziel ist es, die Übertragung der toxischen Proteine zu unterbinden. Auch bei Alzheimer sieht man fehlgefaltete Amyloid-beta-Proteine, welche die Krankheit durch Zellkontakte verursachen. Die Liste der Krankheiten, die durch missgefaltete Proteine entstehen, ist beachtlich. Zu ihr gehören Arteriosklerose, Katarakt, Mukoviszidose, Lungenemphysem und Amyloid Kardiomyopathie.

Das alles ist in einem Artikel von Marcus A. Dockser: <<Mad-Cow-Disease May Hold Clues to other Neurological Disorders>> vom

4. Dezember 2012 nachzulesen, der im <<*The Wall Street Journal*>> erschien.

Bisher setzte man auf humane embryonale Stammzellen, um Krankheiten wie Parkinson, Alzheimer, Lou-Gerig's zu therapieren. Über Versuche, in denen man undifferenzierte embryonale Stammzellen Affen injizierte, die man vorher in einen parkinsonähnlichen Zustand brachte, waren Tierschützer entrüstet. Die Tiere wurden kurze Zeit nach der Injektion getötet, um die Gehirne histopathologisch zu untersuchen. Die erhofften Dopamin-produzierenden Zellen konnten nicht nachgewiesen werden[251].

Bei uns in Europa haben Tierschützer einen anderen Anlass zum Protestieren. Ein neues Medikament, welches genau bei der Prionenfalschfaltung ansetzt, hatte die Nebenwirkung, dass die damit behandelten Parkinson-Mäuse erheblich an Gewicht verloren. Obwohl sie ansonsten vollkommen von der experimentell verursachten Parkinson-Krankheit geheilt schienen, mussten die Tiere eingeschläfert werden, damit sie nicht zu viel leiden. So steht es in den Tierschutzgesetzen. Eine Ausnahme konnte man nicht machen. Und so fand man nicht heraus, ob die Lebensspanne durch die Behandlung verändert wurde.

Wie gesagt, Alzheimer, Parkinson und Prionenkrankheiten wie BSE oder Creutzfeld-Jakob-Krankheit (CJK) besitzen falsch gefaltete Proteine, welche ein Absterben der Nervenzellen bewirken. Sensoren erkennen die fehlerhaften Proteine und stellen die weitere Bildung neuer gesunder Proteine nahezu ein. Dies führt zum Untergang der Zelle. Der Produktionsstopp wird durch ein Enzym, welches man PERK nennt, bewirkt. PERK steht für Protein-Kinase, RNA-like Endoplasmic Reticulum Kinase.

Frau Prof. Giovanna Mallucci von der University Leicester in Grossbritannien und ihr Forscherteam entfernten das PERK-Enzym aus der Zelle. Die Anhäufung der falschen Prionen in der Zelle blieb bestehen, neue gesunde Proteine wurden gebildet. Die Zelle überlebte. Nach einiger Zeit waren auch die Symptome der Krankheit verschwunden.

Die Versuchs-Mäuse befanden sich in der siebten und neunten Woche nach der Prioneninfektion. Beide hatten zu diesem Zeitpunkt bereits defekte Prionen in den Nervenzellen, nur zeigten die Tiere, welche seit sieben Wochen krank waren, noch keine Verhaltensstörungen bzw. Auffälligkeiten.

12 Wochen später waren die Nager in beiden Gruppen symptomfrei. Die zuvor schon vorhandenen Gedächtnisstörungen konnte man leider nicht mehr rückgängig machen. Einzige Nebenwirkung war eine Abnahme des Körpergewichtes um 20%, wenn die Tiere jünger als sechs Monate waren.

Der Weg von den Mäusen zum Menschen ist lang. Die britischen Wissenschaftler sagen selber, man müsse die Therapie deutlich weiter entwickeln, bevor man auch nur daran denken kann, sie beim Menschen auszuprobieren.

Das größte Problem besteht momentan darin, PERK auszuschalten. Es befindet sich leider nicht nur in den Neuronen, sondern überall im Körper. So auch in der Bauchspeicheldrüse. Dort bringt es den Blutzuckerspiegel außer Kontrolle. Menschen die unter einem PERK-Enzymdefekt leiden, entwickeln immer Diabetes, ihre Leberfunktion und ihr Wachstum sind gestört.

Medikamente, die problemlos bei Nagern ein Wirkspektrum entfalteten, versagen im menschlichen Organismus. Fachwissenschaftler stehen der neuen Studie, die im Oktober 2013 im <<*Science Translational Medicine*>> erschien, skeptisch entgegen[252].

Was man dagegen tun kann? Die Antwort ist fast ganz einfach. Man greife anstatt zur Maus nach Hefe. Ganz so wie einer der Medizin-Nobelpreisträger von 2013, Randy Schekman. Er hat nach Genen in der Bäckerhefe gesucht, um Transportprozesse der Zelle aufzudecken.

Auch Wissenschaftler der Universität von Wisconsin, Madison, benutzten dieses Modell. Sie wollten die Auswirkungen eines geringen Zinkgehaltes in der Zelle studieren. Zink brauchen alle Zellen, sagte Prof. Eide aus Madison.

Zink ist notwendig, um Proteine richtig zu verankern und in der gewünschten Form auszurichten. Es geht im Grunde um die richtige Konzentration in der Zelle.

Zinkmangel hinterlässt seine Spuren. Die Proteine falten sich fehlerhaft. Das Gen Tsa1 schützt die Proteine vor Verklumpung. Hat man jedoch weder Zink noch Tsa1, endet das in einer Proteinaggregation, ganz so wie man es bei Parkinson- oder Alzheimer-Patienten findet. Forscher arbeiten daran, wie man dieses Wissen therapeutisch nutzen kann[253].

Wie können wir unsere Tiere vor einer BSE-Infektion schützen? Dazu müssen wir wissen, wie man sich anstecken kann. Bisher glaubte man, eine Übertragung findet nur durch den Verzehr infizierter tierischer Produkte statt. Eine horizontale Übertragung von Kuh zu Kuh galt als unwahrscheinlich. Bei der Schafskrankheit Scrapie ist ein vertikaler Übertragungsweg durchaus bekannt. Das heißt, die Krankheit wird vom Muttertier auf das Neugeborene durch Blut oder Fruchtwasser bei der Geburt weitergegeben.

So war es verwirrend, zu beobachteten, dass ein ganz kleiner Anteil der Kälber von kranken Tieren selber BSE entwickelte[254].

Man geht der Frage nach, wo sich Prionen noch befinden könnten. 2012 konnte man Prionen in den Körperflüssigkeiten nachweisen. Man fand sie auch im Speichel von BSE Rindern. Man glaubte, eine Möglichkeit zu haben, neue Tests zu entwickeln. Bis jetzt kann eine sichere Diagnose nur postmortal gestellt werden, wenn Prionen als sogenannte Plaques vorliegen.

Ein japanisches Forscherteam mit Prof. Yuichi Murayama vermutete, einen neuen Übertragungsweg gefunden zu haben, der sich leider als falsch erwies. Denn es ist epidemiologisch nicht erwiesen, dass krankmachende Prionen in Milch, Speichel, Blut oder Rückenmarksflüssigkeit ansteckend sind.

Ein Testsystem, welches die Krankheit im lebenden Tier anzeigt, bevor die Symptome sichtbar sind, wäre allerdings ein sicherer Weg, um BSE zu kontrollieren[255].

In Wisconsin fand man abnormal gefaltete Prionen-Proteine auch in Pflanzen. Genauer gesagt, in Tomaten, Mais und Luzerne. Wildtiere, die davon fressen, können sich mit Chronic Wasting Disease (CWD) infizieren.

In US-Bundestaat Wisconsin brach diese Seuche bei Hirschen erst 2002 aus. Obwohl in Colorado und Wyoming die ersten Fälle schon Mitte der 90er Jahre auftraten.

Mäuse, denen man infizierte Pflanzenbestandteile, wie Blätter und Stängel injizierte, erkrankten. Dies ist eine wichtige Entdeckung, da man so höchstwahrscheinlich eine weitere Ansteckungsquelle ausfindig machen konnte.

Der Staatsveterinär Dr. Kazmierczak von Wisconsin meinte, eine Molekulare-Barriere sei verantwortlich, dass TSE-Krankheiten nicht von den Pflanzen auf Menschen und Rinder übertragen werden. Auch das Fleisch verseuchter Tiere könne dem Menschen nichts anhaben.

Denn mehr als 800 Jäger aus Wisconsin hätten Fleisch von CWD-erkrankten Tieren konsumiert, ohne sich dabei mit Creutzfeldt-Jakob Disease anzustecken. In den Vereinigten Staaten sei kein einziger Fall einer Weitergabe der Erkrankung durch Wildtiere bekannt, betonte Dr. Kazmierczak.

Viele sind jedoch überzeugt, man solle die Gefahr, die von CWD ausgeht, nicht herunterspielen. In Wisconsin haben die Erkrankungen bei Hirschen in den letzten elf Jahren zugenommen. Der Anstieg von acht auf 27% sei erschreckend, sagte Robert Rolley, der an der Studie beteiligt war.

In Wyoming sind 40-50% aller weiblichen und männlichen Hirsche, die älter als zwei Jahre sind, infiziert. In Wisconsin wurden Ende November 2012 während einer neuntägigen Jagdsaison von 633.460 lizensierten Jägern 243.739 Hirschböcke und Hirschkühe geschossen. Vor dem Fleischverzehr wird wegen der CWD-Erkrankung gewarnt.

Der Gouverneur von Wisconsin, Scott Walker, will Schritte einleiten, um die Tierseuche einzudämmen. Die Befunde, wonach Prionen-infizierte Pflanzen eine weitere Ansteckungsmöglichkeit haben, werden von Bryan Richards, dem Projektleiter des <<*National Wildlife Health Center*>> ernst genommen[256].

Sie werden sich jetzt wundern, warum ich Ihnen das alles berichte. Ich weiß schon länger, dass Prionen in Pflanzen vorkommen. Wir wollten mit unserer Studie den Übertragungsweg von Pflanzen zu Wildtieren nachweisen.

Nächste Woche sollte damit angefangen werden, unsere Versuchstiere zu füttern. Wir waren nahe dran, die mysteriöse Barriere aufzudecken, die Menschen und Rinder davor schützt, um von einer Tomate TSE zu bekommen.

Aber jetzt ist alles zerschlagen. Das wirft uns schon um einige Zeit zurück. Zeit, in der es um das Wohl der Menschen geht. Die Pflanzen sind zerstört.

In den speziell gezüchteten Pflanzen hatten wir die Prionen mit Leuchtmarkern gekennzeichnet. Wir waren so nahe dran, die Ergebnisse als Erste zu publizieren."

"Meinen Sie, es handelt sich um Sabotage? Ein anderes Labor wollte nicht, dass sie die Ersten sind, die das herausfinden?", fragt Leonhard.

"Mein Fokus liegt zuallererst auf dem Verlust. An so etwas habe ich jetzt noch gar nicht gedacht. Es könnte aber auch sein, dass es irgendwelche Leute sind, die Angst haben, wir würden Versuchstiere unnütz quälen. Ich will zwar nicht spekulieren, dazu bin ich zu erschüttert, nur meine Versuche waren streng geheim. Welches andere Labor sollte also davon wissen?

Sicher, unser Institut wurde immer von irgendwelchen Demonstranten umstellt, die meinten, wir machen Genversuche. Für sie waren wir doch Spinner, welche auf ihre Kosten die Welt verändern wollten. Jemand mit so einer Gesinnung ist der festen Überzeugung er tut noch etwas Gutes, wenn er Versuchsanlagen zerstört.

4.2 GENTECHNOLOGIE AUF UNSERE KOSTEN

*I*n einem Artikel über Biokapitalismus fragt Shenk, was für einen Preis wir für die Genetische Revolution zahlen? Er bezieht sich dabei auf die <<if-then conclusion>>. Wenn wir erfahren, dass das ungeborene Kind einen Defekt hat, würden wir es dann behalten? Das menschliche Genom, das z. B. Down-Syndrom aufweist, könnte einen guten Grund bieten, ein Kind zu töten. Oder wir selektieren den gesunden Embryo nach einem kleinen genetischen Einblick. <<Soll es Eltern erlaubt sein, ein Kind abzulehnen, wenn es nicht ihren genetischen Vorstellungen entspricht?>>, fragt Shenk.

Ein Gentest gibt uns Einblick in das Naturgesetz. Wenn ich die Gene habe, resultiert daraus eine bestimmte Krankheit. Und alles, was wir versuchen, ist das Naturgesetz nun durch das menschliche Gesetz zu ersetzten. Wenn ich ein krankes Kind habe, darf ich es laut menschlichem Gesetz sogar abtreiben[257]. Und wenn das Kind schon geboren ist, darf man es in den Niederlanden, per Gesetz, nach der Geburt euthanasieren.

Professor Huntington Potter, Neurologe an der Colorado-Universität, will Alzheimer heilen. Nein, nicht mit humanen embryonalen Stammzellen. Die sind sowieso fast obsolet, nachdem man zunehmend einen Einblick in die Welt der Prionen und ihre abnormalen Faltungen genommen hat. Dr. Potter postulierte schon vor einem viertel Jahrhundert die These, dass Alzheimer und Down-

Syndrom miteinander verknüpft sind. Nicht nur diese, sondern auch Diabetes und Periphere arterielle Verschlusskrankheiten[258].

Wissenschaftler wissen nicht, warum man in den Gehirnen von Alzheimer-Patienten Ansammlungen von Beta-Amyloid-Plaques findet. Aber sie haben ihre Theorien. Im November 2010 präsentierte Prof. Lenzken und sein Team von der Milano-Universität in Italien die Theorie, dies alles würde durch eine Schädigung und der damit verbundenen Dysfunktion der Mitochondrien zu tun haben. Andere Forscher sprechen von toxischen Einflüssen Auch hört man oft von infektiös bedingten Ursachen[259].

Es gibt Hinweise, dass Pflanzenfette, sogenannte Sterine, die in Nüssen und Hülsenfrüchten vorkommen, die Entstehung von Beta-Amyloid im Gehirn schützen und den Ausbruch des Alzheimer-Demenzleidens hinauszögern können[260].

Einige erwähnen ein Gen, welches die Beta-Proteine bildet, die man in den Plaques von Alzheimer-Patienten findet. Natürlich gibt es Gegner dieser Theorie, die meinen, das Gen selber spiele nicht die Hauptrolle für den Ausbruch der Krankheit. Sonst müßten ja bei eineiigen Zwillingen beide Alzheimer bekommen, was nicht der Fall ist. Man glaubt eher an Umweltfaktoren, die eine Rolle spielen[261]

Erstmals haben US-Forscher im Jahr 2014 das Insektizid DDT, das 1940 bis 1972 in den USA zur Bekämpfung der Moskitos eingesetzt wurde, mit der Alzheimererkrankung in Verbindung gebracht[262]. Wobei eine Studie aus dem Tropenmedizinischen Institut in Liverpool fand, dass Moskitos mit einer einzigen Genveränderung gegen DDT und andere Chemikalien resistent geworden sind[263].

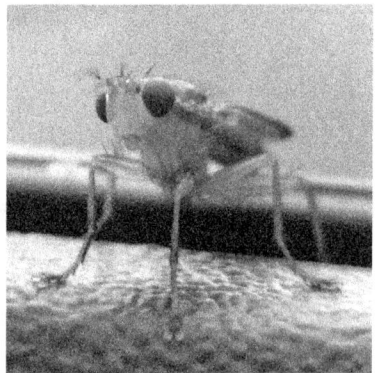

Dr. Potter veröffentlichte 2010 einen Artikel in der Fachzeitschrift <<*Molecular Biology*>>, in dem er Bezug auf das Beta-Amyloid nimmt. Dieses beeinflusst den Spindelapparat, welcher in der Zelle bei der Trennung der Chromosomen beteiligt ist. Wenn das Netzwerk zerstört ist, kommt es zu einer falschen oder abnormalen Chromosomenzahl.

Dr. Potter fand bei seinen Patienten solche mit drei Kopien des Chromosoms 21. So etwas nennt man Trisomie 21. Leute, die unter dem Down-Syndrom leiden, besitzen die gleiche Konstellation. Das Vorhandensein eines zusätzlichen Chromosoms bedeutet, sie haben drei mal das Beta-Amyloid Gen. Somit kommt es zu einer Überexpression und letztendlich zur Plaque-Bildung. Wissenschaftler betrachten Alzheimer als eine späte Form des Down-Syndroms. Pathologisch gleicht das Gehirn eines 30- bis 40-jährigen Menschen, der an Down-Syndrom leidet, dem eines Alzheimer-Patienten. Laut Dr. Potter verursachen Beta-Amyloide Schlaglöcher auf unserer Protein-Autobahn. Somit kann das Gepäck nicht mehr fachgerecht durch die Zelle transportiert werden. Alzheimer entsteht wahrscheinlich durch die ständige Neubildung von Trisomie 21, wodurch zusätzlich Beta-Amyloid produziert wird. Viele Alzheimer-Patienten entwickeln Diabetes und Herzkreislauferkrankungen. Für den Experten handelt es sich somit nicht um separate Krankheiten, weil sie alle miteinander vernetzt sind[264].

Elizabeth Head, vom <<Sanders-Brown Center on Aging>> der Universität Kentucky beobachtete, dass Down-Syndrome Patienten die entstandenen Schäden reparieren und somit kompensieren können. <<Ihre Gehirne können die Plaques einfach wegräumen>>. Sie hat damit angefangen, Down-Syndrom Patienten zu rekrutieren. Sie braucht Freiwillige, die an ihren Studien teilnehmen. Im Alter verlieren einige der Patienten die Fähigkeit, die Plaques aus dem Weg zu räumen.

Forscher wissen nicht, wie sich eine zusätzliche Kopie des Chromosoms 21 auswirkt, um eine Krankheit zu bekommen. Man vermutet, dass eine dreifache Anzahl desselben Gens die Anfälligkeit des Körpers für gewisse Krankheiten steigert oder schützt. Down-Syndrom Patienten haben zum Beispiel einen höheren

Cholesterinspiegel. Sie erkranken jedoch niemals an hohem Blutdruck. Gene, die auf dem 21. Chromosom liegen, verhindern das Gefäßwachstum, sodass Tumore oder eine Makuladegeneration nicht entstehen können. Pharmakologen nutzen diese Information, um Krebsmedikamente zu entwickeln, sagt Roger Reeves von der John Hopkins-Universität. So sind sie dankbar gegenüber der Down-Syndrom-Gemeinde, weil sie der Wissenschaft so viel beibringen[265].

Kinder, die heute geboren werden, können darauf hoffen, im Alter Medikamente zur Verfügung zu haben, die Alzheimer heilen. 2002 hatte man noch 15 Embryos in den USA getestet, ob sie Gene geerbt haben, die in einem eventuellen Zusammenhang mit Alzheimer standen. Man wollte sicher sein, ein Baby zur Welt zu bringen, welches später einmal nicht Alzheimer bekommen sollte[266].

Wie wir seit 2010 wissen, wird Alzheimer selten vererbt. Ein einziges Gen kann sich zwar schon auswirken, nur arbeitet es mit vielen, vielen Faktoren zusammen, wozu auch der Lebensstil gehört, oder was die Mutter während ihrer Schwangerschaft verzehrt. Ich frage mich immer wieder, ob wir nicht einen zu hohen Preis für unsere modernen Biotechnologien zahlen?

Auch wenn ich jetzt auf humane Probleme eingegangen bin. Ich kann jederzeit auch problematische Entwicklungen bei grünen Biotechnologien erläutern. Dazu muss ich nicht mal so weit weg gehen. Denken Sie an die Patente auf genmanipulierte Pflanzen. Prinz Charles kühnste Sorgen und Ängste wurden in der Realität bei weitem noch übertroffen. Wir alle haben Berichte über Kleinbauern in Indien gelesen, die sich selbst das Leben nahmen und die Zukunft ihrer Kinder damit vollends zerstörten. Man spricht von einem genmanipulierten Genozid. Vielen Bauern wurden hohe Pflanzenerträge vorhergesagt, wenn sie ihre boden- und klimaangepassten Pflanzensorten gegen genmanipuliertes Saatgut eintauschen. Die Versprechungen, das schnelle Geld zu verdienen, wurde vielen Bauern in Indien zum Verhängnis. Als die Ernte zum Misserfolg wurde, hatten sie tiefe Schulden und wussten keinen anderen Ausweg als Selbstmord. Prinz Charles von England bezeichnet die Genmanipulation als eine <<globale moralische Frage>>.

Der Prinz macht sich prominente und einflussreiche Lobbyisten durch seine Reden zu Feinden. Die Behörden in Indien hatten die neuen Biotechnologien ohne Zögern in ihr Land gelassen. Sie bekamen im Gegenzug Devisen. Dadurch erhofften sie sich Hilfe für ihre ökonomische Revolution. Städte wie Mumbai und Delhi boomten. Das Land der Kleinbauern fiel jedoch zurück ins Mittelalter.

In den letzten Jahren wurde die Fläche, auf welcher gentechnisch manipulierte Saaten angebaut wurden, verdoppelt. Viele Farmer meinen, sie haben einen zu hohen Preis gezahlt bei ihrem Versuch, der Armut zu entrinnen.

Es wird berichtet, dass sich monatlich tausende Bauern das Leben nehmen wegen der Krise, in der sie stecken. Einfache Bauern vergiften sich mit den teuren Insektiziden, die sie eigentlich auf ihre genmanipulierten Pflanzen aufbringen sollten. Viele hatten sich Geld geliehen, um GM-Saatgut zu kaufen.

10£ zahlten sie für 100 Gram GM-Samen. Für diesen Preis hätten sie 1000 mal mehr traditionelles, eigenes, angepasstes Saatgut erhalten. Nur dieses gab es gar nicht mehr zu kaufen. GM-Händler redeten von ihrem <<*magischem Samen*>>, der ihnen eine bessere Ernte ohne Parasiten- und Insektizid-Befall bescheren würde.

Was sie wirklich erhielten, war eine Katastrophe. Angeblich schädlingssichere Baumwollpflanzen wurden durch den Baumwollkapselwurm verwüstet. Boden und Wasser wurden mit Pestiziden verseucht. Die GMO-Pflanzen verbrauchten zuletzt die doppelte Menge an Wasser. In den letzten zwei Jahren regnete es kaum in Indien. All das erhöhte die Schulden der Farmer. Wenn in den früheren Jahren die Ernte schlecht ausfiel, konnte man aufgehobenen Samen im nächste Jahr ausbringen. Das geht nicht mit GM-Mais. Durch die sogenannte <<terminator technology>> kann die Feldfrucht keine eigenen Samen erzeugen. So müssen die Bauern jedes Jahr neuen teuren Samen kaufen. Was sie jedoch nicht mehr konnten.

Was zurück bleibt, sind Waisenkinder. Ihnen wollten ihre Eltern eigentlich aus der Armut helfen[267].

Bereits 1944 beschrieb C.S. Lewis in seinem Roman <<Die Abschaffung des Menschen>> die absolute biotechnologische Macht als zerstörerisch. Er prangert den wissenschaftlichen Fortschritt an, der missbraucht wird, um die menschliche Natur immer stärker zu manipulieren. Er schreibt, die Natur ist stärker als jede wissenschaftliche Manipulation. Sie wird zurückschlagen und am Ende siegen. Und sehr wahrscheinlich die vom Menschen begonnene Selbst-Abschaffung vollenden. Das Buch würde ich Ihnen empfehlen, Leonhard. Ach was, kommen Sie morgen bei mir im Institut vorbei, ich schenke es Ihnen. Ich habe immer ein paar Exemplare davon in meinem Zimmer. Außerdem müssen wir sowieso bereden, was Sie in dem Artikel schreiben."

Leonhard bedankt sich und versichert zu kommen. Dann schweigen beide. Der junge Beifahrer ist unfähig, etwas zu sagen. Zudem sind sie bereits wieder zuhause. Prof. Anderson setzt ihn bei seiner Studentenbude ab, die er immer noch bewohnt. Leonhard merkt jetzt erst, wie müde er ist. Vernichten wir uns selbst?, fragt sich der junge Journalist und fällt hundemüde in sein Bett.

############## ENDE ##############

ZUSAMMENFASSUNG

Die Autorin berichtet in einer Art Interview-Stil über komplexe Fachthemen der industriellen Biotechnologie (Weiße Biotechnologie), der medizinischen Biotechnologie (Rote Biotechnologie) und der Pflanzenbiotechnologie (Grüne Biotechnologie, Agro-Gentechnik). Das Buch umfaßt ein sehr weites Spektrum. Behandelt werden die menschlichen Eingriffe in die Natur: Die Schädigung der Umwelt, der Verlust an natürlichen Ressourcen, ökologischen Systemen und der Artenvielfalt, Eingriffe in die Landwirtschaft, genveränderte Pflanzen und Tiere, Bioethanolproduktion und weltweite Nahrungsnot. Umweltbelastung durch Plastikmüll, Chemikalien, Antibiotika, Hormone, Östrogen, Testosteron, Schimmelpilze, Insektizide, Bienenverluste, Herbizide, Nitrate, Phosphate, Versauerung der Meere durch CO_2 und ihre Folgen. Eingriffe in das Erbgut der Menschen, Künstliche Befruchtung, Klonen, Stammzellen, Besamung von Tieren, Eizellenspenden, Feminisierung, Kontrazeptiva, Alzheimer, Prionen, Chronic Wasting Disease, TSE, u.v.a.m. Die moralisch-ethischen Grenzen werden ausführlich diskutiert. Das Buch lässt sich leicht lesen. Die vielschichtigen Themen der Biotechnologie werden unkompliziert und allgemein verständlich, anschaulich und interessant erklärt. Ein ausgezeichnetes Nachschlagewerk, das zum Nachdenken über die natürlichen, technischen, sozialen und moralisch-ethischen Grenzen der Biotechnologien anregt.

ÜBER DIE AUTORIN

Dr. med. vet. Edith Elisabeth Maria Breburda, geboren in München, studierte Medizin, Tiermedizin und einige Semester Agrarwissenschaften sowie Psychologie an der Ludwig-Maximilians Universität München, der Freien Universität Berlin und der Justus Liebig Universität Gießen. Sie promovierte 1996 mit "sehr gut" zum Dr. med. vet. mit einer Arbeit über die Regenerierung von Epiphysenfugenfrakturen, die sie am Zentrum für Experimentellen Orthopädie der Philipps-Universität Marburg anfertigte.

Danach folgten wissenschaftliche Tätigkeiten über Knochenersatzmaterialien an der Klinik für Experimentelle Unfallchirurgie der Universität Gießen. Nach einem kurzen Lehraufenthalt am Institut für Veterinär-Anatomie, -Histologie und -Embryologie der Universität Leipzig ging sie 2001 für weitere Forschungsarbeiten an die University of Wisconsin-Madison/USA.

Dort arbeitete sie als Wissenschaftliche Mitarbeiterin bei Prof. Dr. Hector F. DeLuca am Department of Biochemistry. Danach setzte sie ihre Forschungsarbeiten am Wisconsin National Primate Research Center der University of Wisconsin-Madison fort.

Dr. Breburda ist eine national und international anerkannte biomedizinische Expertin. Sie hat zahlreiche Bücher und Artikel zu biomedizinischen und bioethischen Themen veröffentlicht. Eine ihrer wissenschaftlichen Publikationen wurde 2006 vom National Institute of Health in Washington ausgezeichnet. Papst Benedikt XVI. wurden ihre Bücher überreicht.

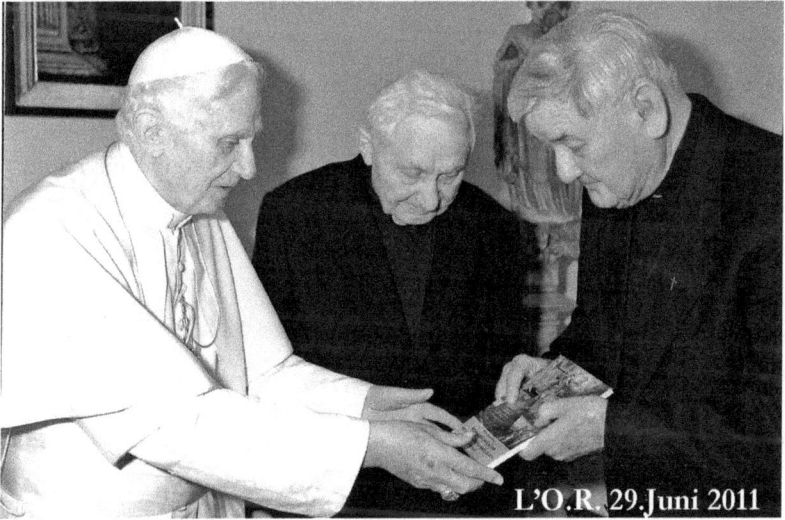

L'O.R. 29.Juni 2011

LITERATUR

[1] Verberg M.F., Eijkemans M.J., Heijnen E.M., Broekmans F.J.,Klerk C., Fauser B.C., Macklon N.S.: Wobei eine Studie aus dem Tropenmedizinischen Institut in Liverpool fand, dass Moskitos mit einer einzigen Genveränderung gegen DDT und andere Chemikalien resistent geworden sind[1].

[2] http://www.singlemothersbychoice.org/

[3] Daily Mail Reporter: 'Frozen' IVF babies are 50 per cent more likely to be over-sized raising risk of difficult birth. Daly Mail UK, 8. Julie 2011

[4] Belluck P.: Boys Now Enter Puberty Younger, Study Suggests, but It's Unclear Why, New York Times, Published: 20. October, 2012

[5] Spiegel Wissenschaft, Medizin, Genforschung: Wiedergeburt des Neandertalers: "Vielleicht sind sie intelligenter als wir", 15. Januar 2013

[6] Spiegel Gesundheit: "Warum die Pille-danach keine Abtreibung ist", 25. Januar 2013

[7] Breburda E: Genetically modified food and the morning-after-pill. Bioethics, F.I.A.M.C. Rom, Dezember 2013

[8] Bintz K.L.: International Sport-horse Registry, 939 Merchandise Mart, Chicago, IL 60654, Februar 1995

[9] Wirtschafts Woche, Innovationen Züchtung: "Viel Fleisch und viele Eier", 24. 01. 2013

[10] Foote R.H.: The historical or artificial insemination: Selected notes and notables, Department of Animal Science, Cornell University, Ithaca, NY 14853-4801, 2001

[11] Drallmeyer S.: Vergleichende Darstellung der DNA-Methyltransferase 1 und 3a mittels Immunzytochemie in frühen bovinen Embryonalstadien (Tag 1-7) aus In-vivo und In-Vitro-Produktion, Dissertation, Tierärztliche Hochschule Hannover, 2008

[12] Albuquerque-New Mexico: Judge clears way for horse slaughterhouses. Wisconsin State Journal, 2. November 2013

[13] Breburda E.E., Dambaeva S.V., Golos T.G.: Selective Distribution and Pregnancy-Specific Expression of DC-SIGN at the Maternal-Fetal Interface in the Rhesus Macaque: DC-SIGN is a Putative Marker of the Recognition of Pregnancy. Placenta, 27, 11-21, 2006

[14] Priehn–Küpper S.: Klonen von Säugetieren, Dollys Zoo – das kopierte Leben. Zahnärztliche Mitteilung, 97, Nr. 12, 16.6.2007

15 Schulte von Drach M.C.: Sexualhormone in der Schweinehaltung. Süddeutsche, 7. Januar 2014

16 Garms A.: Wasseranalysen zeigen, was Ärzte verschreiben. Die Welt, 14.11.2013

17 Reiter J.: Bioethik, Mitschrift vom Wintersemester 2002/2003 von Anke Heinz: Ansprache Pius XII. 1944,

18 Breburda E.: Die USA werden von "biblischen Plagen" heimgesucht: Nach der Dürre folgte eine gefährliche Pilzkrankheit. Christliches Forum, 16. August 2012

19 Die Welt: Gesunder Lebenswandel schützt das Erbgut. Zellalterung, 18.09.2013

20 Epping B.: Krank durch Klonen. Bild der Wissenschaft, Ausgabe 9, Seite 30, 2002

21 Cann R.L., Stoneking M., Wilson A.C.: Mitochondrial DNA and human evolution. Nature. Jan 1-7; 325 (6099): 31-6. 1987

22 Apfel P.: Ein Kind, zwei genetische Mütter. Reproduktionsmedizin, Focus, 5.5.2011

23 Freyer C. et al.: Variation in germ line mtDNA heteroplasmy is determined prenatally but modified during subsequent transmission. *Nature genetics*, doi: 10.1038/ng.2427; 2012

24 Epping B.: Trotz der Bilder von "glücklichen" Klon-Tieren: Ob auch ein einziges von ihnen wirklich gesund ist, steht derzeit in Zweifel. Bild der Wissenschaft; 9/2002

25 Deng J., Shoemaker R., Xie B., Gore A., Leproust E. M., Antosiewicz-Bourget J., Egli D., Maherali N., Park I. H., Yu J., Daley G. Q., Eggan K., Hochedlinger K., Thomson J., Wang W., Gao Y., Zhang K.: Targeted bisulfite sequencing reveals changes in DNA methylation associated with nuclear reprogramming Nat. Biotechnol. 29.3.2009

26 Weinhäupl G.: Analyse epigenetischer Mechanismen in der Wirkung von Umweltfaktoren auf die menschliche Gesundheit, basierend auf modernen Forschungsergebnissen. Diplomarbeit, Universität Wien, Ökologische Fakultät, Seite 8, http://othes.univie.ac.at/3489/1/2009-02-03_8503620.pdf, Januar 2009

27 Szyf M., Weaver I., Meaney M.: Maternal care, the epigenome and phenotypic differences in behavior. Reprod. Toxicol. 2007 Jul; 24(1):9-19. Epub 10.5.2007

[28] Ho M.W. und Burcher S.: GM maize and dead cows. Institute of Science in Society, science society sustainability. ISIS Report 13.01.04

[29] Monet D.: Plant diversity and seed saving are the foundations of agricultural sustainability. http://doloresmonet.hubpages.com/

[30] Breburda E.: Genmanipulierte Kinder - haben wir noch nichts gelernt? Kath.net, 17. Juli 2012

[31] Sommer M.: Futter im Tank, Süddeutsche Zeitung, 8. November 2013

[32] Cappiello D. und Apuzzo M.: As environmental costs mount, many question ethanol as 'green' power. Wisconsin State Journal, 12. November 2012

[33] Associated Press: Proposed ethanol reduction could hurt farmers. CNBC News, 15. November 2013

[34] Liebrich S.: Mehr Gift, weniger Ertrag. Süddeutsche, 23. Januar 2014

[35] Maaß S.: Pestizide angeblich viel giftiger als deklariert. Die Welt, 31. Januar 2014

[36] Charles D.: Americans farmers say they feed the world, but do they? Boston's NPR news station, 17. September, 2013

[37] Breburda J.: Auswirkungen der landwirtschaftlichen Bodennutzung auf Bodenfruchtbarkeit und Umwelt in der GUS. Giessener Universitätsblätter 1992

[38] Warren M. und Pisarenko N.: Argentines blame health problems on agrochemicals. Wisconsin State Journal, Monday, October 21, 2013

[39] Ward S.: Gulf "dead zone" predicted to set a record. The Advocate News, Baton Ruge, LA. Jul 16, 2008

[40] Zabarenko D.: Gulf of Mexico "dead zone" overlaps BP spill zone. Washington Post, Monday, August 2, 2010

[41] Spiegel: Riesiger Algenteppich: Grünlicher Schaum überzieht Rios Strände. 01.02.2014

[42] Spiegel: Extreme Algenblüte in China. 5.7.2013

[43] Flescher J.: Scientist say excessive nutrient runoff causing oxygen-starved "dead zone" in Green Bay. StarTribune, Minneapolis, 15. August 2013

[44] Stokstad E.: Warning Sign on the Colorado River. Science Insider. Breaking news and analysis from the world of science policy. August 16, 2013

[45] Hendricks L.: Flagstaff races toward winter drought record. Azdailysun. 29.

Januar 2014

[46] Neue Zürcher Zeitung. Die Trockenheit belastet Brasileins Börse. 13.02.2014

[47] Obrecht B.: Traumziel Apokalypse, Badische Zeitung, 05. Januar 2013

[48] Dareini A.A. und Rehn A.: Irans größter Binnensee wird zur Salzwüste. Die Welt 22.02.2015

[49] Canfield C.: Lobster shell disease creeps north to Maine. Wisconsin State Journal, August 12, 2013

[50] Bojanowski A.: Welt-Klimareport, Spiegel, 27.10.2013

[51] Huso dauricus: (Georgi 1775), Kaluga, Great Siberian Sturgeon

[52] Ruban G und Quwei W.: The IUCN Red List of threatened species 2012.2 http://www.iucnredlist.org/details/10268/0

[53] News Story Schweiz: 600-Kilo-Stör geht Chinesen ins Netz, Panorama, 21. Mai 2012

[54] Die Welt: Riesige Qualle am Strand in Australien entdeckt. 06.02.2014

[55] News: American Monsters, Giant Squid Kills Fisherman, September 1, 2010

[56] Kupferschmidt K.: Giant squid worldwide are one species. Science Now. 19. März 2013

[57] Jalonick M.C.: FDA to consider approval of modified salmon. Wisconsin State Journal, Monday, September 20, 2010

[58] Ritter M.: "Frankenfood" is already here. Wisconsin State Journal, A9 Thursday, September 23, 2010

[59] Linnane R.: Mysterious virus infects trout in state hatcheries. Wisconsin State Journal, September 3, 2013

[60] Ballwieser D.: Uno-Entwurf: Klimawandel verschärft weltweite Nahrungsnot. Spiegel, Wissenschaft, 02.11.2013

[61] Reuters: Schwere Umweltschäden durch weggeworfene Lebensmittel. <<Weckruf>> der UNO. Auslandnachrichten, Neue Zürcher Zeitung. 11. September 2013

[62] Mescoli F.: Die schärfste Waffe gegen Schimmelpilze. Die Welt, 11.11.2013

[63] Henke K.: Pilz gefährdet globale Bananenproduktion. Spiegel, 31.12.2013

[64] Adams J.U.: Scoping out a new breed of rules. Are genetically engineered fish and meat coming soon? We examine the Food and Drug Administration's regulations. Los Angeles Times, Monday January 26, 2009

[65] Breburda E.: Ernähren US-amerikanische Farmer die Welt mit genmanipulierten Lebensmitteln? Christliches Forum 17. Februar 2014

[66] Wolff C.: Bauern stehen Gen-Mais weiter kritisch gegenüber. Ahlener Zeitung 13.02.2014

[67] Kohlenberg K. und Musharbash Y.: Die gekaufte Wissenschaft. Neues aus Wirtschaft, Lehre und Forschung, Die Zeit 01.08.2013

[68] Breburda E.: Promises of New Biotechnologies. Scivias Verlag, ISBN 13-978-0615548289, 2011

[69] Vandana Shiva: The seed emergency: The threat to food and democracy. Patenting seeds has led to a farming and food crisis- and huge profits fro US biotechnology corporations. ALJAZEERA, 6. Februar 2012

[70] Randerson J. und Pusztai A.: Biological divide. The scientist at the center of a storm over GM foods 10 years ago tells James Randerson he is unrepentant. Guradian.co.uk Thursday 15. Januar 2008

[71] Lancet: Editorial, Seite 1769, May 22, 1999

[72] Engdahl F.W.: Seeds of Destruction. The Hidden Agenda of Genetic Manipulation, Global Research, 2007. ISBN 978-0-937147-2-2 (Reviewed von Stephen Lendman 22.1.2008)

[73] Bauer A.: Interview mit Prof. Arpad Pusztai. Wir müssen die Wissenschaft verändern. Umweltnachrichten, Ausgabe 102/Dez. 2005

[74] Ackerman F.: The economics of atrazine. Int. J. Occup. Environ. Health. 13 (4): 437-45, Oct-Dec 2007

[75] Waller S.A., Paul K., Perterson S.E. Hitti J.E.: Agricultural-related chemical exposures, season of conception, and risk of gastroschisis in Washington State. Am J Obstet Gynecol, 2002 (3): 241, Seite 1-6, Mar. 2010

[76] Seralini G.E.: Controversial effects on health reported after sub chronic toxicity test: a confidential rat 90 day feeding study. Report on MON 863 GM mais produced by Monsanto Company, June 2005

[77] Kotte A., Müller H. und Dwehus J.: USA steigert GVO-Anbau erneut. AgrarHeute, Allgemein, 11.07.2013

[78] Steinbrecher R.A.: Ecological consequences of Genetic engineering. In: Redesigning Life? By Tokar B. Witwatersrand University Press, Johannesburg, Zed Books, London, New York, a) page 86; 2001

[79] Malone et al.: In vivo responses of honeybee midget proteases to tow protease inhibitors from potato, Journal of Insect Physiology, vol 44. no 2, 1998

[80] Die Welt: Strengere Grenzwerte für zwei Pestizide gefordert. 18.12.2013

[81] Rabesandratana T.: European Commission wants to restrict potentially bee-harming pesticides. Science Insider 31. January 2013

[82] Nachtigall G.: Mit Clothianidin gebeiztes Saatgut ist nach Untersuchungen des Julius Kühn-Institutes Ursache für aktuelle Bienenschäden in Baden-Württemberg. Informationsdienst Wissenschaft 16.05.2008

[83] Maaß S. und Wüpper G.: Das Sterben der Insekten kostet die Weltwirtschaft Milliarden. Die Welt. 18 Julie 2013

[84] The Grower: Genetically modified orange trees set for Florida field trials. 16.1.2012

[85] Bauer K. et al.: Weinbau 8. Auflage, Österreichischer Agrarverlag, ISBN 978-3-7040-2284-4, Wien 2008

[86] Rosenkranz P., Aumeier P., Ziegelmann B.: Biology and control of Verroa destructor. Journal of Invertebrate Pathology, Vol. 103 Supplement: January 2010

[87] Deutsche Nachrichten Agentur: Insektenvernichter: Spinnengift wirkt besser als jede Chemikalie. Spiegel, Freitag, 13.09.2013

[88] Sakai J.: Protecting our Pollinators. GROW Wisconsin's Magazine for the Life Science, Volume 6, Issue 3, Summer 2013

[89] Latsch G.: Are GM Crops Killing Bees, Der Spiegel, 22.3.2007

[90] Heinemann P.: Zombie-Bienen breiten sich in Nordamerika aus. Die Welt, 03.02.2014

[91] Uken M.: EU-Kommission erlaubt Import von Supergenmais. Zeit, Wirtschaft, 6.11.2013

[92] Steinbrecher R.A.: Ecological consequences of Genetic engineering. In: Redesigning Life? By Tokar B. Witwatersrand University Press, Johannesburg, Zed Books, London, New York, page 88;

93 Steinbrecher R.A.: Ecological consequences of Genetic engineering. In: Redesigning Life? By Tokar B. Witwatersrand University Press, Johannesburg, Zed Books, London, New York, page 97, 2001

94 Tegan W.: Herbicides threaten state's grape farmers. Wisconsin State Journal, Agriculture, Montag, 9. September 2013

95 AGES: Nachhaltige Pflanzenproduktion Wien. Kirschessigfliege, 10.08.2012

96 Briefly: Arsenic, Wisconsin State Journal. 7. September 2012

97 Stone R.: Gift im Korn, Gefahr durch Arsen. Süddeutsche Zeitung, 16.7.2008

98 Normile D.: Scientists condemn destruction of golden rice field trail. ScienceInsider. Breaking news and analysis from the world of science policy, August 15, 2013

99 Breburda J.: Cultivation of China's Soils, Kindle Ebook, 2011

100 Reuscher C.: Die Camorra verseucht die Toskana mit Giftmüll. Die Welt, 30.12.2013

101 Becker M.: Sicherheitskonferenz: Studie warnt vor Wasserkrise in China und Indien. Spiegel, 02.02.2014

102 Chin J., and Spegele B.: China's Bad Earth. Industrialization has turned much of the Chinese countryside into an environmental disaster zone. The Wall Street Journal, Page C1, July 27-28, 2013

103 Strittmatter K.: Smog macht Chinas Männer unfruchtbar. Süddeutsche, 9. 11. 2013

104 Die Welt: Alarmierendes Herzinfarktrisiko durch Feinstaub. 23.01.2014

105 Bojanowski A.: Indien: Smog in Neu-Delhi ist schlimmer als in Peking. Spiegel, 27.1.2014

106 Schrader C.: Dreckschleudern in Kanada. Süddeutsche, 4. Februar 2014

107 Deutsche Press Agentur: Milchprodukt-Hersteller entschuldigen sich nach Bakterienfund. Handelsblatt, 05.08.2013

108 Kimmerle J. und Nath D.: Die weiße Revolution. Zeit, Gesundheit, 4. Oktober 2011.

109 Burkitt L.: Bright food eyes Israeli Diary Firm. The Wall Street Journal, Wednesday, September 4, 2013

110 Roscher W.H.: Ambrosia, Erstes Ausführliches Lexikon der griechischen

und römischen Mythologie. Band 1,1, Leipzig 1886. Kirke Episode der Odyssee: 5,197 Während der Göttin Ambrosia und Nektar serviert werden, bekommt Odysseus nur, was sterbliche Menschen essen. 1886

[111] Otto C., Alberternst B., Klingenstein F., Nawrath S.: Verbreitung der Beifußblättrigen Ambrosie in Deutschland. Problematik und Handlungsoptionen aus Naturschutzsicht. in BfN-Skripten. Band 235,2008

[112] Stokstad E.: Europe proposes new effort on invasive species, ScienceInsider. 9. September 2013

[113] Ume V.: Ein Kaukasier breitet sich aus. Husumer Nachrichten, 13. Juli 2013

[114] Batra S.W.: Establishment of Hyles euphorbiae (L.) (Lepidoptera: Sphingidae) in the United States for control of two weedy spurges, Euphorbia esula L. and E cyparissias L. NY Entomol. Soc. 91: 304-311, 1983

[115] Millman J.: In Oregon's war against invasive species, all is fare. The Wall Street Journal, 4. September 2013

[116] Voyles J.: Pathogenesis of Chytridimocyosis, a cause of Catastrophic Amphibian Declines. Science 326, S. 582-585, 2009

[117] Krallenfrosch.de: Zucht im Aquarium, 2002-2003

[118] Lingenhöhl D.: Erste Hinweise auf rätselhaftes Froschsterben. Zeit, Artenschutz. 12. Nov. 2009

[119] Musante T. und Parker H.: Hog Wild. Voracious, destructive feral swine leave havoc in their wake. Wildlife Journal, November, Dezember 2011

[120] Hinterthuer A.: The whole-lake experiment, have invasive crayfish met their match? University of Wisconsin, Madison News, Sept. 6. 2013

[121] McWhirter C.: Shrimp raise big question: Friend or Foe? Invasive Asian Species, not in the US., Has scientists worried about ecosystem. The Wall Street Journal, Saturday, September 7, 2013

[122] Perkins S.: Marine Creatures Migrations Determined by Climate After All. Science 12. September 2013

[123] Glaze J. und Mosiman D.: Emerald ash borer arrives in Madison. Wisconsin State Journal. 26.11.2013

[124] Fritz S.: Behörden in Florida bitten Bürger um Hilfe bei Schlangenjad. SWR Washington, 14.01.2013

[125] Lohman D.: Riesenschlangen erobern Florida. ScineXX Das Wissensmagazin 15.10.2010

[126] Die Welt: Riesenschlangen in Florida geraten außer Kontrolle. Umwelt, Axel Springer AG, 13.11.2009

[127] Dell'Amore C.: Python nightmare: new giant species invading Florida. National Geographic News, Nov.14, 2009

[128] Fred K.: Alien Species. Department of Land and Natural resources State of Hawaii, Sept. 9. 2008

[129] Lendon B.: Tylenol-loaded mice dropped from air to control snakes. CNN.Com Sept. 07, 2010

[130] Marshall E.: Claim of human-cow embryo greeted with skepticism. Science, 288:1390-1391, 1998,

[131] Breburda E.: Promises of New Biotechnologies. Scivias, ISBN-10 0615548288, 29. September 2011, Kindle e-book, 25. März 2011

[132] Spiegel: Menschliche Embryonen. 25.12.2013

[133] Rötzer F.: Britische Forscher haben bereits 270 Mensch-Tier-Embryonen erzeugt, Telepolis, 24.6.2008

[134] Adjaye J.: Stammzellen. Berliner Genforscher warnt vor Chimären-Produktion; James Adjaye: Hybrid-Embryonen «problematisch». Mitteldeutsche Zeitung, 20.05.2008

[135] Zhang Q., Itagaki K., Hauser C.J.: Mitochondrial DNA is released by shock and activates neutrophils via p38 map kinase. Shock. Jul: 34 (1):55-9, 2010

[136] Zhang Q., Raoof M., Chen Y., Sursal T., Junger W., Karim B., Itagaki K., Hauser C.L.: Circulating Mitochondrial DAMPs Cause Inflammatory Responses to Injury. Nature. 2010 March 4: 464 (7285): 104-107

[137] Hornbergs-Schwetzel S.: Blickpunkt Forschungsklonen, DRZE-Research Cloning, April 2008

[138] Bundesministerium der Justiz: Gesetz zum Schutz von Embryonen, Verwaltungsvorschriften im Internet. juris GmbH, 13. Dez. 1990, geändert, 21. Nov 2011

[139] Fuček I.: Das Drama der eingefrorenen menschlichen Embryonen. Zenit, Rom, 1. Julie 2013

[140] Gilbert K.: Top Catholic ethicist duel over frozen embryo adoption. LifeSiteNews, Aug. 2, 2011

[141] Breburda E.: Darf man tiefgefrorene Embryonen adoptieren? Kathnet, 16. August 2011

142 White H.: Vatican misses golden opportunity to evangelize stem cell scientists, LifeSiteNews, April 18, 2012

143 Henckel E.: Bald brauchen wir keine Verhütung mehr. Die Welt, 29.10.2013

144 Breburda E.: Hat es der Vatikan versäumt, Stammzellforscher ausreichend aufzuklären. Christliches Forum, 22. April 2013

145 Neergaard L.: New Studies test how early in life to peek inside DNA, Wisconsin State Journal. Tuesday, October 8, 2013

146 Marchione M.: New gene scans solve mystery disease in children, adults. Wisconsin State Journal, 2. Oktober 2013

147 Brühl J.: US-Behörden stoppen 99-Dollar-Gentest. Süddeutsche.de, 26.11.2013

148 Marshall E.: Company's designer baby patent divides bioethicists. ScienceInsider, 3. Oktober 2013

149 Associated Press: Report Environmental chemicals a pregnancy risk. From mercury to pesticides, Americans are exposed daily to environmental chemicals that could harm reproductive health, the nations' largest groups of obstetricians and fertility specialists said Monday. Madison Wisconsin State Journal, September 23, 2013

150 McNutt M.: Mercury and Health. Science. Vol. 341 no. 6153 p. 1430, 27. September 2013

151 Von der Weiden S.: Die unsichtbare Gefahr aus dem Plastikmüll. Die Welt 24. Februar 2014

152 Associated Press: Plastic plagues Great Lakes. Wisconsin State Journal, Page: A3, July 30, 2013

153 Süddeutsche Zeitung: Müll in der Nahrung von Meeresschildkröten. Plastik statt Quallen. 11. August 2013.

154 Smithers R.: One-third of fish caught in English Channel have plastic contamination. The Guardian, Saturday, Jan. 26, 2013

155 Angle B.M. et al.: Metabolic disruption in male mice due to fetal exposure to low but not high doses of bisphenol A (BPA). Evidence for effects on body weight, food intake, adipocytes, leptin, adiponectin, insulin and glucose regulation. Reprod. Toxicol. Jul. 17, 2013

156 Kavlock R.J., Daston G.P., DeRosa C., Fenner-Crisp P., Gray L.E., Kaattari S., et al.: Research needs for the risk assessment of health and

environmental effects of endocrine disruptors: a U.S. EPA-sponsored workshop. Environ Health Perspect (suppl 104715–740.740), 1996

157 Kristof N.D.: How Chemicals Affect Us, New York Times, Wed, 02 May 2012.

158 Fenichel P., Chevalier N., Brucker-Davis F.: Bisphenol A: An endocrine and metabolic disruptor. Ann Endorcrinol (Paris). July: 74(3) 211-20, 2013

159 Koch W.: Study: Most plastic products trigger estrogen effect. USA Today, May 7, 2011

160 Cone M.: Low doses, big effects: Scientists seek fundamental changes in testing, regulating of hormone-like chemicals. Environmental Health News, March 15, 2012

161 Park A.: BPA Exposure in pregnant woman may affect daughters' behavior. Time, Environmental Health, Oct. 24, 2011

162 Lifsher M.: California adds BPA plastics chemical to warnings list. Los Angeles Times, April 12, 2013

163 Alter L.: Are boys disappearing because of Gender Bender Chemicals? treehugger, September 22, 2008

164 Morrone S.: Humanity at Risk: Are the males going first? Canada's National Newspaper. September 20, 2008

165 Breburda E.: Are men an endangered species? Bioethics, World Federation of The Catholic Medical Association, F.I.A.M.C., Città del Vaticano, 9. August 2013

166 Breburda E.: Sind Männer vom Aussterben bedroht? Christliches Forum, 4. August 2013

167 Özen S. und Darcan S.: Effects of environmental disruptors on pubertal development. J. Clin. Res. Pediatr. Endocrinol. March 3 (1): 1-6, 2011

168 Fröhlich-Reiterer E. und Wustinger M.: Störungen der Pubertätsentwicklung 3.2. Wachstum bei vorzeitiger Pubertät. Arbeitsgruppe Pädiatrische Endokrinologie & Diabetologie Österreich. Mai 2008

169 Breburda E., Wirth Th., Leiser R., Griss P.: The influence of intermittent external dynamic pressure and tension forces on healing of epiphyseal fracture. Archives of Orthopedic and Trauma Surgery, Vol.121, Number 8: 443-449, 2001

170 Karuna Society for Animals and Nature: Karuna takes a lead in anti-plastic bag campaign for the animals. www.karunacociety.org/?page_id=180, 2011

[171] Wonacott P.: Overrun India tries Microchips to track garbage-eating cows. The Wall Street Journal, 10. January 2006

[172] Notz Ch.: Feed no Food- Gras und Heu statt Kraftfutter fürs Rind. FIBL, Forschungsinstitut für biologischen Landbau. 24. 4. 2012

[173] Schindler P.: Bayerisches Landesamt für Gesundheit und Lebensmittelsicherheit: Fäkale Verunreinigungen im Trinkwasser. In: Beitrag im FLUGS-Seminar: Wasser – Reservoir des Lebens. Aktuelle Fragen zu Wasserversorgung und –hygiene, März 2004

[174] Global: Fodder Solutions-Turkey, 2011

[175] Cheng M.: Taste test: Hamburger grown in lab short on flavor but full of optimism. Wisconsin State Journal, Tuesday, August 6, 2013

[176] FAZ.: Rattenfotos gegen Gentechnik. 28.10.2013

[177] Séralini et al. (2012): "Long term toxicity of a Roundup herbicide and a Roundup-tolerant genetically modified maize". Food and Chemical Toxicology, Volume 50, Issue 11, Pages 4221-4231, November 2012

[178] Berndt C.: Fachjournal zieht Veröffentlichung zu Genmais und Ratten zurück. Süddeutsche.de, 29. November 2013

[179] ENSSER Comments on Séralini et al.: European Network of Scientist for Social and Environmental Responsibility, 10-18-2012

[180] Müller-Jung J.: Szenen einer Feindschaft: Wie verfüttert man Gentechnik? Frankfurter Allgemeine Blogs, 07.Februar 2013

[181] GMWATCH: Scientists response to the critics of Séralini's study. Friday, 21 September 2012

[182] Dr. Oz Show: GMO-Foods: Are they dangerous to your health? Interview with Robin Bernhoft on the Séralini rat study. Academics Review, October 17, 2012

[183] Hügel B. und Süßmuth R.: Kommen hormonale Kontrazeptiva als bedenkliche Umweltverschmutzer in Betracht? In: Empfängnisverhütung. Fakten, Hintergründe, Zusammenhänge, Hrsg. v. Süßmuth, Roland, Stein am Rhein, 503-527, S. 504, 2000

[184] University of Pittsburgh: What's In The Water? Estrogen-like Chemicals Found In Fish. Schools of the Health Sciences, 17.4.200717.4.2007

[185] Kidd K.: Effects of a Synthetic Estrogen on Aquatic Populations: a Whole Ecosystem Study. 1994

[186] Metclafe C.: Water Pollution leads to mixes sex fish, Ichthyology in the News. flmnh.ufl.edu/fish/innews/ MixedSex2001.html, 6.12.2001

[187] Ramer H.: Framer's trick for 'tastier' turkeys: Give them beer. Wisconsin State Journal, 09.11.2013

[188] Wenge J.: Wagyu-Rinder- Fleischstücke wie "Goldbarren". Die Welt, 27. Jan. 2014

[189] Umwelt Bundesamt: Weichmacher. 27.08.2013

[190] Von der Weiden S.: Die unsichtbare Gefahr aus dem Plastikmüll. Die Welt 24. Februar 2014

[191] Jürgensen N.: Gefährliche Chemikalien, Auch teuer Kinderkleider sind betroffen. Neue Zürcher Zeitung, 19.02. 2014

[192] Setuler S.R. et al.: Estrogen-dependent signaling in a molecularly distinct subclass of aggressive prostate cancer. J Nat Cancer Inst. 100(11): 815-25, Jun 4, 2008

[193] Colburn T.: Our Stolen Future: Are We Threatening Our Fertility, Intelligence and Survival? A Scientific Detective Story, Baltimore: Dutton Books, p. 749. 2000

[194] Breburda E.: Testosterone and the morning after pill. World Federation of the Catholic Medical Association, Feb. 28, 2013

[195] Garfield E.: Carl Djerassi: Chemist and Entreprener. Chemtech. page: 534-538, September 1983

[196] Schwartz L.B. et al.: The embryo versus endometrium controversy revisited as it relates to predicting pregnancy outcome in in-vitro fertilization-embryo transfer cycles. Hum Reprod. 12: 45-50, 1997

[197] Breburda E. E., Dambaeva S. V., Golos T. G.: Selective Distribution and Pregnancy-Specific Expression of DC-SIGN at the Maternal-Fetal Interface in the Rhesus Macaque: DC-SIGN is a Putative Marker of the Recognition of Pregnancy. Placenta, 27, 11-21 PMID: 16310033, 2006

[198] Breburda E.E., Durning M., Wegner F.H., Abbott D.H. and Golos T.g. : Chorionic gonadotropin, expression during early pregnancy in the rhesus monkey. PAA conference 2004. Poster for the 10th Meeting of the International Federation of Placenta Associations (IFPA); 25-29 September 2004, Asilomar, CA, USA, 2004

[199] Greenhouse L.: High court asks sharp questions in abortion case. The New York Times, 27. April 1989

200 Wloka G.: Warum ich keine Anti-Baby-Pille verschreibe, In: Empfängnisverhütung. Fakten, Hintergründe, Zusammenhänge, Hrsg. v. Süßmuth, Roland, Stein am Rhein, 1131-1141, 2000

201 Ehmann R.: Verhütungsmittel – verhängnisvolle Nebenwirkungen, über die man nicht spricht, In: Empfängnisverhütung. Fakten, Hintergründe, Zusammenhänge, Hrsg. v. Süßmuth, Roland, Holzgerlingen S. 236, 2000

202 Van Ackeren J.: Verhütung: Thermometer statt Pille. Spiegel, 18.08.2013

203 Mcgovern C.: Abstinence education downplayed as method of combating America's STD epidemic. A key federal health official's CNN commentary claims such diseases are totally preventable, but omits any mention of chaste behavior as a solution, Katholischer Register, 31. Mai 2013

204 Breburda E.: USA, Geschlechtskrankheiten nehmen zu. Christliches Forum, 3. Juni 2013

205 Wahberg D.: Mount Horeb sisters' injury claim heads to federal court. Wisconsin State Journal, 7.11.2013

206 Breburda E.: Genmanipulierte Kinder - haben wir noch nichts gelernt. Kathnet. News, 17. Julie 2012

207 Breburda E.: Sittenverfall in den USA: Immer mehr Studentinnen und junge Karriere-Frauen wollen Sex statt Liebe. Christliches Forum, 18. Julie 2013

208 Hurlemann R.: Macht Oxytocin monogam? DocCheckNews, 26. 11. 2013

209 Drogin E.: Margaret Sanger und Planned Parenthood -Verschmutzte Quellen einer makabren "Neuen Ethik". Wichtige Zeitdokumente, Folge 18, http://www.aktion-leben.de/was-wir-wollen/die-hintergruende/moderne-ge-sellschaft/, 1988

210 Kennedy David M.: Birth Control in America - The Career of Margaret Sanger, New Haven and London, Yale University Press, 1970, p. 117. From a speech by Margaret Sanger in Hartford, Connecticut,; copy in Margaret Sanger Papers „Library of Congress", Feb. 11, 1923

211 Sanger M.: Plan for Peace, BIRTH CONTROL REVIEW, April 1932; vgl. auch: Address of Welcome to The Sixth Internat. Neo-Malthusian and Birth Control Conference, BIRTH CONTROL REVIEW, p. 100, April 1925

212 Spalinger A.: Wer sich sterilisieren lässt, kann einen <<Nano>> gewinnen. Neue Zürcher Zeitung, International, 14. Dezember 2011

213 Drogin E.: Margaret Sanger, Gründerin der modernen Gesellschaft. Schriftenreihe Nr. 1, AL e.V., 3. Auflage 2003

214 Asbell B.: The Pill A Biography of the Drug that changed the world. Random House. ISBN: 0-679-43555-7, chapter one, The Conception, 1995

215 Haumer R.M.: Empfängnisregelung und ihre bleibende Brisanz. Eine ethische Betrachtung unter Berücksichtigung demographischer Entwicklungen sowie der Notwendigkeit einer guten Sexualerziehung, Diplomarbeit, Philosophisch-Theologische Hochschule St. Pölten, S. 39, Mai 2008

216 Ehmann R.: Verhütungsmittel – verhängnisvolle Nebenwirkungen, über die man nicht spricht, In: Empfängnisverhütung. Fakten, Hintergründe, Zusammenhänge, Hrsg. v. Süßmth, Roland, Holzgerlingen 109-271, Seite: 152, 2000

217 Heyne P.: Die Geburt der Geburtenkontrolle. toppharm http://www.toppharm.ch/gesundheit/magazin/archiv-alt/august2010/anti babypille.html, 2010

218 Somarriba M.R.: Is nature sexist?: radical feminists' fierce war against ferility. LifeSiteNews.com 30. April 2012

219 Breburda E.: (Un) Fruchtbarkeitsmedizin: Ein Krieg gegen Frauen. Kathnet, 5. Mai 2012

220 Breburda E.: USA: "Freiheit" und "Gerechtigkeit". Bioethics, FIAMC, Mai, 2012

221 Henckel E.: Bald brauchen wir keine Verhütung mehr. Die Welt, 29.10.2013

222 J. Strachey J.: The Complete Psychological Works of Sigmund Freud, Vol. 16, Original Publiziert 1916-1917

223 Tendulkar D.G.: Wisdom for all Times, India, 1978,

224 Sandin S. et al.: Autism and Mental Retardation Among Offspring Born After In Vitro Fertilization. JAMA The Journal of the American Medical Association, Vol 310, No. 1, 3. Julie 2013

225 Rosenthal B. E.: Natural Health and Longevity Resource Center. http://www.all-natural.com/wildyam.html, 2012

226 Mathews E., Barden T., Williams C.S., Williams J. W., Bolden-Tiller O., Goyal H.O.: Mal-Development of the Penis and Loss of Fertility in Male Rats Treated Neonatally with Female Contraceptive 17-Ethinyl Estradiol: A Dose-Response Study and a Comparative Study with a Known Estrogenic Teratogen Diethylstilbestrol. Toxicological Sciences, 112(2): 331-343; 2009

227 La Merrill M.A.: Estrogen in birth control diminishes sex organs in male

rats. Environmental Health News. Published by Environmental Sciences. Jan 15, 2010

[228] Sharpe R. und Skakkebeak N.: Are estrogens involved in falling sperm counts and disorders of the male reproductive trakt? Lancet, 1993: 341. 1392-1395, 1993

[229] Koroljow D.: Vorkommen und Wirkung von östrogen aktiven Substanzen im Futter von Schweinen. Dissertation zur Erlangung des Grades eines Doktors der Veterinärmedizin durch die Tierärztliche Hochschule Hannover Mai 2007

[230] Schäfer W., Zahradnik N. u. Frijus-Plessen N.: Anthropogene Substanzen mit unerwünschten Östrogenwirkungen: Auswahl von expositionsrelevanten Stoffen. Umweltmed. Forsch Prax.: 1,35-42, 1996

[231] Drane H., Wrathall A., und Patterson D.: Possible östrogenic effects of feeding soymeal to prepubertal gilst. Br. Vet. J.: 137, 283-288, 1981

[232] Adams N.: Detection of the effects of Phytoöestrogens on sheep and cattle. J. Anim. Sci: 73, 1509-1515, . 1994

[233] Uhlmann B.: Milchersatz mit Mängeln. Süddeutsche, 28. Januar 2014

[234] Ebeling C.: Die dunkle Seite des Soja, Die Fett-Verbrennungs Küche: http://www.flacherbauch.com/soja-macht-dick.html, 2008-20012

[235] Bollinger T.: Krebs verstehen und natürlich heilen. Kopp Verlag, Rottenburg, S. 487, 2011

[236] Watzl B., Leitzman C.: Bioaktive Substanzen in Lebensmitteln, Stuttgart, Hippokrates-Verlag 1995

[237] Österreichische Apothekerkammer: Zink ein wichtiges Spurenelement. Radio Niederösterreich, 31. August 2013

[238] Dees C.: Dietary estrogens stimulate human breast cells to enter the cell cycle. Environmental Health Perspectives, 1997

[239] Gerson C.: Clinic: Cancer research. S. 61, 1. Juni 2001

[240] Wong W.: Soy: The poison seed. http://www.totalityofbeing.com/FramelessPages/Articles/SoyPoison.htm

[241] Waldmann A., und Hahn A.: In der Diskussion: Gesundheitsrisiken durch Soja? Zeitschrift des Vegetarierbundes 2002

[242] Karstädt U.: Das Dreieck des Lebens, Titan Verlag München, S. 197, 2005

[243] Knobloch N.: Soja ist Sondermüllgift. MM News, Berlin, 28.01.2012

[244] McDougall J.A.: Hormone dependent disease (male and female), Dr. McDougall Health and Medical Center, 2013

[245] Wilesmith J.W., Wells G.A., Cranwell M.P., Ryan J.B.: Bovine spongiform Encephalopathy: epidemiological studies. Vet Rec. 123: p. 638-644. 1988

Wilesmith J.W.,Ryan J.B., Atkinson M.J.: Bovine spongiform encephalopathy: epidemiological studies on the origin. Vet Rec. 128: p. 199-203, 1991

Wilesmith J.W., Ryan, J.B., Hueston W.D.: Bovine spongiform encephalopathy: case-control studies of calf feeding practices and meat and bone meal inclusion in proprietary concentrates. Res Vet Sci. 52: p. 325-331, 1992

[246] Taylor D.M.: Inactivation of SE agents. Br Med Bull. 49: p. 810-821, 1993

Taylor D.M., Fraser H., McConnell I., Brown D.A., Brown, K.L., Lamza K.A., Smith G.R.: Decontamination studies with the agents of bovine spongiform encephalopathy and scrapie. Arch Virol. 139: p. 313-326, 1994

[247] Selinka H.C.: TSE-erreger (Prionen) im Boden: Vorkommen und Infektionsrisiko. Ergebnisse von Untersuchungen des Fraunhofer Instituts für das Umweltbundesamt Seite 6; Mai 2008

[248] Seidel und Kördel: Publikationen des Umweltbundesamtes, Bewertung des Vorkommens und der Auswirkung von infektiösen Biomolekülen in Böden unter besonderer Berücksichtigung ihrer Persistenz, Forschungsprojekt. Fraunhofer-Institut für Molekularbiologie und Angewandte Ökologie, Seite 16, September 2007

[249] Gajdusek D.C., Zigas V.: Degenerative disease of the central nervous system in New Guinea. New England Journal of Medicine, 257: p. 974-978, 1957

[250] Coghlan A.: Ten people die from new CJD-like disease. New Scientist Nr. 2664, 9. 7. 2008

[251] Breburda E.: Can embryonic stem cells cure neurological disorders? Culture of Life Foundation, Complex moral issues made simple. 13. Dezember 2012

[252] Weber N.: Alzheimer, Parkinson, CJK: Neuer Wirkstoff rettet Gehirne von Mäusen, Spiegel, Wissenschaft, 10.10.2013

[253] Tenenbaum D.: Zinc discovery may shed light on Parkinson's, Alzheimer's, (Journal of Biological Chemistry) News Wisconsin edu. 30. September 2013

[254] Mahmood I. M.: An overview of animal prion disease. Virol. J. Bd. 8, Seite:

493, 2011

255 Coghlan A.: BSE infected cattle have prions in salvia. NewScientist, Health, 07. Dezember 2012

256 Seely R.: Prions-in plants? New concern for chronic wasting disease. Wisconsin State Journal, 9. September 2013

257 Shenk D.: Biokapitalismus, was für einen Preis zahlen wir für die Genetische Revolution? Harper Magazin, Dezember 1997

258 Baier A.: USF studies show link among Alzheimer's disease, Down syndrome and atherosclerosis. USF Health News Alzheimer's and Neurosciences, Research Really Matters, January 14, 2010

259 Lenzken S.C., Romeo V., Zolezzi F., Cordero F., Lamorte G., Bonanno D., Biancolini D., Cozzolino M., Pesaresi M.G., Maracchioni A., Sanges R., Achsel T., Carrì M.T., Calogero R.A., Barabino S.M.: Mutant SOD1 and mitochondrial damage alter expression and splicing of genes controlling neuritogenesis in models of neurodegeneration. Hum Mutat. Nov 30, 2010

260 Von Lutterotti N.: Pflanzenfett bremst Alzheimer-Protein. Frankfurter Allgemeine Zeitung, 11.11.2013

261 St George-Hyslop P.H.: Molecular genetics of Alzheimer's disease. Biol Psychiatry. Feb 1; 47 (3): 183-99 2000

262 Szabo L.: DDT exposure linked to Alzheimer's disease. USA Today, 27.01. 2014

263 Die Welt: Mutation macht Moskitos immun gegen Chemikalien. 25.02.2014

264 Abisambra JF, Fiorelli T, Padmanabhan J, Neame P, Wefes I, Potter H.: LDLR expression and localization are altered in mouse and human cell culture models of Alzheimer's disease. PLoS One. Jan 1; 5 (1):e 8556, 2010

Granic A., Padmanabhan J., Norden M., and Potter H.: Alzheimer Ab Peptide Induces Chromosome Mis-segregation and Aneuploidy, including Trisomy 21; Requirement for Tau and APP. Molecular Biology of the Cell. Feb 15; 21 (4): 511-20, 2010

265 Szabo L.: Down syndrome patients could unlock mysteries of aging. USA Today, 22. März 2010

266 Verlinsky. Y. et al.: Preimplantation diagnosis for early-onset Alzheimer disease caused by V717L mutation. The Journal of the American Medical Association. 27. Februar 2002

[267] Malone A.: The GM genocide: Thousands of Indian farmers are committing suicide after using genetically modified crops. MailOnline, 2. November 2008